红棉论丛

丛书主编　孟源北

马克思主义理论解释力提升体系建构

——基于理论完善视角的分析

孙宜芳　著

SPM

南方出版传媒

广东人民出版社

·广州·

图书在版编目（CIP）数据

马克思主义理论解释力提升体系建构：基于理论完善视角的分析 / 孙宜芳著. —广州：广东人民出版社，2021.11
　　（红棉论丛）
　　ISBN 978-7-218-15322-3

Ⅰ.①马…　Ⅱ.①孙…　Ⅲ.①马克思主义理论—理论研究　Ⅳ.①A81

中国版本图书馆CIP数据核字（2021）第210993号

MAKESI ZHUYI LILUN JIESHILI TISHENG TIXI JIANGOU: JIYU LILUN WANSHAN SHIJIAO DE FENXI

马克思主义理论解释力提升体系建构：基于理论完善视角的分析

孙宜芳　著

版权所有　翻印必究

出 版 人：肖风华

责任编辑：胡　萍
装帧设计：集力书装
责任技编：周星奎

出版发行：广东人民出版社
地　　址：广州市海珠区新港西路 204 号 2 号楼（邮政编码：510300）
电　　话：（020）85716809（总编室）
传　　真：（020）85716872
网　　址：http://www.gdpph.com
印　　刷：广州小明数码快印有限公司
开　　本：787mm×1092mm　1/16
印　　张：20　　字　　数：300 千
版　　次：2021 年 11 月第 1 版
印　　次：2021 年 11 月第 1 次印刷
定　　价：78.00 元

如发现印装质量问题，影响阅读，请与出版社（020-85716849）联系调换。
售书热线：（020）85716826

总　序

"这是一个需要理论而且一定能够产生理论的时代，这是一个需要思想而且一定能够产生思想的时代。"[①]为推进党校学科体系、学术体系、话语体系建设和创新，加强对党的创新理论宣传阐释，深化对中国特色社会主义事业"五位一体"总体布局以及党的建设等领域研究，中共广州市委党校（广州行政学院）隆重推出《红棉论丛》系列成果。

红棉是一种政治立场。"木棉本是英雄树，花泣高枝雨亦红"。木棉即红棉，它是英雄花，其英雄形象和壮士风骨，一直备受世人称颂。当前，中国特色社会主义进入了新时代。身处这一伟大时代，作为党校（行政学院）理论工作者，我们既感到兴奋自豪，又感到责任重大。党校（行政学院）是党的思想理论建设的重要阵地，是党和国家的哲学社会科学研究机构和重要智库。学习研究宣传习近平新时代中国特色社会主义思想，是党校人的政治自觉和责任担当。中共广州市委党校（广州行政学院）始终坚持党校姓党的原则，依靠一支热爱党的干部培训事业、潜心传播党的创新理论的教师队伍，致力于用习近平新时代中国特色社会主义思想武装头脑、指导实践、推进工作，扎实推进"教研咨一体化"，教学出题目、科研做文章、成果进课堂、理论转咨政，取得了显著成效。近几年来，我校教师成功申报并完成一批包括国家社会科学基金课题，省、市社会科学

---

① 习近平在哲学社会科学工作座谈会上的讲话，2016年5月17日。

规划课题、中央及省党校系统课题等在内的科研项目，发表了大量的理论文章，出版了系列学术专著，报送了多篇决策咨询报告，学术理论研究和咨政成绩斐然。推出《红棉论丛》的宗旨，首先就是要进一步擦亮"党校姓党"的学术底色，坚持马克思主义立场观点方法，用学术讲政治，更加自觉地聚焦坚持和发展中国特色社会主义的火热实践，把中国特色社会主义理论体系贯穿研究全过程，转化为清醒的理论自觉、坚定的政治信念、科学的思维方法，积极为党和人民述学立论、建言献策。

红棉是一种学术态度。"却是南中春色别，满城都是木棉花"。红棉作为广州的市花，象征着广州这座承载光荣、富有梦想的城市所具有的朝气蓬勃的生机、开拓创新的热情和永不停歇的活力。2018年10月，习近平总书记视察广东期间对广州提出了实现"老城市新活力"的时代命题。这是习近平总书记着眼于全面建成社会主义现代化强国奋斗目标，充分把握世界城市发展规律，科学认识我国城市发展新趋势，对广州这样的国家中心城市在引领中国城市乃至世界城市高质量发展方向上提出的战略课题。中共广州市委党校（广州行政学院）作为市委市政府的重要部门和广州市首批新型智库单位，始终坚持围绕中心服务大局，紧扣习近平新时代中国特色社会主义思想与广州实践这一主线，围绕广州建设成为具有经典魅力和时代活力的国际大都市这一主题，以广州这座城市丰富而又鲜活的创新实践为研究起点，深入调查研究，力图提出具有原创性的理论观点，形成自身的特色和优势。知识的本性就具有地方性，《红棉论丛》的出版，就是为了致力于强化学术理论研究的党校特点、广州特色，立足于广州实现"老城市新活力"、以"四个出新出彩"引领各项工作全面出新出彩的创新实践，在广州这片英雄辈出的红色沃土和改革开放前沿地上勤奋耕耘、刻苦钻研，从广州高质量发展的做法经验中挖掘新材料、提炼新观点、构建新语境，推动基于广州经验的党校特色知识体系的形成。

"奇花烂漫半天中，天上云霞相映红"。我们期待着《红棉论丛》研究成果，结合新的实践不断作出新的学术创造，提炼出有学理性的新论断、概括出有规律性的新经验，为新时代广州高质量发展提供有益参考，助推广州建设具有经典魅力和时代活力的国际大都市、打造成为中国特色社会主义城市范例。

孟源北

（作者系中共广州市委党校常务副校长、研究员，新型智库首席专家）

2021年4月

导论

　　当代中国正在经历着前所未有的变革，亟须先进理论的指导。在百年奋斗历程中，中国共产党始终把马克思主义的立场、观点和方法运用于中国的具体实际，创造性地推动着中国革命、建设和改革向前发展。实践深刻证明，马克思主义是科学的理论学说，是具有强大生命力的理论学说，恰如习近平所指出的那样："两个世纪过去了，人类社会发生了巨大而深刻的变化，但马克思的名字依然在世界各地受到人们的尊敬，马克思的学说依然闪烁着耀眼的真理光芒！"①

　　揆诸现实，面对马克思主义深刻改变中国取得的伟大成就，社会上仍然还存在着诸如"无用论""过时论""虚无论""终结论""堕落论"等噪音杂音。不难发现，这些杂音的背后，隐藏着一个昭然若揭的阴谋，那就是以各种卑劣的方式歪曲、否定马克思主义，进而否定社会主义实践，否定中国共产党带领中国人民革命、建设和改革的历史，甚至否定中国共产党的执政地位。面对各种噪音杂音的挑战，主流思想也进行了猛烈的反击，有力地捍卫了马克思主义的科学指导地位。但是应该看到，由于存在着时代背景、语言转换和内容理解等方面的困难，再加之马克思留存下来数千万

---

① 习近平. 在纪念马克思诞辰200周年大会上的讲话［N］. 人民日报，2018-05-04.

字之巨的文字，无形中又平添了人民理解马克思主义的难度，消解了马克思主义的解释力。必须把诸多影响要素廓入到提升马克思主义理论解释力的全局视野中，建构一个完整意义上的马克思主义理论解释力提升体系，才有可能形成反击各种噪音杂音和增进人民理解马克思主义的强大合力，进而增强马克思主义的理论解释力。

马克思主义理论解释力提升体系的建构是一个庞大的系统工程，主要涉及主要影响因素、建构原则、建构方法和建构基石等问题，贯穿于这些问题的核心就是提升马克思主义理论的解释力，这一核心又可以具体地划分为为什么要提升马克思主义理论解释力，什么因素影响了马克思主义理论解释力，怎么样提升马克思主义理论解释力等一系列问题。在这些问题中，怎样提升马克思主义理论解释力可以为具体实践提供指导，是解决问题的关键。正是因为如此，把关注点集中于怎样提升马克思主义理论解释力这一问题上，则应当是我们关注的焦点。但是应该看到，对这个问题的回答，还要依据什么因素影响了马克思主义理论的解释力。只有针对性地解决了那些影响要素，才能为马克思主义理论解释力的提升扫除障碍。

具体地说，马克思主义理论解释力的提升，涉及如何完善马克思主义理论、如何创新马克思主义理论、如何解释马克思主义理论、如何宣传马克思主义理论、如何正确理解马克思主义理论、如何接受马克思主义理论、如何运用马克思主义理论等影响马克思主义理论解释力的一系列问题。也只有完全回答了上述这些问题，才算得上是集中解决了怎样提升马克思主义理论解释力，才能称之为建构了完整意义上的马克思主义理论解释力提升体系。

马克思主义理论解释力提升所涉及的内容较多，涉及范围也较广，在有限的篇幅内，本书不可能对全部问题做深入探究。基于这一原因，本书仅以理论完善为研究视角，对如何完善马克思主义理论进行了探索，具体地说，首先，对马克思主义经典作家关于理论完善的经典创制进行了总结梳理。其次，把研究目光集中于研究对象（理论）本身，对如何推进理论完善进行了探究：一方面，尝试着寻求从经验到理论、从概念到理论和实践推进三条理论完善的一般路径来推进理论完善；另一方面，试图从理论整合、提升模型和规范提升范式三种方法来为理论完善提供动力。再次，选用中国特色社会主义理论体系、中国特色社会主义民主政治理论和"两个必然"理论对理论完善的效果进行了验证，分别考察所提出的理论整合、提升模型、规范提升范式三种方法是否可以达到完善理论，并提升马克思主义理论解释力的目的。通过探究理论完善之道及其效果验证，得出的重要结论是，尽管马克思主义理论解释力提升所涉及的内容较多，但是，文章所提出的理论完善之道，也可以在一定条件下运用于马克思主义的理论创新、理论理解、理论认同、理论解释、理论宣传或理论运用等问题之中。在此基础上，文章又尝试着建立了解决马克思主义理论解释力提升体系其他诸多内容的基本共识。

马克思主义理论是随着时代的发展而不断发展的理论，在未来中国特色社会主义的具体实践中，不仅会有许多新理论、新内容增添进去，而且还面临着诸多机遇和挑战。为了更好地推进马克思主义理论解释力提升体系面向未来，就需要依据时代变化，适时地对其作出调整推进。基于这种思考，本书最后从理论基础和具体实践两个视角对如何继续推进马克思主义理论解释力提升体系进行了探究，以期为进一步繁荣中国特色社会主义文化服务。

目
contents
录

第一章

绪　论

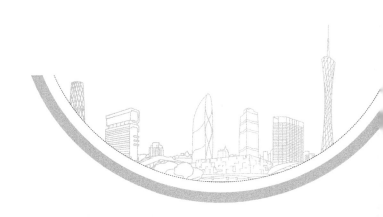

一、研究缘起及意义

（一）研究缘起

列宁指出："没有革命的理论，就不会有革命的运动。"①理论对实践发挥着重要的指导作用。近百年来，中国共产党牢牢坚持马克思主义的指导地位，取得革命、建设、改革的伟大胜利。中国特色社会主义进入新时代，面对摆在我们面前的各种艰难险阻，更加离不开先进理论的科学指引。然而，由于种种原因，马克思主义理论仍然还面临着一些严峻的挑战，甚至一部分人对马克思主义理论产生了怀疑。我们不得不深思，怀疑从何而来。是马克思主义理论自身有问题？还是外部因素的冲击？抑或是其他原因造成的？

自1848年马克思恩格斯发表《共产党宣言》以来，历经170多年的发展，在与各种思潮的斗争实践中，马克思主义理论经受住了严酷的考验和批判，显示出其强大的生命力，对于这一点，就连它的对手也不得不承认它是正确的，奥地利政治经济学家熊彼特就曾指出："他穿着自己的服装，带着人们看得见摸得着的自己的瘢痕而复活了……伟大这个词无疑适用于马克思的道理。"②法国学者德里达并不是马克思主义者，但是他却为马克思高呼："不能没有马克思，没有马克思，没有对马克思的回忆，没有马克思的遗产也就没有未来。"③在经受了种种外部因素考验之后都可以走向复活的马克思主义，毋庸置疑是正确的理论原则和经验总结，是科学的理论体系。尽管我们承认这一点，但是也应该看到，马克思主义理论只是给我们提供了一般意义上的立场、观点和方法，指出了大体的方向，并没有巨细无遗地分析到方方面面的问题。再加之其不仅有数千万字之巨，而且还有时代背景、语言转换和内容理解等方面的困难，不必说一般群众，即便是许多理论工作者，也很难完全弄清马克思主义理论的

002

---

① 列宁全集（第6卷）[M]. 北京：人民出版社，1986：23.

② ［奥］约瑟夫·熊彼特. 资本主义、社会主义和民主主义 [M]. 绛枫（顾准），译. 北京：商务印书馆，1979：9.

③ ［法］雅克·德里达. 马克思的幽灵 [M]. 何一，译. 北京：中国人民大学出版社，1999：21.

精髓。

基于问题的发现，必须着力解决，才能有效减少人们对马克思主义理论的怀疑。从现实情况可以看出，马克思主义理论本身以及人们理解、接受和运用马克思主义理论等方面，都存在着一些影响马克思主义理论解释力的因素。如果将这些因素汇集到一起，建构一个完整意义上的马克思主义理论解释力提升体系，便可以在全盘谋划中集中解决这些问题，进而有效地提升马克思主义理论的解释力。但是，需要看到，在上述诸多影响因素中，马克思主义理论本身是首要的影响因素，其主要原因就在于，只有马克思主义理论是相对完善的，才具备"打铁还需自身硬"的优良品质，也才能增强人们理解、认同和运用马克思主义理论的可能性。正是在这个意义上，本书尝试在辨清建构马克思主义理论解释力提升体系需要注意的问题之后，辟出理论完善这一研究视角，提出理论完善的基本路径和方法指引等相关问题，以期为解决马克思主义理论解释力提升体系的诸多内容走出艰难而宝贵的第一步。

（二）研究意义

纵观当前国内外形势，马克思主义理论面临着诸多挑战，这使得一部分人产生了对马克思主义理论的疑惑。究竟如何才能有效地改变这一境况，如何更好地提升马克思主义理论的解释力，就成为一道不得不回答的重大问题。正是在这个意义上，建构符合当代中国实际的马克思主义理论解释力提升体系就显得尤为重要，特别是开展理论完善相关问题的研究，不仅可以更好地完善马克思主义理论，而且还可以为人们更好地理解、接受和运用这一理论提供基础理论条件，从而更好地开启解决马克思主义理论解释力提升体系诸多任务的第一步。这样看来，在当代中国，建构一个完整的马克思主义理论解释力提升体系，并辟出理论完善问题的分析，具有重大的意义。

1. 理论意义

一是有利于夯实马克思主义的理论根基，进一步推进马克思主义理论的继续发展。一个科学的理论体系，其中蕴含的基本观点、方法和路径应当是指导人们正确认识世界和改造世界的世界观和方法论。应该承认，虽然马克思主义是一个完整的理论体系，但是其中所涉及的各方面理论却仍然还有一些需要完善之处。特别是随着时代的变化发展，马克思主义理论又会面临着新的挑战和机遇。在这种情况下，如何结合时代诉求，赋予马克思主义理论更加鲜明的时代特色、实践特色、理论特色和民族特色，使之更好地为社会主义具体实践发挥出实质的理论引领作用，便成为不得不探讨的重大问题，而这些问题的解决，丝毫离不开对马克思主义基础理论的研究。所以说，本书开展的研究，有利于夯实马克思主义的理论根基，进一步推进马克思主义理论向前发展。

二是有利于进一步推进当前我国的理论创新。虽然本书选定的研究对象为马克思主义理论解释力及其体系的建构，并选定理论完善为重点研究内容。但是，马克思主义是理论的一种，必然涉及相应的基础理论研究，比如理论发展与完善的基本路径，规范理论研究范式、促进理论整合等相关问题。这也就意味着，要提升马克思主义理论的解释力，必须要首先回答如何提升其解释力，继而回答如何完善、创新、理解、接受和运用马克思主义等一系列问题。从某种程度上讲，提升理论解释力所运用到的一系列方法路径与理论创新有着一定的联系，一方面，提升理论解释力所运用的理论发展与完善路径可以为理论创新奠定前提基础和基本经验；另一方面，提升理论解释力所涉及的新的研究路径如理论创新范式、理论整合等角度可以为理论创新注入新活力、新方法。由此可见，开展关于马克思主义理论解释力提升体系建构的研究，可以有效地推进我国的理论创新。

三是有利于进一步增强人们对马克思主义理论的认同，强化理论自信的向心力，进而更好地彰显出应有的理论魅力和理论价值。之所以开展马克思主义理论解释力提升相关问题的研究，是基于当前有极少部分人的马克思主义立场不坚定。这也表明，本书开展的研究具有一定的针对性。在具体研究的过程中，对如何建构马克思主义理论解释力提升体系，如何完善马克思主义理论等问题进行探究，这不仅有利于从整体上推进马克思主义理论的发展，进一步完善马克思主义的理论形态，而且有利于为群众理解、认同以及运用马克思主义理论等提供方法指引。这样，也就可以促使马克思主义理论更好地解决群众比较疑惑的现实问题，或者更好地解决群众比较关心的重大问题。在这样的前提下，马克思主义的理论魅力便可以在群众那里得到显现，马克思主义的理论价值便也可以得到有效的发挥与彰显。

2. 现实意义

第一，有助于为推进中国特色社会主义建设事业提供现实指导。当前我国正在进行的如火如荼的中国特色社会主义建设事业，离不开马克思主义理论的指导。历史经验证明，在马克思主义理论的指导下，党和国家各项事业取得了伟大的成就，积累了丰富的经验，坚持马克思主义的指导地位是绝对不可以放松的。开展关于马克思主义理论解释力提升体系建构及其相关问题的研究，不仅可以进一步总结党和国家各项事业取得成就的基本经验，为中国特色社会主义建设事业的前进提供动力支持，而且还可以在完善、创新马克思主义理论的基础上，进一步为丰富中国特色社会主义的伟大实践提供理论支撑。

第二，有助于凝聚中国力量，为推进社会主义现代化与中国梦的实现提供源源不竭的精神动力。当前，全国人民都在为实现中华民族伟大复兴的中国梦而努力奋斗着。中国力量作为实现中国梦的路径之一，成为不得不重视的重大问题。开展关于马克思主义理论解释力提升体系建构及其相关问题的研究，有利于凝聚中国力量，究其原因就在于：一是可以有效地增强群众对马克思主义理论的认同，统一思想，强化一元意识形态指导地位，从而成为凝聚中国力量的精神动力；二是可以在坚持马克思主义指导地位的基础上，沿着正确的中国特色社会主义道路攻坚克难，从而在推进中国特色社会主义建设事业中凝聚中国力量。

第三，有助于通过诉诸经验事实的实践验证强化马克思主义理论的现实根基。理论科学与否，有其自身的验证标准，主要看是否通过实践的方式回答了现实问题，反映了客观存在的规律。所以说，考察群众是否认同马克思主义理论，就是考察该理论是不是能够在实践中观照群众的现实问题。从一定程度上讲，之所以说马克思主义理论是真理，很重要的缘由就在于其具备经得起实践验证这种直面现实的优良品质。应该说，也正是因为具备了这种理论品质，马克思主义理论才能独树一帜，才能在解决群众问题的过程中得到群众的广泛认同。本书结合形势探究马克思主义理论解释力提升体系的建构方法、理论完善的方法等基本内容，并在此基础上证明，马克思主义不仅是发展的理论，而且还是在发展中解决群众现实问题的科学理论，从而也就更好地验证了马克思主义的现实根基问题。

二、研究现状

马克思主义理论解释力提升体系是一项系统庞大的工程，涉及如何完善、创新马克思主义理论，如何解释、宣传马克思主义理论，如何让人理解、接受并运用马克思主义理论等诸多问题。从现有的研究成果来看，国内外学术界还未有学者专门从整体上就建构马克思主义理论解释力提升体系进行探究，但是对这一体系所涉及的诸多具体研究内容的研究却相对丰富。基于本书研究的主要内容，现把国内外学术界的研究成果综述如下：

（一）国外研究现状

1. 关于"理论解释力"概念界定问题的研究

在国家科技电子资源数据库中检索"理论解释力（The explanatory power of theory）"，暂未发现国外有以此为标题进行的研究。尽管如此，并不意味着国外就没有与"理论解释力"相关概念问题的研究。通过梳理国外学者的研究成果，发现这方面的研究成果比较丰富。

关于解释。德国著名的诠释学家汉斯-格奥尔格·伽达默尔（Hans-Georg Gadamer）认为，所有正确的解释都必须避免随心所欲的偶发奇想和未曾注意的思维习惯的束缚，从而把目光指向"事物本身"。[1]作为哲学解释学的集大成者，伽达默尔的关于解释的基本观点得到了学界的广泛认同，也为本文界定"解释力"这一概念提供了指导。

2. 关于马克思主义理论解释力提升主体的研究

国外学者一般认为理论解释力的提升需要主体借助一定的手段作用于客体。因此，他们分别对提升主体和提升方法进行了研究，取得了丰硕的

---

① ［德］汉斯-格奥尔格·伽达默尔. 诠释学Ⅱ：真理与方法［M］. 洪汉鼎，译. 北京：商务印书馆，2013：73.

成果。由于研究的成果较多且较为丰富。在这里，仅介绍几个比较有影响力的国外学者的研究成果。

关于理论解释力提升主体的研究，国外很多学者是基于解释学进行的研究，既然谈到解释学，就无法避免诠释家学家伽达默尔的思想。伽达默尔认为："作为面对过去的文本（text）解释者，能否把自己超越于历史环境和现实基础之外，完全浸没在作者的所是（identity）之中，或是把自己的所是置于其中而努力发挥出自己的可创造性呢？"[①]在这里，伽达默尔所言，就指明了解释者（主体）应该具备的重要素质。除了伽达默尔，美国哲学家托马斯·塞缪尔·库恩（Thomas Sammual Kuhn）也提出了关于理论家主体应该具备的基本素质，他在论述加速器和望远镜的例子时指出，科学工作者应该尽心竭力地去做好科学研究工作，一些科学家的巨大声誉，正是通过努力得来的。[②]另外，美国学者菲利普斯·夏夫利（Shively W.P.）也指出："科学家进行研究工作时所感受到的戏剧性和兴奋感，仅仅以这本书中我自己的经历作为证明，因为对我而言研究真是一项激动人心的工作……但是同时，也要意识到科学研究可能是一项多么富有挑战性的工作，并且意识到创新能力、原创性以及进取精神对一项好的研究来说是多么重要。"[③]

3. 关于马克思主义理论解释力提升方法的研究（含理论完善）

国外学者关于理论解释力提升手段的研究可谓汗牛充栋，总结国外学者关于解释力提升手段的观点，再结合本文的研究重点，总结如下：

（1）规范解释范式

国外学者非常重视解释范式的研究。提到范式，自然不能避开美国学者库恩，库恩在《科学革命的结构》一书中多次强调建立范式的重要性，

① ［德］汉斯-格奥尔格·伽达默尔. 诠释学Ⅱ：真理与方法［M］. 洪汉鼎，译. 北京：商务印书馆，2013：104.

② ［美］托马斯·库恩. 科学革命的结构［M］. 金吾伦，胡新和，译. 北京：北京大学出版社，2012：26.

③ ［美］W.菲利普斯·夏夫利. 政治科学研究方法（第八版）［M］. 郭继光等，译. 上海：上海人民出版社，2012：4.

他指出："具有共同两个基本特征的现象，一方面，成功吸引了一批坚定的拥护者，使他们脱离科学活动的其他竞争模式，同时，这些成就又足以无限地为重新组成的一批实践者留下有待解决的种种问题。"[1]由此可见，库恩指出了当出现上述两个方面的特征时，就会使科学研究出现有待解决的种种问题。另外，库恩还提出了"科学共同体"的概念，他认为："由于过去很多学者没有采取科学共同体的信念作保证，以至于在这样做的时候，他可以相对自由地选择支持其理论的观察和实验，因为并不存在一套每位科学家都必须被迫使用的标准方法或被迫解释的标准现象。在这种情况下，就会出现重复浪费的现象了。"[2]为了建立更好的范式，库恩提出了三个焦点：第一个焦点是极其重要的事实，第二个焦点是较少的事实，第三个焦点是表为解决的问题。[3]

应该说，库恩提出的范式构建思想，对学术界规范解释范式产生了重要影响。国外不少学者依据库恩范式思想，提出了规范解释范式的基本观点。检索相关文献，发现国外学者关于规范解释范式的研究成果相当丰富，所涉及的学科门类非常广泛，如法学、社会学、政治学、教育学等不同学科均有所涉猎。虽然这些研究没有直接涉及马克思主义理论，但是不同学科的研究方法对本文的研究具有重大的借鉴和启迪作用。

（2）关于作用媒介——语言的研究

实际上，语言是提升马克思主义解释力的重要媒介，究竟采取何种表达方式才能更好地提升马克思主义的解释力，国外学界对这一问题的研究取得了丰硕的成果。经过梳理国外的相关研究文献和著作，发现解释力提升的重要媒介——语言，已经成为专门的一门学科，即语义学。

语义学已然成为一门学科，在解释学视野中，语义研究是不能避免的

---

① ［美］托马斯．库恩．科学革命的结构［M］．金吾伦，胡新和，译．北京：北京大学出版社，2012：8.

② ［美］托马斯．库恩．科学革命的结构［M］．金吾伦，胡新和，译．北京：北京大学出版社，2012：11.

③ ［美］托马斯．库恩．科学革命的结构［M］．金吾伦，胡新和，译．北京：北京大学出版社，2012：21—23.

一个重大问题。对此，诠释学家伽达默尔对此有着深刻的研究。在这里，主要梳理一下伽达默尔关于语义学的研究成果，并借以总结出关于提升马克思主义解释力的重要借鉴。

伽达默尔认为，语义学分析的功绩在于："认识到语言的整体结构并由此指出符号，象征的单义性以及语言表述的逻辑形式化等错误理想的局限性。语义学结构分析的重大价值尤其在于它解除孤立的词语符号所具有的同一性现象，而且他以不同的方式做到这一点，或者指出词语的同义词，或者表现为意义更深远的形式。"[1]由此可见，伽达默尔认为语义学有助于表达出更深远的形式，这对于采取何种方式来提升解释力具有重要的指导意义，那就是需要在解释力提升的过程中注意语义的重要作用。

同时伽达默尔又指出，光有语义学是不够，因为"除了把文本的语言著作作为整体进行分析并分析出予以结构的研究领域之外，又浮现出另一外一种提问和研究方向，这就是诠释学方向"[2]。因此，在提升解释力的媒介中，不仅仅要注意运用语义学的相关理论，还要运用到诠释学的相关理论，因为诠释学在于，语言总是回溯到自身，回溯到它所表现的表属性之背后。语言并不融化在它所讲出的、表达出的东西之中。可见，这里所说的诠释学向度，显然是指对人们思想和传达的东西具有客体性所作的限制。[3]

从上面的分析中可以看出，面对马克思主义理论解释力提升的相关问题，运用语义学和解释学的视角也是相当必要的，尤其是在研究宣传和解释马克思主义的问题上。需要指出，在本书的研究中，研究视角侧重于理论完善的相关问题，侧重于理论家主体如何促使理论更加美好，虽说与

---

[1]　[德]汉斯-格奥尔格·伽达默尔.诠释学II：真理与方法[M].洪汉鼎，译.北京：商务印书馆，2013：220—221.

[2]　[德]汉斯-格奥尔格·伽达默尔.诠释学II：真理与方法[M].洪汉鼎，译.北京：商务印书馆，2013：223.

[3]　[德]汉斯-格奥尔格·伽达默尔.诠释学II：真理与方法[M].洪汉鼎，译.北京：商务印书馆，2013：223.

绪论

语义学和解释学或多或少具有某种必然联系，但是这并非理论完善的重点内容。

（3）构建理论体系

科学构建理论体系是完善理论、彰显研究深度的有效方法，这一点已经得到了学者们的广泛认同。从已有的研究资料来看，凡是涉及社会科学理论研究的文章、著作基本上都会对构建理论体系进行一定的研究。从方法论的角度来看，国外学术界取得的成就总结如下。

第一，专门涉及方法论研究的成果较多。国外学者撰写了一大批关于社会科学研究的著作，而且涉及不同的学科。仅从社会科学视域来看，就有非常多的研究成果。比如德国学者韦尔海姆·狄尔泰（Wilhelm Dilthey）在《人文科学导论》中把历史方法与一种系统的方法结合起来，以便尽可能肯定地得到人文科学的哲学基础。这种用历史方法追踪哲学从前努力的发展道路，以提供这样一种基础，它希望确定这种发展中个人理论的历史背景并评判这些理论的历史性的价值。[1]直到今天，狄尔泰关于人文科学的考察仍然具有深远的影响。再如，夏夫利在《政治科学研究方法》一书中，对如何进行社会科学的研究、需要遵守的道德规范、优秀理论的标准、多维思考、研究测量等多种问题进行了一一探索。[2]虽然该著作是专门为政治科学研究而写的，但是同样也适用于社会科学领域，即也适用于马克思主义理论学科，对提升马克思主义的解释力具有重大的启发作用。朱迪思·贝尔（Judith Bell）撰写了《社会科学研究的基本规则》，该书提出了关于社会科学研究的基本原则和方法技巧等方面的内容，主要包括选题选择、基本原则、文选阅读与选择、研究方法、文章布局、调查方法以及写作技巧等。[3]这些思想也对建构理论体系提供了很好的方法指导。

① ［德］韦尔海姆·狄尔泰. 人文科学导论［M］. 赵稀方，译. 南京：华夏出版社，2004：89.
② ［美］W.菲利普斯·夏夫利. 政治科学研究方法（第八版）［M］. 郭继光等，译. 上海：上海人民出版社，2012：15.
③ ［英］朱迪思·贝尔. 社会科学研究的基本规则［M］. 马经标，译. 北京：北京大学出版社，2008：125.

由于国外在这方面的研究成果比较丰富，在这里不能一一列出。毋庸置疑，国外关于这些社会科学研究方法的著作中，大多数都涉及了理论体系的构建问题，这对于本书的写作也具有重大的指导价值。

第二，国外学者进行构建理论体系的方法值得借鉴。上一部分分析了当前国外学术界对理论体系的整体构建方法的研究现状，应该指出，这些只是从方法论的角度进行论述的。另外，从有些研究著作中，还明显地呈现出当前另外一个研究特点，就是有不少学者将理论体系的构建方法运用到了具体案例中。毫无疑问，这些案例不仅进一步提升了其研究著作的深度，也从另外一个层面给本书的写作带来一定的借鉴作用。最突出的例子，就是狄尔泰在《人文科学导论》一书中，在利用历史方法与一种系统的方法有机结合的基础上，对具体案例进行分析，先后对人文社会科学与自然科学的对比案例、社会历史现实元素的个体科学与整体科学案例、人类种族与具体人群的自然表现的案例、历史哲学和社会学对比的建构方法的案例、神话思想和科学对比的构建案例等各种不同的案例进行分析。[1]对这些鲜活的案例的分析成为本书研究的范本，为本书的写作带来了很大的帮助。

（4）建构理论模型

建构模型是本文研究的难点，梳理国外学者的研究现状，得出两个方面的结论：

第一，在哲学或解释学视野中建构理论解释模型。由于本书涉及"解释力"这一概念，自然而然会涉及如何解释，这也是验证解释力提升效果的重要指标。解释模型属于科技哲学范畴的一个重大问题，国外学界关于解释模型的研究取得了丰硕的研究成果，提出了多种模型建构方式。需要指出的是，这里谈及的解释模型，仅仅是在以"解释模型"四个字共同出现的境遇下进行的，诸如如何传递信息或如何表达（语义学）、如何测试（特别是心理学中的测量问题）等都不在此讨论范围内。目前，国外学界提出了多种形式的解释模型。在这里，主要对一些与本文写作相关的重要

---

① ［德］韦尔海姆·狄尔泰. 人文科学导论［M］. 赵稀方，译. 南京：华夏出版社，2004：23.

第一章

绪论

011

解释模型进行说明。

一是覆盖率解释模型（D-N模型）。德裔美籍科学哲学家卡尔·G·亨普尔（Carl Gustav Hempe）[1]是20世纪伟大的科技哲学家，他几乎完美地阐述了逻辑经验主义的立场。为了说明科学解释问题，先后提出了D-N模型（又称覆盖率解释模型、演绎-律则模型）和I-S模型（又称概率-统计模型），对于当代科技哲学的发展产生了重大而深远的影响，以至于科技哲学界一般把他们的D-N模型和I-S模型作为科学解释的经典模型。

根据亨普尔的观点，满足D-N模型的最基本条件有三：普遍规律、现行条件和说明语句。其主要目的在于说明现象，简单一点说，就是在一定规律范围内，依据现行条件出发，运用合理的说明语句去解释现象。这种模型的特点在于通过演绎论证的方式来说明现象。但是，亨普尔本人也意识到，D-N模型并不能适用于所有的现象、所有的学科，其中还存在着概率性的问题。针对这种情况，亨普尔又提出了I-S模型予以改进他的D-N模型。这个模型是要表明，根据现象的先行条件所提供的信息，证明现象的发生具有很大的可能性，进而提高或者求得更准确的现象概率性。

当然，尽管亨普尔又提出了I-S模型，但是这并不意味着就已经能够百分百的解释现象。为了进一步弥补不足，亨普尔又尝试着提出了省略解释模型、部分解释模型和解释概要模型等不同模型，并把这些后续提出的诸多模型归纳到经典覆盖率模型的范畴中去。

实际上，覆盖率模型也面临着一些困境，以至于出现了一些反例，如不对称问题、不相关问题等。那么，究竟覆盖率模型能否适用于社会科学中？如果能，将会对建构马克思主义理论的解释模型起到重要的启发作用。

覆盖率模型面临的困境也引起了国外其他学者的关注。亨德森、里斯约德、斯图伯尔等一批学者提出了关联模型，用why——问题（为什么是这个，而不是那个，或者其他的……）来作为对解释问题的完善与发展。

---

[1] Hempe有多种译法，常见的有："亨普尔""亨佩尔""亨普"等，由于本书参考的中译本译为"亨普尔"，所以本书也采取这种用法。

虽然学者们的研究迈出了覆盖率模型的步伐，但是仍然也存在着种种需要进一步解决的问题。尽管国内外学者也对这个问题进行了一定的研究，但是从已掌握的资料来看，当前对关联模型的研究还相当薄弱。

二是重视因果关系的解释模型的建构。从已获取的资料来看，有些国外学者较为热衷于把因果关系归因到解释模型建构中去。应该说，这种认识也有一定的道理，这一点也得到了学界的广泛认同。在这方面的典型代表主要有金凯德、戴维森、夏夫利等一大批学者，其中金凯德似乎要将他的整个解释模型的建构工作作为起点，否认将规律作为表达必然性的普遍陈述，识别因果因素的规律陈述和因果陈述之间没有根本的区分，那些因果关系依赖于习俗和历史偶然性。总的来说，对因果陈述就是信任度，是他们解释和预测程度的函数。[①]美国哲学家唐纳德·戴维森（Donald Davidson）认为，主要理由就是原因，统一意向性解释必须要诉诸因果关系。但是，因果关系不蕴含特殊的规律，而且单个因果陈述无需维护任何规律就可以被维护。另外，戴维森还阐述了几个重要的区分，主要是行动和对行动的描述、理由与主要理由、评价与描述等。在对这些区分进行解释的基础上，戴维森认为，意向性解释不但要关注主要理由和理由，而且还需要关注主要理由与行动的解释相关。在逻辑上，主要理由推出行动还需要诉诸因果关系。因此，戴维森主张意向性解释就是因果解释。[②]夏夫利认为，对于因果关系最需要强调的一点是，它是对现实的一种诠释，从这一点上讲，因果关系判断与一般关系判断是不同的。相对而言，一般关系判断更为客观。但是虽然如此，夏夫利又指出，对这种关系的因果解释却要主观得多，进而指出了自己对这一问题认识的三种解释：一是无因果关系，夏夫利用夏天跟冬天到来的例子来说明这一问题；二是这个关系由另外一个外在的因素造成的，夏夫利用头发颜色和政党偏好来证明这一例子；三是一种现象造成了另外一种现象，就因此得到了一个真正的因果关

① Kincaid, H.There are laws of the social science [D]. in Hitchcock,C..*Contemporary debates in Philosophy* [A], 2004, pp.4174—4175.

② ［美］唐纳德·戴维森. 真理、意义、行动与事件 [A]. 戴维森哲学文选 [C]. 牟博，译. 北京：商务印书馆. 1993：243—244.

系。①

应该指出，上面所谈及的国外的理论模型建构，是基于在本文研究中可能会涉及的内容。当然，国外许多学者都对以上这两个方面的模型建构进行了科学的研究，取得了一定的研究成果。上面所谈及的三个解释模型都为本书的研究提供了很好的视角，特别是覆盖率模型，为本书的写作提供了积极的借鉴元素。从某种意义上来看，要进一步提升当前马克思主义理论的解释力，以上所谈及的研究成果是绝对不能忽略的。

第二，避开解释学或哲学范畴，以"提升"为研究视角进行的理论模型建构。从上述研究视角可以看出，国外相当一部分学者是基于解释学或哲学视角研究解释模型。仅就理论模型构建这一问题，国外一些学者也进行了深刻的探究。世界范围内的学者普遍认为，理论模型分为纯理论性模型和过程性理论模型。由于纯理论性模型应用范围较为狭窄，因而过程性理论模型得到了国外学者的高度重视。

关于过程性理论模型构建方法的研究，是国外研究的热点，同时也是难点。纵观国外学者关于过程性理论模型的构建，提出了多种模型构建的方式或方法。其中典型的代表有英国学者奈杰尔·吉尔伯特（Nigel Gilbert），他提出了基于行动者的理论模型，在他的《基于行动者的模型》一书中，从行动者的环境、时间尺度为出发点，尝试构建了在社会科学研究中运用基于行动者模型的构想。同时，也对设计和发展基于行动者模型进行了研究，并力图达到像他自己所设想的那种在大多数社会科学中都为人所知，创建某种"社会现实"式简化代表，以尽可能清晰地展现人们所相信的现实世界的运行方式。②

美国学者曼瑟尔·奥尔森（Mancur Olson）的《集体行动的逻辑》是一个描述性理性选择假设理论模型建构的好例子。理性选择理论把奥尔森引入了一个以前没有人问过的问题，并使它处于理论的前沿。该书关注的

① ［美］W.菲利普斯·夏夫利. 政治科学研究方法（第八版）［M］. 郭继光等，译. 上海：上海人民出版社，2012：90—92.

② ［英］奈杰尔·吉尔伯特. 基于行动者的模型［M］. 盛志明，译. 上海：上海人民出版社，2012：2.

是社会中的政治组织基本问题。在他之前，学者们已经假设在一个社会中有不同利益如少数种族、商业和职业团体，还有关注特定问题的团体存在的时候，一些政治组织自然就会出现以代表这些利益。因此，奥尔森预测会有一系列政党和利益集团来从事政治，一个庞大的政治科学学派——多元主义的模型就是围绕着这种预期建立起来的。[①]但是根据理性选择，奥尔森认为，组织的存在根本不可能是自然而然的事情，后来虽然列出了一些组织出现的条件，但是仍然还存在着一些反例。尽管如此，奥尔森本人提出的多元主义模型建构方法，仍然不失为本书学习和借鉴的重要内容。

另外，夏夫利在讨论什么理论才是好理论时提出了三条标准：重要性、简明性和预测性。[②]这三条标准为社会科学理论模型的构建带来了极具指导性的建议。另外，夏夫利还列举了著名的优美理论实例，就是飞利浦·康弗斯在《论时间与党派的稳定性》一书中提出的"政党认同强度"理论。这一理论来自于康弗斯对理论模型建构的过程，在该理论模型的构建过程中，康弗斯发展了一个简洁的理论，即马尔可夫链，[③]对当今研究仍然有着重要的借鉴作用，所以，在本书的具体写作过程中，仍将运用到这一理论。

从上述过程性理论模型建构的研究成果来看，国外学者取得的很多研究成果都值得借鉴。总结国外关于这方面的研究成果，发现理论模型的建构不仅是国外学者关注的热点，同时也是难点。在本书的研究过程中，将尽最大努力做好研究工作。

（二）国内研究现状

国内关于马克思主义理论解释力提升体系建构的研究成果也较为丰

---

① ［美］曼瑟尔·奥尔森. 集体行动的逻辑［M］. 陈郁，郭宇峰，李崇新，译. 上海：上海人民出版社，1995：20.

② ［美］W.菲利普斯·夏夫利. 政治科学研究方法（第八版）［M］. 郭继光等，译. 上海：上海人民出版社，2012：18.

③ ［美］W.菲利普斯·夏夫利. 政治科学研究方法（第八版）［M］. 郭继光等，译. 上海：上海人民出版社，2012：23.

富，主要研究成果如下：

1. 关于相关概念的研究现状

（1）"解释力"概念的研究

解释力是本书研究中第一个要接触的概念，也是本书的立论基础。在中国数字资源库中检索"解释力"一词，共发现有文献7518篇。虽然基本上所有的学科都有涉及这一词语，但是却鲜有学者对解释力的概念进行明确界定。应该说，或许由于解释力一词理解起来比较容易，以至于没有引起学者的重视及对解释力进行明确界定。

从所涉及的学科范围来看，解释力应用的范围非常广泛。可以说，基本上所有学科都涉及解释力问题。概括起来，各学科在阐述解释力这一概念时，主要呈现出了两方面特征：一是把解释力作为研究范式进行审视，引入到不同专业领域中去。典型代表学者如李石，他认为解释力可以作为一种新的研究范式，通过进一步挖掘理论的基本概念、内涵，总结梳理出对理论的认识误区，有利于学界对理论有全新的认识，以达到发展理论、凸显理论生命力的目的。①除此之外，还有魏瑾瑞和孙秋碧把解释力引入统计学范畴中。②另外，还涉及文学、语言、教育等各行各业。当然，与本文相关的马克思主义理论，也自然有所涉及。二是重在解释，而缺乏对"力"的提升。从现有资料来看，学术界比较注重把解释力运用于各专业领域中去，通过各种方式对其所属专业领域的某个理论、实践等方面进行解释和阐发，得出结论便是某理论、实践具有解释力，而较少有学者有针对性地对"力"的提升展开论述。由此可见，这种方式对解释力的"力"的研究有所不足。

虽然由于解释力理解起来比较简单，以至于使得学术界并未对这一问题进行科学界定。但是笔者认为，弄清楚解释力的真正概念、内涵，有助于本书开展相应的研究，主要原因就在于：一方面，可以在弄清楚解释力的真正涵义之后，进一步扩展"理论解释力""解释力提升"等与本文

---

① 李石. 解释力：基于社会资本的范式研究［J］. 苏州大学学报，2012（06）：31—36.

② 魏瑾瑞，孙秋碧. 统计学的解释力——统计解释世界［J］. 中国统计，2009（02）：54—56.

研究相关概念的科学含义，并进一步夯实本文的立论基础；另一方面，可以吸收借鉴其他学科的相关研究成果，为本文的研究工作做好前期铺垫准备。

（2）关于"理论解释力"概念界定的研究

理论解释力是本文研究的重点内容。然而当前，我国学界对理论解释力的基本概念界定还比较模糊。在总结梳理关于解释力基本研究状况之后，在中国数字资源库中以"理论解释力"为主题检索后，共发现有文献1377篇，其中主要以"理论的解释力"和"理论解释力"两种方式出现。应该说，这两种表述方式并无差异。金民卿教授曾对理论解释力（理论的解释力）概念进行了界定，指出："理论解释力是衡量理论能否经得起检验的重要尺度，是用独立的、系统的、严密的理论体系，对自身实践成果和发展经验做出的深度解释、提升和总结。"①

通过梳理关于理论解释力概念的研究成果，可以发现呈现出两个基本特点：一是对理论解释力概念的界定仍有不足。虽然金民卿教授直接对其进行了界定，但是，仍然还不全面。因此，还需要进一步全面科学地界定理论解释力的概念；二是学界当前关于理论解释力概念界定的已有观点，较多突出在对"解释"的界定上。也就是说，把重心放在了"解释"上，而缺乏对"力"的深度总结，这也因此带来了理论解释力概念的混乱场景。厘清这一问题，不仅有助于凸显马克思主义理论的意义，而且也有助于提升其解释力。这不仅是当前马克思主义理论自身发展需要解决的问题，也是广大社会科学工作者特别是马克思主义理论研究者迫切需要解决的重大问题。

2. 关于马克思主义理论解释力的研究

从目前国内现有的研究成果看，呈现出两个方面的特点：一是大多数学者是从马克思主义具备解释力这一点为出发点进行研究，进而指出马克思主义经受了时代考验、历史考验。开展这方面研究的学者较多，其成果

---

① 参见金民卿. 以高度的理论自觉提升当代中国的理论解释力［J］. 青海社会科学，2013（01）：1—5. 金民卿. 当代中国理论解释力的提升之道——论理论创新主体应有的四种自觉［J］. 人民论坛（学术前沿），2012（09）：30—37.

大多以论文的形式出现。比如主要代表有李芳云和李安增撰写的《马克思主义的当代解释力》①，刘焕申和窦艳华撰写的《论中国特色社会主义理论体系的解释力》②等。这些研究成果仍然处于理解、解读马克思主义的范畴，开拓性不强，创新性也不足；二是针对性开展马克思主义理论解释力研究的较少。应该说，从现有资料来看，学界还较为缺乏对什么是马克思主义理论解释力这一问题的探究。当然，这一问题与上面第二方面的问题具有一定的相似性。为了详细总结当前学界关于马克思主义理论解释力的相关研究成果，在这里，主要从以下几个方面予以总结。

（1）关于马克思主义理论解释力提升主体的研究

在本文的研究中，文章认为要提升马克思主义理论的解释力，必须要有提升主体。那么主体是谁，主体在马克思主义理论解释力提升中的作用是什么，应该具备什么样的品质等问题不容忽视。

第一，关于提升主体是谁的研究。在本文的研究中，之所以对马克思主义理论解释力提升主体进行深刻的探究，其重要目的就在于梳理清楚究竟谁才是马克思主义理论解释力的主体，这也有助于帮助主体自觉树立提升马克思主义理论解释力的积极性和主动性。关于这方面的研究，学术界已经取得了广泛认同，即提升主体是大多数愿意从事社会科学研究的工作人员。但是对于这一提升主体的具体构成是什么，分为哪些阶层等问题，却鲜有研究。查阅资料后，发现学术界关于这一问题的研究成果较少，典型代表就是刘希良、钟惠英撰写的《理论自信的构成要素论析》一文。在文章中，刘希良和钟惠英把理论自信的主体划分为领导干部、理论工作者、非党员非马克思主义理论工作者、普通党员和普通群众五类。③虽然该文并没有明确指出这五类主体就是马克思主义理论解释力提升的重要主体，但是实际上也指明了理论解释力的提升主体类别。在这个意义上，也就可以把该文所划分的不同主体理解为马克思主义理论解释力的提升

① 李芳云，李安增. 马克思主义的当代解释力［J］. 当代世界与社会主义，2013（01）：45—49.

② 刘焕申，窦艳华. 论中国特色社会主义理论体系的解释力［J］. 聊城大学学报，2012（01）：86—91.

③ 刘希良，钟惠英. 理论自信的构成要素论析［J］. 前沿，2013（07）：16—18.

主体。

　　第二，关于提升主体在提升理论解释力中作用的研究。毋庸置疑，提升主体作为人，是提升马克思主义理论解释力的重要因素之一，缺乏了提升主体的存在，理论解释力的提升也将毫无可能。提升主体只有发挥出自身的积极作用，才能更好地为马克思主义理论解释力的提升贡献力量。学术界非常重视提升主体的研究，取得了一些研究成果。如赵玉璧在《应重视社会科学工作者的作用》一文中以马克思为例，指出马克思是从事社会科学工作的先驱和典范，为人类解放事业作出了巨大贡献，当今的社会科学工作者应该具备这一优良品质。另外，赵玉璧还指出，由于长期受到"理重文轻"不良思想的影响，一些人不重视社会科学研究，也使得社会科学工作者在思想上发生了偏差。①由此可见，主体应该在提升马克思主义解释力的过程中发挥出重大作用。通过对这一问题的总结回顾，可以发现，社会科学家（主体）要想发挥出一定的作用，一方面国家、社会和政府层面要相应地付出一定努力。另一方面，对于社会科学家（主体）来说，也需要艰苦努力，做好本职研究工作。概括起来看，尽管这些研究没有明确从提升理论解释力的角度阐述主体的重要性，但是实际上，也从另外一个层面表明了主体在提升马克思主义理论解释力中的重要作用。

　　第三，关于提升主体所具备的品质的研究。主体应该具备什么样的品质才能肩负起这一责任？学界对此展开了丰富的研究，主要代表人物和观点如下：

　　黄文彬对社会科学工作者的科学素养进行了调查，发现社会科学工作者对自然科学的尊崇与漠视并存，缺乏正确的科学价值观；科学观不端正导致对自然科学的认识片面；热衷星座迷信者甚多，青年为甚；科学精神严重不足、压力大等焦虑情绪引发"迷信潮"，并得出了社会科学工作者的科学素养提升诉求迫切的观点。在此基础上，黄文彬认为应该采取相应的措施改变社会科学工作者的现状，进一步提升社会科学工作者的工作

---

① 赵玉璧. 应重视社会科学工作者的作用 [J]. 中国物资经济, 1995（10）: 42—46.

品质，具体方法有：大力支持科技人文交叉学科发展、大力促进人文社会科学领域研究方法和研究体系的建设与完善、自然科学与人文社会科学研究机构应加强沟通联系、在研究资助上体现科技与人文协调发展、加大舆论宣传和监管力度、遏制和防范毒害青年的迷信现象抬头、慎重评判估量星座预测等舶来品的负影响，适时将其纳入学术讨论范畴、加强对青年人文社科工作者的引导和教育，关心他们的健康成长等。①鲍振东认为社会科学工作者不仅应该注重开展学术研究，还要注重自身优良品质的培养，才能在学术和德育两个方面做出成绩。②罗卫东指出，社会科学工作者面临着一些压力，主要有政策上的压力、科学技术进步的压力和商业市场的压力等。③陈先达认为哲学社会科学工作者肩负着伟大的历史使命，他们应该自觉地为社会主义建设服务，努力为社会主义理论创新贡献自己的力量。实际研究工作中，促使人文社会科学领域充满与时代合拍的朝气蓬勃的景象。④路淑英认为，学者作为"社会的人"，是掌握社会知识的特殊阶层。学者具有三种使命：学者应努力在自身学科作出应有的贡献；学者应把自己掌握的全部知识为社会服务；学者工作的最终目标是提高整个人类的道德风尚。⑤许明认为，创新是社会科学家的天职，社会科学家在研究工作中要尤为重视各方面的创新。⑥著名社会科学家温济泽认为，社会科学家要肩负起自身的责任，在实际岗位中作出应有的贡献，发挥出自身在社会科学发展中的重要作用，而要达到这一点，社会科学家只有通过艰

① 黄文彬. 人文社科工作者科学素养亟待提升——人才社会科学工作者科学素养调查［J］. 中国人才，2013（09）：29—31.

② 鲍振东. 新时期哲学社会科学工作者的责任和作用——访辽宁社会科学院院长、党组书记鲍振东［N］. 中国社会科学院院报，2008-05-13（005版）.

③ 罗卫东. 社会科学工作者的理性自觉：重返韦伯［J］. 浙江社会科学，2006（05）：29—37.

④ 陈先达. 哲学社会科学工作者的伟大历史使命［J］. 中国人民大学学报，2002（03）：11—13.

⑤ 路淑英. 社会科学工作者的社会责任——费希特《论学者的使命》的启示［J］. 湖南社会科学，201（03）：43—45.

⑥ 许明. 创新：社会科学家的天职［N］. 社会科学报，2001-08-23（003版）.

苦卓绝的努力，没有努力是万万不可能的。^①另外，还有不少学者对这一问题进行了探究。通过梳理总结发现，学术界普遍认为理论主体应该具备的道德和素质主要包括科学的价值观，有良好的人格、品行和修养，重视社会科学，愿意为社会科学的发展而贡献等。

还有一些学者从如何提升马克思主义理论解释力的角度，对主体的品质进行了研究。从已掌握的资料来看，典型代表有两篇论文，一是《当代中国理论解释力的提升之道——论理论创新主体应有的四种自觉》，二是刘希良、钟惠英的《理论自信的构成要素论析》。在金民卿的文章中，提出了四个自觉，即自觉实现自身的马克思主义化、自觉树立自主的文化标准权意识、自觉提升当代中国理论的解释力、自觉形成战士与学者相统一的风格。^②刘希良对理论家主体的可行使的相信理论的权利和应承担的相信理论的义务进行了科学的对比，建议理论家主体在相信理论的权利和义务方面要对等，否则就发挥不出理论家主体的能力。概括起来，这两篇文章涵盖着如下基本信息：第一，在理论家主体发挥自身能力方面。理论家主体研究不研究是一回事、有没有能力又是另外一回事，必须促使理论家主体发挥出自己的能力，才能更好地提升理论的解释力。第二，理论主体的个人素养方面。有些理论家，特别是领导型的理论家，身为人民公仆，应该切实做好自身的领导工作和理论研究工作，而不是背离人民利益，否则就与马克思主义的理论品质背道而驰，也将会很难做到理论自信。第三，在坚持和发展马克思主义方面。理论主体能不能学习掌握马克思主义理论，能不能在实际工作中坚持发展和运用马克思主义理论等问题，都是考察理论主体能否做到理论自信的重要条件。^③

从上面两篇文章的研究结果可以看出，当把目光集中于马克思主义理论解释力这一角度去研究主体时，就显示出了研究程度不足的问题，这也

---

① 何婉言. 非有艰苦努力不可——著名社会科学家温济泽访谈录［J］. 思想政治工作研究，1997（04）：17—18.

② 金民卿. 当代中国理论解释力的提升之道——论理论创新主体应有的四种自觉［J］. 人民论坛（学术前沿），2012（09）：30—37.

③ 刘希良，钟惠英. 理论自信的构成要素论析［J］. 前沿，2013（07）：16—18.

反映出当前学界并不重视对马克思主义理论解释力提升主体的研究。从这种程度上来看，本文开展马克思主义理论解释力提升主体的研究具有非常重要的意义。虽然目前学界对于这一问题的研究还比较薄弱，但是也应该看到，上面两篇文章给本文研究带来了很大的启示，同时也有助于我们站在两位学者的研究基础上，进一步梳理提升主体应该具备的品质、能力、内涵、构成要素，这对于进一步完善本文的研究有一定的借鉴意义。

（2）关于提升（马克思主义）理论解释力路径（手段、方法）的研究（含理论完善）

要促进马克思主义理论解释力的提升，自然需要借助一定的手段和方法。应该说，学术界非常关注这一问题，开展了多方面、多层次的研究，取得了丰硕的研究成果。具体来说，已经提出了以下多种研究方法或研究路径。

①关于提升（马克思主义）理论解释力路径（手段、方法）的研究特征

从上面的分析中已经指出，当前对马克思主义理论解释力的提升大多数是以解释或者宣传的方法进行的研究。应该指出，这种方法虽然具有一定的局限性，但是仍然在解释、宣传马克思主义，让人们更好地认识马克思主义的解释力上发挥了一定的作用。鉴于这种因素，笔者认为，有必要在解释范式这一问题上进行更深入的探究。通过在中国电子数据资源库中检索"解释范式"，共发现论文有286篇，总结梳理这些已有研究成果，主要呈现出以下三个特点：

第一，涉及学科范围非常广泛。从已有的资料来看，基本上所有学科都已经涉及解释范式，在这里，以法学、社会学、伦理学、管理学为例进行说明。在法学领域，汪明亮认为，从社会资本视角考察我国现行刑事政策，具有重大理论意义和指导实践价值。社会资本理论为刑事政策研究提供了新的解释范式，有着重要的方法论意义。[①]在社会学视野中，梁波和王海英认为，产业发展长期以来一直是社会科学研究的重要内容，从现有的

———————————

① 汪明亮.基于社会资本解释范式的刑事政策研究［J］.中国法学，2009（01）：125—138.

理论来看，主要形成了市场主义的解释范式、制度主义的解释范式和网络主义的解释范式。在一定意义上，这三种理论范式就分别是市场、制度与网络视域下的产业发展的三种解释范式。①从伦理学的角度来看，戴木才、彭隆辉认为，人类政治文明经历了伦理学解释范式，到社会学解释范式，再到正当性解释范式的发展历程。②从管理学的角度来看，惠朝旭提出了企业家社会资本在经济社会学基础上的解释范式，认为经济社会学理论的兴起为经济现象提供了新的解释范式。③当然，应当看到，一方面，在上述例子中，所提出的范式仅仅是学者们的个人观点。实际上，在同一专业领域，解释范式多种多样。同时，对于同一解释范式，不同的专业领域也有所涉及。由于这并非本文的主要研究目的，所以并未对同一专业领域的多重解释范式进行详细说明。另一方面，也应该看到，上述例子中所提出的解释范式，对于本文的研究同样也具有重要的指导意义和借鉴价值。

第二，放在解释学视野中进行研究。从已掌握的资料来看，国内学者非常注意借用西方解释学思想，并对解释范式进行了一定的研究，取得了不少研究成果。仅从解释学研究视角来看，国内学者对解释范式的研究明显呈现出把解释学作为研究范式应用于多种学科中去的特征。在中国电子数据资源库检索"解释学范式"共发现有相似性文章125条，如解永照、王彬把解释学研究范式放在法律领域进行研究。④李兵撰写了《解释学研究范式及对教育研究方法论的启示》一文，把解释学研究范式放在了教育学科进行研究。⑤胡洪把解释学研究范式放在了美学中。⑥除此之外，还

① 梁波，王海英. 市场、制度与网络：产业发展的三种解释范式 [J]. 社会，2010（06）：90—117.

② 戴木才，彭隆辉. 政治正当性解释范式的演化历程 [J]. 伦理学研究，2012（04）：60—73.

③ 惠朝旭. 企业家社会资本：基于经济社会学基础上的解释范式 [J]. 理论与改革，2004（03）：117—120.

④ 解永照，王彬. 论解释学的重心转移与范式转换——兼论解释学对法律解释研究的意义 [J]. 齐鲁学刊，2010（05）：86—90.

⑤ 李兵. 解释学研究范式及对教育研究方法论的启示 [J]. 重庆邮电学院学报（社会科学版），2004（06）：123—125.

⑥ 胡洪. 当代美学的解释学困境及其可能——从解释学思路到生产美学 [J]. 当代文坛，2013（01）：47—52.

有一部分学者依照解释学研究范式对其他学科进行了相关研究。

第三，把马克思主义与解释学结合起来进行研究。国内学者也非常重视把马克思主义与解释学结合起来进行研究，取得了很多研究成果。在中国电子资源数据库中检索"马克思主义解释学"，发现共有相似性文章916篇，涉及期刊、硕博论文等各种研究成果。总结现有的学术成果，发现具有以下基本特征：

一方面，以文本为解释对象研究马克思主义理论，进而提升马克思主义理论的解释力。人们在关注西方解释学对马克思的著作重新解读过程中，我国深刻的社会变革和社会主义建设的创造性实践，又再一次促使学者们将马克思主义与解释学结合起来进行研究。在这种背景下，大批学者借用国外解释学的思想方法，对马克思的文本进行了深刻研究和新的解读。有学者认为，要研究马克思主义，必须回归到马克思主义理论本身，从马克思主义的原始文本中找寻马克思的思想。持这种观点的学者很多，主要代表人物有范志同，他在《解释学视域中的马克思主义——略论一种马克思主义解释学的观念》中指出借助于西方解释学的眼光，提出了以马克思主义经典文本为解释对象的马克思主义解释学观念。理解和解释马克思主义理论并对它的意义进行传递，以使之世代流传构成了马克思主义解释学的一般的任务，而对"什么是马克思主义的正统"的反思则是它的核心论题。①胡潇在《马克思的解释》一书中提出要按照马克思主义理论固有的批判性、科学性、实践性品格，去解读其文本，理解其真义，发现和其可贵的思想价值，并在此提出了两个方面的基本思考，一是从解释学的层面去探寻马克思的科学文献，解读前人文本所采取的态度和方法，寻求一种以解读马克思主义又出自经典作家自身的原创性、元哲学解释，使解释马克思主义本文的方法与这一学说本身赖以发生的学理基础高度一致起来。二是在经典作家对自己的基本思想、原理、方法所做的基本规定和阐释中，在他们对自己的学说所做的重大修订、重大发现中去求解他们思想

---

① 范志同.解释学视域中的马克思主义——略论一种马克思主义解释学的观念［J］.理论月刊，2002（10）：12—13.

的真义。①除此之外，还有徐长福②、韩庆祥③、杜奋根④等一大批学者也以文本为解释对象对如何解释马克思主义等相关问题进行了研究。

另一方面，把解释学作为研究方法来研究马克思主义理论，进而提升马克思主义理论的解释力。国内学者们在这方面的研究主要代表人物有王浩斌、王飞南等一些学者，他们相继发表了《中国马克思主义解释学的研究方法辨析》《中国马克思主义解释学的学科合法性探讨》《中国马克思主义解释学的学科性质与定位》《试论中国马克思主义解释学研究的比较视域》《中国马克思主义解释学的判定标准探讨》等一系列文章。这些文章旨在为进一步研究马克思主义理论奠定方法论基础。同时，这些方法也有助于在更好地研究马克思主义理论的基础之上，为笔者的写作提供相应的借鉴。

②关于范式视域的（马克思主义）理论解释力提升方法

库恩提出"范式"一词后，国外学术界非常重视对"范式"的研究，并且这股研究热潮也逐渐影响到了国内。应当承认，确定科学的"研究范式"的确能够有效提升马克思主义理论的解释力。通过在中国电子数据资源库搜索"研究范式"，共发现有相似性文献9553条，可见国内学术界对"研究范式"何其重视。从现有研究成果来看，国内关于"研究范式"的研究可谓百花齐放，各门学科都已经基本涉及这一问题，这也因此为本文的写作带来一定的借鉴作用。在中国电子资源数据库里检索"马克思主义研究范式"，发现相似性文献有940条，这充分说明，在马克思主义研究范式方面，国内学者还是非常重视的。通过梳理，本文认为，与本文相关的研究范式主要有以下四种。

第一，主体间性研究范式。主体间性是哲学用语，从现有的研究资料

① 胡潇. 马克思的解释［M］. 北京：中国社会科学出版社，2008.

② 徐长福. 本文与解释—论马克思主义哲学解释的学术规范［J］. 哲学研究，1997（11）：15—19.

③ 韩庆祥. 重新解释马克思的几个基本性问题——评《回到马克思》［J］. 马克思主义研究，2000（02）：81—83.

④ 杜奋根，赵翠萍. 合理解释马克思的劳动价值理论［J］. 江西社会科学，2001（01）：19—22.

来看，主体间性大多是用于哲学研究中。由于主体间性得到了广大学者的认同，也因此被广泛应用于其他不同学科领域，应用于马克思主义理论的研究也自然在其列。目前，学界把主体间性研究范式应用于马克思主义理论研究的理论成果比较丰富，有期刊论文、硕博学位论文，还有论著。在学位论文方面，典型代表主要有黑龙江大学的王晓东2002年撰写的博士学位论文《多维视野中的主体间性理论形态考辨》①、湘潭大学王海东2002年撰写的硕士学位论文《主体性·主体间性·交往实践》②、北京化工大学的李雪霞2011年撰写的硕士学位论文《论主体间性思想政治教育及其实现路径》③、陕西师范大学的刘贞撰写的硕士学位论文《主体间性思想政治教育研究》④等。在期刊论文方面，典型的代表主要有王永章⑤等学者撰写的一系列文章。

尽管学术界对主体间性研究范式进行了深刻研究，但是学者们也指出了主体间性理论存在的解释力不足问题。比较典型的观点是宋雅萍，她认为主体间性最突出的问题就在于，这一范式在当代哲学中自觉或不自觉地消解了一元主体地位。当前学界对主体间性的研究物质性不足、实践性基础不扎实等也是亟待解决的重大问题。⑥

第二，实践生成范式。实践生成范式是近年来新兴的研究范式，通过检索"实践生成研究范式"，发现共有相似性文献76条。从现有研究成果来看，极少数学者把实践生成作为研究范式来强化马克思主义的解释力这一问题。而大多数学者仅从哲学视域对实践生成进行了阐释，发表了一系列文章。如戴木才撰写的《论哲学概念的实践生成》⑦、鲁品越撰写的

① 王晓东. 多维视野中的主体间性理论形态考辨 [D]. 黑龙江大学博士学位论文，2002.

② 王海东. 主体性·主体间性·交往实践 [D]. 湘潭大学硕士学位论文，2002.

③ 李雪霞. 论主体间性思想政治教育及其实现路径 [D]. 北京化工大学硕士学位论文，2011.

④ 刘贞. 主体间性思想政治教育研究 [D]. 陕西师范大学硕士学位论文，2011.

⑤ 王永章. 主体性哲学的批判与超越——从笛卡儿的"我思"到马克思的主体间性理论探析 [J]. 天水行政学院学报，2008（05）：27—28.

⑥ 宋雅萍. 论主体间性 [C] 马克思主义哲学研究，武汉：湖北人民出版社，2008：198—207.

⑦ 戴木才. 论哲学概念的实践生成 [J]. 江汉论坛，1991（03）：28—30.

《实践生成论：马克思主义哲学的主轴》①和《马克思的实践生成论与中国特色社会主义理论》②等文章。

由此可见，虽然学术界对实践生成进行了广泛的研究，但是仅仅局限于对实践生成的基本介绍。而较少有学者把实践生成作为研究范式来进行研究，几乎没有学者把实践生成范式应用于马克思主义理论中的研究。这些研究一方面对于本文写作提供了良好的借鉴。另一方面，也有助于指导本文在研究过程中积极运用新的研究范式。

第三，对话范式。在中国电子资源数据库检索"对话范式"，共发现有相似性文章129条。应该说，国内学术界还算普遍重视对话范式的研究。从现有研究成果来看，关于对话范式的研究呈现出以下两个方面的基本特点：

一方面，对话范式已被广泛应用于各学科。通过检索后发现，对话范式运用范围非常广泛。可以说，涉及诸多学科，如哲学、文学、教育、伦理学等各门学科。比如，在哲学科学领域，典型研究成果有胡军良撰写的《从哲学的对话范式看构建和谐社会的三个维度》③、王南湜撰写的《论中西哲学对话的四种范式》④等文章。在文学领域，有燕连福撰写的《中国传统文化的对话范式——从身体的视角看》⑤等文章。在教育学领域，有仲伟华撰写的《语文教学对话范式的思考与评价》⑥等一系列文章。在伦理学领域，有燕连福撰写的《中国传统伦理学的对话范式》⑦等一系列文章。

应当指出，以上这些文章虽然是立足于不同学科，但是同样对本文的

① 鲁品越．实践生成论：马克思主义哲学的主轴［J］．哲学动态，2009（10）：5—10.

② 鲁品越．马克思的实践生成论与中国特色社会主义理论［J］．河北学刊，2007（04）：1—7.

③ 胡军良．从哲学的对话范式看构建和谐社会的三个维度［J］．青海社会科学，2007（02）：102—107.

④ 王南湜．论中西哲学对话的四种范式［J］．教学与研究，2004（06）：11—16.

⑤ 燕连福．中国传统文化的对话范式——从身体的视角看［J］．青海社会科学，2007（05）：149—152.

⑥ 仲伟华．语文教学对话范式的思考与评价［J］．新课程学习（基础教育），2010（10）：122.

⑦ 燕连福．中国传统伦理学的对话范式［J］．贵州社会科学，2007（04）：102—105.

研究具有重要借鉴作用。特别是借用其他学科的研究方法，广泛而积极地应用对话范式，这对于进一步研究马克思主义，提升马克思主义的解释力具有重大的借鉴价值。

另一方面，把对话范式引入马克思主义研究领域的成果比较突出。考察已有资料，发现胡军良撰写的《当代西方哲学的"对话范式"及其对马克思主义哲学探究的启示》一文比较具有代表性。在文章中，胡军良认为："在当代西方哲学'语言学转向'的背景下，'对话范式'一跃成为一种全新的哲学范式。如果说后期维特根斯坦的'语言游戏说'等主张只是揭开了当代西方哲学对话范式这首交响乐曲之序幕的话，那么马丁·布伯的'对话主义'、伽达默尔的'哲学解释学'以及哈贝马斯的'交往行为理论''对话伦理学'则以共同的理论旨趣把这首交响乐曲推向了高潮与极致。"①胡军良还认为，对话范式不仅是诸多人文学科走出自身困境的不二法门，同时也是中国当前马克思主义哲学发展重构的新的基本路径。马克思主义哲学只有与时代进行"问题式"对话，与不同哲学形态进行"交往式"对话，与解释者进行"解释学"对话，才能使自身勃发生机与走向当代。另外，姚新立、车玉玲认为，对话范式是当前马克思主义理论研究的重要方法，对于提升马克思主义的解释力具有重大的指导作用。②

通过总结发现，对话范式是提升马克思主义理论解释力的重要方法之一，这对于本书写作具有很大帮助和促进作用。当然，国内学者还对其他范式进行了一定程度的研究，由于与本书的研究关涉不大，所以在这里就不一一叙述。

第四，实证范式。实证范式也是近年来学界兴起的研究范式之一，在中国电子资源数据库检索"实证范式"，共发现有相似性文献131条。通过对比，发现实证范式虽然应用范围比较广泛，但是却少有学者将实证范

---

① 胡军良. 当代西方哲学的"对话范式"及其对马克思主义哲学探究的启示 [J]. 内蒙古社会科学（汉文版），2007（05）：58—63.

② 姚新立，车玉玲. 对话范式：中国当代马克思主义研究的重要方法 [J]. 教学与研究，2012（11）：22—27.

式应用于马克思主义研究中。从现有资料来看，仅有一篇文章把实证范式引入马克思主义理论中进行研究。曲波认为实证范式为我们把握社会世界的本质提供了新的研究视角和研究方法，主要体现在：一方面，经由实证调查对研究对象进行解释说明，特别是注重对研究结果、研究对象的真实性探究，重在回答"是什么"；另一方面，又要重视对研究对象的"解释性理解"，特别是要理清研究对象的特征和重要价值等问题。①

应当指出，虽然国内学术界关于实证范式在马克思主义理论中的研究比较薄弱，但是我们也可以通过学术界对其他学科的研究，来进一步推进马克思主义理论的研究。由此可见，这种思路也有助于推进本文的写作。

③关于建构理论体系视域中的（马克思主义）理论解释力提升方法

应该说，学术界关于如何完善理论体系的研究取得了丰硕的研究成果。在中国电子数据资源库以"建构理论体系"为主题检索相关文献时，共发现有文章1166篇。从已有研究成果看出，当前学者们所取得的成绩还是比较显著的。通过对比分析，发现关于构建理论体系的研究成果主要有三个方面基本特征：一是研究成果比较丰富，而且涉及各专业领域。如法学、文学、历史学、教育学、医学、经济学等各专业领域，不少专家和学者都提出了建构或完善理论体系的方法。当然，在马克思主义理论研究领域，也有不少论著出现。二是关于马克思主义理论体系完善方法，学者们也取得了一定成绩。学者们认为，应该在继续坚持原有研究成果的基础上，继续发挥主观能动性，开创出新的理论体系建构方法。当然，要达到这个目的，还需要理论工作者狠下工夫，努力钻研。②阎树群以毛泽东的社会主义理论为例，提出了构建严整的社会主义矛盾理论体系的观点，并具体阐明了社会主义制度自我完善和发展的一系列理论和实践问题。③应该说，这一思想也对本文科学构建理论体系提供了很好的借鉴作用。除此之外，还有很多学者从不同角度对马克思主义理论体系的构建方法进行

---

① 曲波.超越实证范式与解释范式的马克思社会理论［J］.东北师大学报（哲学社会科学版），2011（05）：160—161.

② 高放.借鉴历史经验构建理论体系［J］.中共中央党校学报，2008（02）：31—33.

③ 阎树群.毛泽东社会主义自我完善理论体系初探［J］.毛泽东思想研究，2010（06）：1—6.

了论述。三是重视对马克思主义理论体系的宣传和解读，对其中所涉及的各方面理论进行了探究，建构了不同理论内容的理论体系。可以说，这方面研究比较多，典型的主要有，包心鉴对中国特色社会主义理论体系的解读，①万军对中国特色社会主义理论体系的进程、特色的解读，②还有杨春贵对中国特色社会主义理论体系进行的新概括③等研究成果。

除了以上所论及的内容之外，学术界还广泛开展了关于构建理论体系方法的研究，取得了较为丰富的研究成果。如笔者曾经在《当代中国马克思主义理论解释力提升的四个维度》一文中，总结了当前学界关于建构理论体系的具体方法。只要依据具体的研究对象，再加之正确的建构方法，相信就可以更好地建构出科学合理的理论体系，也才能够更好地指导具体实践。④

总结学界关于理论体系的构建等研究成果，发现存在着涉及专业领域较广泛、重视对马克思主义理论体系的构建和解读的特点。同时学术界也非常重视构建方法的研究。在本书的研究中，将会重点对研究方法进行总结和梳理，以期为马克思主义理论解释力的提升献上绵薄之力。

④关于建构理论模型视域中的（马克思主义）理论解释力提升方法

构建完整的理论模型是提升理论解释力的重要方法之一，这一点也得到了国内广大学者认同。在中国电子数字资源库搜索相关文献，发现共有文章44878篇，可谓汗牛充栋。从现有资料来看，理论学家们通过构建理论模型的方式来提升理论解释力的研究热度不减。具体来说，当前的研究中，呈现出以下三个方面特点：一是学界大都从基本假设出发，依靠逻辑推理方法建立解释模型。学术界所采取的基本假设，一般是以经济学理性选择角度为出发点进行研究的。持这种观点的主要有袁继红，袁继

① 包心鉴. 关于中国特色社会主义理论体系的深入解读［J］. 山东社会科学，2008（01）：5—10.

② 万军. 中国特色社会主义理论体系的历史进程、现实特色及未来发展［J］. 当代世界与社会主义，2008（01）：52—55.

③ 杨春贵. 中国特色社会主义理论体系的新概括［J］. 中国社会科学，2008（01）：9—12.

④ 孙宜芳. 当代中国解释力提升的四个维度［J］. 广西社会科学，2013（10）：1—6.

红在梳理了国内外研究的基础之上，认为亨普尔等人创立的D-N解释模型和I-S解释模型存在问题，特别是应用于社会科学领域时，这种经典覆盖模型所遇到的困境更严重，因此，提出了应该对关联模型进行探究，认为关联模型符合理论模型的科学构建。[①]任建明在《腐败与反腐败：理论、模型和方法》一书中也以经济学理性选择角度提出了建立腐败和反腐败理论模型。[②]在论文方面，魏光兴以理性经济学角度对公平偏好的博弈实践进行了探究。[③]杨桂菊以三家企业为案例，以经济学理性选择角度对化工企业转型升级和演进路径理论模型进行了探索。[④]二是涉及专业领域范围较广，主要有教育、地理、管理等学科，可以说是基本上所有学科都有不少学者对理论模型进行了科学构建，教育学科主要代表有林杰、李玲，对美国大学教师发展的三种理论模型进行了介绍。[⑤]地理学科主要代表有闫卫阳、王发曾和秦耀辰，三人对城市空间相互作用理论模型的演进与机理进行了研究，并指出理论模型发展与完善的方法。[⑥]管理学科的主要代表人物有张燕、马剑虹，对工作怠倦理论模型进行了研究，并提出了完善该理论模型的方法。[⑦]由于所涉及的专业领域较为广泛，在这里就不能一一进行论述和说明。但是需要指出，这些理论模型的构建方法，特别是社会科学领域的一些理论模型构建方法，对于本书的写作具有极大的帮助和借鉴作用。三是对马克思主义理论模型的研究还缺乏深度和广度，学术界目

① 袁继红. 社会科学解释研究——规律\规范、原因\理由与社会科学解释［M］. 北京：中国社会科学出版社，2009：55—62.

② 任建明. 腐败与反腐败：理论、模型和方法［M］. 北京：清华大学出版社，2009：126—134.

③ 魏光兴. 公平偏好的博弈实验及理论模型研究综述［J］. 数量经济技术经济研究，2006（08）：152—160.

④ 杨桂菊. 化工企业转型升级：演进路径的理论模型——基于3家本土企业的案例研究［J］. 管理世界，2010（06）：132—141.

⑤ 林杰，李玲. 美国大学教师发展的三种理论模型［J］. 现代大学教育，2007（01）：62—66.

⑥ 闫卫阳，王发曾、秦耀辰. 城市空间相互作用理论模型的演进与机理［J］. 地理科学进展，2009（04）：511—517.

⑦ 张燕，马剑虹. 工作倦怠理论模型和相应干预措施［J］. 中国健康心理学杂志，2006（05）：338—341.

前对马克思主义解说的研究比较多，也较少关注马克思主义理论模型的研究，这一点可以通过在中国数字资源库中检索"马克思主义理论模型"显示出来，通过搜索，暂未发现任何以这一主题进行研究的文章。应该说，只要掌握了正确的方法，用构建理论模型的方式来提升马克思主义的解释力，进而强化马克思主义的影响具有一定的可行性。笔者也曾经在《当代中国理论解释力提升的四个维度》一文中指出应当在遵循解释学解释原则的基础上，尝试着建立马克思主义理论解释力的提升模型，以便使马克思主义更具有解释力。①

由于当前学术界关于马克思主义理论解释模型研究成果较少，这也在一定程度上增加了本书写作的困难。但是在本书的研究过程中，将会根据研究进展酌情开展关于马克思主义理论解释力提升模型的研究，以期为本文的研究增加一点创新之处。

通过总结梳理国内学术界关于本书相关问题的研究成果，可以发现，当前对于本书涉及的一些基本概念，尚未进行科学界定，并没有形成科学、统一的结论。虽然学术界对与本书相关问题的研究取得了一定成果，但是把研究点集中于马克思主义理论解释力这一方面的研究还非常薄弱。因此，这给本书写作带来考验的同时也带来了思考空间。

（三）对当前国内外研究现状的思考

纵观国内外学术界关于本课题相关问题的研究，在为其取得理论研究成果欢欣鼓舞的同时，还有以下几点值得思考：

第一，学术界对相关概念的研究还有待于进一步深化。以上分析显示，不管是国内还是国外，学术界对解释力、理论解释力等一些基本的概念还没有厘清。但是在研究马克思主义理论解释力的过程中，必然会涉及这些基本问题。由此可见，本文仍然需要站在前人的肩膀上予以准确界定这些基本概念。当然，在今后的研究中，学术界还需要高度重视这些基础性的理论问题。

第二，学术界提出了多种多样的推进理论向前发展的路径。尽管这些

---

① 孙宜芳. 当代中国理论解释力提升的四个维度［J］. 广西社会科学，2013（10）：1—6.

方法路径可以提升理论的解释力，但是，需要看到，推进理论向前发展只是提升解释力的一个向度，并不代表就囊括了所有问题，因为解释力的提升不仅仅需要从理论这一角度出发去考虑问题，还会涉及其他诸多重要内容。从这个视角来看，当前国内外学术界对于提升理论解释力的研究还具有视角狭窄的缺陷，特别是有针对性地关于提升马克思主义理论解释力的研究，理论成果非常有限。

第三，学术界提出了多种推进理论向前发展的基本方法。如理论模型建构方法、规范解释范式方法、构建理论体系的方法，有创新理论的模型、范式和体系等。应该说，这种研究思路是正确的，也为提升理论解释力提供了很好的方法借鉴。但是，绝对不能忽略那种"通过发展新理论和更新旧理论来完善理论并把这些理论放到现实世界中去看他们预测事物的准确性，然后把这些研究的结果放回整个理论体系中去"①的思想。按照这一思路，创新新理论和完善旧理论就成为两个最基本的发展方向。由于创新新理论的难度较大，因此完善旧理论也就成为决然不能忽略的重大问题。然而总结学界已有的研究成果可见，鲜有学者就理论完善问题开展专门性的研究。

第四，学术界关于解释力提升路径问题的研究还缺乏整体性。从现有的研究成果来看，学术界从微观角度提出了不少新观点和新思想，尽管对提升马克思主义理论的解释力具有重要启发作用，但是仍然属于对微观问题的探究，系统性和整体性仍然略显不足。如果能够借鉴当前学界的研究成果，统一整合相关的研究资源，开辟全新的研究视角，对于进一步提升马克思主义理论的解释力将会起到巨大的促进作用。

第五，通过这一部分的分析可以看出，当前国内外学术界对提升主体、提升方法的研究成果可谓相当丰富，本书基本上认同学术界已有的观点成果。也正是这一原因，本书不再对提升主体的素质、能力等基本问题进行探索，也不再对前人已经提出的基本方法进行研究，而是尝试着从其

---

① ［美］W·菲利普斯·夏夫利．政治科学研究方法（第8版）［M］．郭继光等，译．上海：上海人民出版社，2012：33.

他路径提出新的思想观点。

三、研究思路、方法和基本内容

（一）研究思路

在具体的研究中，将会按照以下思路开展研究工作（如图 1-1 所示）。

具体地说，首先，总结梳理当前学界关于马克思主义理论解释力提升的相关研究成果。在此基础上，厘清与文章研究相关的重要概念，如解释力、理论解释力、马克思主义理论解释力提升体系、理论完善等重要概念，以便为本书写作奠定坚实的理论基础。其次，从理论自信视域分析当前开展马克思主义理论所面临的机遇、挑战等背景性认知，从而为建构马克思主义理论解释力提升体系铺设背景。再次，从理论层面建构马克思主义理论解释力提升体系，包括马克思主义理论解释力提升体系建构的主要影响因素、建构原则、建构方法、核心层次等重要内容。又次，辟出马克思主义理论解释力提升体系中的核心内容之一——理论完善为研究视角，予以探究马克思主义理论解释力提升体系具体问题，主要包括理论完善的经典创制、具体方法、案例验证等内容。最后，在基于理论完善经验的基础上，对进一步促进马克思主义理论解释力提升体系的完善需要注意的基础理论问题和具体实践问题进行了总结概括。

需要说明的是，本书之所以添加副标题（基于理论完善视角的分析），是对两层意蕴思考得出来的选择：一方面，由于马克思主义理论解释力提升体系涉及内容较多，本书也不可能对涉及其中的问题一一探究，仅从完善马克思主义理论的相关问题进行探讨，这是狭义层面的完善理论；另一方面，广义来说，这里所分析的理论完善，不仅包括了马克思主义的理论完善，还包括了其他内容如创新理论、解释理论、传播理论、理解理论以及运用理论等方面的理论完善。本书的研究是基于狭义层面的视角开展的，更确切地说，本书的副标题应该是"基于马克思主义理论完善视角的分析"。当然，这一研究也有助于推动其他方面的理论完善。

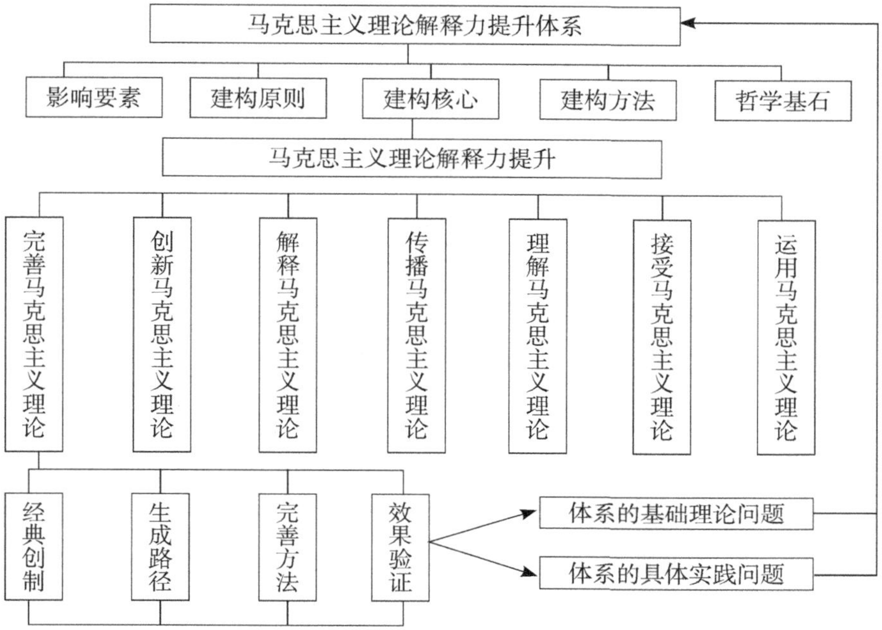

图1-1　研究思路图[①]

（二）研究方法

一是网络资源法。本书收集了大量相关的国内外研究文献，并在具体分析这些文献的基础上，总结梳理了相关观点，为写作奠定了坚实的基础。

二是理论与实践相结合的方法。马克思主义理论解释力提升体系的建构不仅是一个重大理论问题，还是一个实践问题。本书的研究，在科学地把握当前马克思主义理论自信时代境遇的基础上，专门以理论完善为视角，予以探究理论完善的基本方法路径，并从中总结出了进一步继续推进马克思主义理论解释力提升体系的具体实践策略。

---

① 有两点需要说明：一是，本书关于马克思主义理论解释力提升体系建构的分析，上述完善、创新、解释、传播、理解、接受和运用马克思主义理论遵循先后顺序排列，第三章将会作出具体解释；二是，这里的先后顺序是在理论相对完善的状态下，主体运用一定的方法使群众更好地运用马克思主义理论的出发点进行排列的，与诠释学视角中的同一主体的理解先于解释是不同的，具体地说，这里的解释指的是理论家主体的解释，理解则是群众主体的理解。

三是跨学科研究法。关于马克思主义理论解释力提升体系建构这一选题，不仅属于马克思主义理论学科的重要内容，而且还涉及较多其他学科，如哲学、解释学、语义学、心理学、管理学、教育学等，比如在研究范式的问题上，涉及哲学等不同学科。在理论模型这一问题上，涉及解释学等不同学科。由此可见，跨学科研究法是本书研究不可或缺的重要方法。

（三）研究内容

马克思主义理论解释力提升体系的建构，涉及如何发展马克思主义基础理论，如何宣传马克思主义理论，如何运用马克思主义理论等一系列问题。可以说，这一问题涉及范围较广。因此，在本书的研究工作中，无法一一涉及。基于重点问题的考虑，本书暂且把完善马克思主义理论作为主要研究内容，[1]具体来说，内容如下：

第一章是绪论；这一部分是本书的基础部分，在这一部分里，对选题缘由及选题意义、国内外研究现状、文章思路、方法、具体内容以及涉及的相关概念等问题进行了详细解释说明。

第二章对建构马克思主义理论解释力提升体系的背景性认识进行了分析，得出结论认为，之所以建构马克思主义理论解释力提升体系，是基于马克思主义理论自信的现实需要。也就是说，当代中国理论自信这一现实问题成为引发本书研究的思想起点。

第三章是关于建构马克思主义理论解释力提升体系的理论思考。在这一部分，笔者对建构马克思主义理论解释力提升体系的影响要素、核心内容、建构原则、建构方法、哲学基石等问题逐一进行了分析。应该说，这一部分已经基本上从理论形态上建立了一个比较完整的马克思主义理论解释力提升体系，也为后文继续写作奠定了基础理论指导。

第四章至第七章是关于理论完善相关问题的研究。其中第四章对马克思主义理论完善的相关理论经典思想进行了总结梳理，包括马克思、恩格斯、列宁、毛泽东及新时期中国共产党人的理论完善思想，这一总结梳理

---

① 具体原因请参见本章"理论完善及其解释力提升关系"部分。

有助于为后续开展理论完善的探究提供扎实的理论基础。

第五章是从理论生成路径予以探究理论完善之道，提出了分别从经验到理性，再到理论的理论完善之道；从概念到定律，再到原理，进而到理论的理论完善之道，以及贯穿于这两条理论生成之道中的实践推进路径。在厘清理论完善基本路径的基础上，文章对理论生成路径的理论完善之路的特色进行了分析，认为理论完善道理中存在着是与不是、能与不能，既一脉相承又环环相扣的辩证张力。

第六章着重探讨了理论完善的基本方法。文章提出了理论整合、完善模型和提升范式三种方法。当然，理论完善的方法很多，文章只是以这三种方法为例，从中析出理论完善方法经验，并得出结论，认为这三种方法不仅可以运用于理论完善中，也可以在一定条件下运用于马克思主义理论解释力提升的其他内容中。

第七章是针对第六章提出的三种理论完善方法进行的效果验证，文章分别选取了中国特色社会主义理论体系、中国特色社会主义民主政治理论和"两个必然"理论这三个群众普遍存有疑虑的理论予以验证。通过验证发现，理论整合、完善模型和提升范式三种理论完善的方法能够有效地推进马克思主义理论解释力的提升，并在此基础上尝试着建立了解决马克思主义理论解释力提升体系其他诸多问题的基本共识。

第八章从理论与实践两个视角分析了今后继续推进马克思主义理论解释力提升体系需要注意的问题。理论上需要深刻把握马克思主义理论解释力提升体系的实质和主题，需要正确理清马克思主义理论解释力提升与马克思主义理论之间的关系，需要正确认识到马克思主义理论解释力提升体系后续推进的重大理论价值。实践上主要从主体视域提出了继续推进马克思主义理论解释力提升体系需要注意的重大问题。

最后一部分是结论，在这一部分里，对全书的基本思想、贯穿于其中的核心主线、引发问题的起点、解决问题的中介和得出结论的终点，以及今后研究的方向等问题进行了概括总结。

四、相关概念界定

依据本书的具体研究内容，现将所涉及的主要概念界定如下：

（一）解释力

从词语的构成来看，解释力是由解释和力构成的。要厘清解释力的基本概念，就需要先弄清楚解释和力的基本涵义。

何谓解释？解释是一个人们非常熟悉的概念，英文表述为explain，美国韦氏词典将其表达为"To make plain or comprehensible"[1]，意思是使事物更加简单清晰，更易于理解。《新华字典》将其表述为分析阐明，说明含义、原因、理由等。[2]解释可以适用于不同学科，旨在对事物进行详细的说明，以便更好地使人们理解事物。目前，学者已经把解释发展成为一门独立的学科，即解释学。伽达默尔是解释学的集大成者，他认为："所有正确的解释都必须避免随心所欲的偶发奇想和未曾注意的思维习惯的束缚，从而把目光指向'事物本身'。"[3]按照伽达默尔的意思，真正的解释，就必须把研究点集中于事物本身，这一事物本身实际上就是研究对象；另一方面，对于解释者来说，解释者必须经过从自身方面经常不断经历的整个迷误过程才能注释事物本身，这也就是说，解释者不仅要从自身方面努力，而且还要经历整个迷误过程才能解释事物。因此，伽达默尔就指明了解释者自身的素质和迷误这一影响因素是整个解释的过程。在这里，根据伽达默尔的观点，便可以总结出解释的概念：就是解释者运用一定的方法构建相关的话语体系对客体（事物本身）进行的注释工作。

何谓力？《辞海》将其解释为："不同物体或同一物体的不同部分之间的相互作用。……力是产生物体形变或加速的原因。……大小、方向和作用点是力的三要素。"[4]从《辞海》的界定可以看出，力是物理学用

---

[1] 参见《韦氏词典》关于"解释"的解释。

[2] 参见《新华词典》关于"解释"的解释。

[3] ［德］汉斯-格奥尔格·伽达默尔.诠释学II：真理与方法［M］.洪汉鼎译，北京：商务印书馆，2013：73.

[4] 参见《辞海》关于"力"的解释。

语，它强调的是使事物发生变化的相互作用。详细一点说，所谓力，就是依据大小、方向和作用点三个要素促使事物发生形变或加速的相互作用。

依据上述所探讨的解释和力的概念，便可以总结出解释力的概念，所谓解释力，就是对客体（事物本身）进行注释工作的大小、发展的方向和力的作用点等方面的程度。依据解释力的概念，所谓解释力提升，就是按照设定的方向，将注解工作作用于研究对象，增强事物的注解程度。简单一点说，是主体运用一定的方法，按照既定方向的指引，对对象进行研究，进而达到强化对象注解程度的目的。

（二）理论解释力

根据上述对解释力概念的界定，理论解释力概念的界定就相对简单一些。

到底理论解释力的概念是什么？从现有的资料来看，仅有少数学者对这个概念进行了明确界定。如金民卿认为："理论解释力是衡量理论能否经得起检验的重要尺度，是用独立的、系统的、严密的理论体系，对自身实践成果和发展经验做出的深度解释、提升和总结。"[1]应该说，这种概念界定具有较强的现实性，主要是结合当代中国理论发展的实际得出的结论。实际上，要厘清理论解释力的概念内涵，首先还需要来看一下什么是理论，理论是由理和论组成的。所谓理，《辞海》把它解释为："在唯物主义哲学中一般指事物的发展的规律、条理。"[2]所谓论，《汉语词典》解释为："分析判断事物的道理。"[3]并把理论解释为："人们由实践概括出来的关于自然界和社会的知识的有系统的结论。辩论是非、争论、讲理。"[4]

依据理论的概念，再结合上面所总结的解释力的概念，可以看出，理论解释力中的理论则是对象。那么，理论解释力的概念就是对理论进行注

---

① 金民卿.当代中国理论解释力的提升之道——论理论创新主体应有的四种自觉［J］.人民论坛（学术前沿），2012（09）：30—37.

② 参见《辞海》关于"理"的解释。

③ 参见在线新华字典关于"论"的解释。

④ 参见在线新华字典关于"理论"的解释。

释工作的大小、发展的方向和力的作用点等方面的程度。但是需要注意，这里把理论作为研究对象，并不是专指某种理论，而是意指理论背后所代表的客观规律或者现实问题。这样看来，理论解释力的注释大小，指的是理论对客观规律的解释程度，或者理论的运用程度强弱，又或者理论的发展方向、未来指向等诸多问题，既包括要达到的目的，又涵盖要遵循的基本原则。理论解释力的作用点或者着力点，就是客观规律或者现实问题。依据理论解释力的界定，理论解释力提升就是按照理论解释力具体所指的注释大小、发展方向和作用点而采取的措施，促使理论更好地映照客观规律，并解决现实问题，以便更好地发挥出理论应有功能，使人们更坚信理论的意思。

通过上述所述关于解释力和理论解释力两个概念的分析，可以发现，这里所说的解释力，似乎与说服力、感召力等词汇具有相同意蕴。既然如此，为何本书用解释力这个概念，而不运用说服力或者感召力？主要原因在于，说服力的重点在于"说服"，是"用理由充分的话开导对方，使之心服"。①很明显，说服力强调的是话语，是用什么言辞来说明的意思，尽管其中也包含着解释，但是，这里的解释也只是针对问题的说明，比较语言化，缺乏学术化，更不具备囊括所有问题的能力。感召力的重点是"感召"，意思是"感化和召唤"。②强调的是从情感上来讲述问题。而对理论问题来说，仅有情感绝对是远远不够，更重要的是通过具体的方法来解释现实问题。通过上述对"解释"一词的界定可知，这个概念不仅具备了较强的学术色彩，而且在涵盖范围和层次上相对较广。这也符合当代英国学者安东尼·吉登斯（Anthony Giddens, Baron Giddens）所说的"所有的社会科学无疑都是解释学"③的思想观点。正是因为如此，在本书的研究中，也涉及了解释学的问题（参见第六章第二部分）。所以说，本书倾向于用解释力这个概念，而不是说服力、感召力等一些其他概念。

---

① 参见在线新华字典关于"说服"的解释。

② 在线新华字典关于"感召"的解释。

③ ［英］安东尼·吉登斯. 社会学方法的新规则：一种对解释社会学的建设性批判［M］. 田佑中，刘江涛，译. 北京：社会科学文献出版社，2003：65.

（三）马克思主义理论解释力提升

当前学界对马克思主义理论解释力提升所涉及的诸多问题的研究，较多集中于如何解释马克思主义理论。当然，不可否认，这是不可或缺的重要内容。但是，解释清楚马克思主义理论并不等于完全能够提升其解释力，其中还涉及其他重要问题。充其量，这种解释也只是学者本身必须要具备的基本涵养和本职工作。①所以，对于马克思主义理论解释力的提升而言，解释仅仅是前提，提升才是关键。

基于前文对于解释力、理论解释力的概括总结。在马克思主义理论解释力这一概念中，马克思主义理论为解释力的提升确立了更为明确地研究对象。这也就是说，马克思主义理论解释力这一概念不仅为本书的研究明确了具体的研究对象，即马克思主义理论，而且还为本书指定了具体的研究任务，即提升马克思主义理论的解释力。

依据理论解释力提升的概念界定，便可以总结出马克思主义理论解释力提升的基本内涵：沿着既定的基本原则和方向指引，运用一定的方法作用于马克思主义理论，使之更好地反映客观规律、解决现实问题，发挥出其应有的功能与作用，以便更好地彰显出马克思主义理论本身所存在着的重大价值和理论意义。

依据上述所界定的马克思主义理论解释力提升的基本内涵，如何提升理论的解释力就有了明确的指向，具体来说主要有：主体是谁、提升方法是什么、是否能够正确反映客观规律并解决现实、能否发挥出其自身应有的理论功能、遵循的原则是什么、达到什么目的、验证反馈的标准是什么等基本问题。在这些问题中，目的是核心指引，是具体方向。只有坚持既定的目的导向，才不至于迷失方向，才能更好地提升马克思主义理论的解释力。这样看来，对于马克思主义理论解释力提升的目的或任务而言，也就主要有三：一是促使马克思主义理论进一步发展，包括其完善、创新等发展马克思主义理论的方式方法；二是更好地解释、宣传马克思主义理论；三是促使人们更好地理解、接受和运用马克思主义理论。概括起来

---

① 侯小丰. 政治哲学中的阐释与创新［J］. 社会科学辑刊，2006（06）：24—27.

说，提升马克思主义理论解释力的任务所指就是发展马克思主义理论、宣传马克思主义理论和运用马克思主义理论。①

（四）马克思主义理论解释力提升体系

体系是"一定范围内或同类的事物按照一定的秩序和内部联系组合而成的整体，是不同系统组成的系统"②。根据这一含义界定，马克思主义理论解释力提升体系就是把影响马克思主义理论解释力的因素按照一定的顺序组成的整体，是由不同的系统组成的。根据上述所总结出来的马克思主义理论解释力提升的具体指向（特别是核心目的）可知，马克思主义理论解释力提升体系就是包含了发展马克思主义理论、传播马克思主义理论和实践马克思主义理论等核心内容共同构成的一个整体。

发展马克思主义理论是基础，没有相对科学、完善的马克思主义理论，传播马克思主义理论和实践马克思主义理论将毫无可能；传播马克思主义理论是中介，是手段，没有对马克思主义理论的正确传播，缺乏了马克思主义理论与人们之间的沟通桥梁，也将不可能正确地实践马克思主义理论；实践马克思主义理论是目的，发展、传播马克思主义理论的最终目的就在于促使人们更好地理解、接受并进而运用马克思主义理论。缺乏了对马克思主义理论的正确实践，马克思主义理论将会失去群众基础，其现实解释效力也必然会被消解得荡然无存，甚至也会失去建构马克思主义理论解释力提升体系的价值和意义。总之，这三个内容就是马克思主义理论解释力提升体系的重要组成部分，缺一不可，它们彼此关联、互相促进。只有将这些问题全部纳入到马克思主义理论解释力提升体系的框架之中，

---

① 有两点需要说明：一是基于简明表达的目的，文章把理论的完善、创新等各种推进马克思主义理论向前发展的方式方法，统一表述为发展马克思主义理论；把解释、传播或宣传马克思主义理论统一表述为传播马克思主义理论；把理解、接受和运用马克思主义理论简明地表达为实践马克思主义理论。如无特殊说明，下文所出现的发展马克思主义理论、传播马克思主义理论、实践马克思主义理论都具有上述意义。二是这种任务的划分并不是依据理论所具有的三大功能（解释世界、指导实践和预测未来）得出来的。实际上，上述任务中的每一个任务都贯穿于理论的三大功能中。

② 李行健. 现代汉语规范词典［M］. 北京：外语教学与研究出版社、语文出版社，2004：1324.

才能准确地把握住其核心问题，才能更好地提升马克思主义理论的解释力，并建构起完整意义上的马克思主义理论解释力提升体系。

（五）理论完善及其与提升解释力的关系

所谓完善，即完备美好、无缺损，或者趋于完美，起到锦上添花的作用。在这个意义上，本文所指的理论完善，就是通过查缺补漏、弥补不足的方式，促使理论达到比较美好、更加完美的状态，以便能够更好地解释客观规律、解决现实问题，发挥出其应有的功能和作用。依据理论完善的界定，马克思主义理论完善，就是通过查漏补缺、弥补不足的方式，促使马克思主义理论更加美好、更加完美，以达到更好地解释客观规律和现实问题，彰显马克思主义理论解释力的目的。

如何推进理论完善？为了回答这个问题，就必须弄清楚理论完善的独特视角，或者弄清楚理论完善的研究对象是什么。毋庸置疑，理论完善的研究对象是理论（而不是某个作用点），那么是何种类型的理论（不是指哪一学科）呢？概括起来说，主要有三：第一种类型是那些已经生成的、被人们发现的或者固有的理论，这是旧理论的类型；第二种类型是那些新产生、创新出来的理论，这是新理论的类型；第三种类型是过程型"理论"，即那些正在被创新、可能被创新，或者也可能创新不出来，正处于生成道路上的"理论"，这种"理论"只是可能性的理论，还并未成为被现实感知或把握的东西，只是存在于主体对研究对象的一种理想假设中的理论。

当前，学术界对创新的研究可谓炙手可热。但是，需要意识到，新创新的理论也会变老，也会成为旧理论。如果只是一味追求创新，而忽略创新之后的后续完善，或者如果只是向前看，而忽略回过头来检视所创新出来的理论，也可能会使所谓创新出来的理论成为昙花一现，甚至经不起时间和实践的检验，这种意义上所创新出来的理论又遑论解释力问题。再来看一下过程型"理论"，这种"理论"的探寻，一般是依据理论生成的基本路径或者创新的基本经验，再加之对研究对象进行分析得出的结论，仍然处于旧理论的运用范畴。概括起来，不管是原来固有的理论，还是创新出来的理论，抑或是过程型"理论"，它们的完善路径和方法基本上是一致的，都可以从旧理论的研究视角为出发点开展理论完善的探索，那种完全割裂上述三者彼此之间互相联系的做法也是错误的。旧理论的完善（包括过程型的"理论"）为新理论的创新奠定了基础和前提，没有对旧理论的完善，也就不可能为新理论的创新（特别是其他理论的创新，而不是在原有经验的基础上而创新的理论）提供基本经验和方法借鉴。新理论的创新又为旧理论的完善提供了具体的研究对象。没有新理论的创新，也不可能为旧理论的完善（特别是创新出来的理论本身）提供具体对象和研究方向。正是因为如此，也就很难具体细分究竟谁从属于谁。但是有一点是毋庸置疑的，不管是完善了旧理论还是创新出了新理论，都是对理论的一种发展（也正是在这个意义上，文章把完善、创新马克思主义理论归纳到发展马克思主义理论的范畴）。本书所探究的（马克思主义）理论完善，正是基于已产生的、已经被人们发现的、固有的理论作为研究对象进行的，并不涵盖理论创新的问题。

　　上述分析不仅表明理论完善在理论基础研究工作中发挥着重要的作用，而且也表明理论完善与理论解释力提升之间的关系。理论完善既是提升理论解释力必然要探索的首要问题，又是其中所涉及的理论问题中的主要问题，离开了对理论完善的深入探索，理论解释力的提升不仅会失去源头动力，而且还会遮蔽理论具备发展性的优秀品质。当然，需要指出，根据马克思主义认识论的基本观点，实践是认识的基础、来源、动力和目的。这样看来，实践则应该是推进理论完善的方法，也是提升马克思主义理论解释力的首要问题。但是，由于实践贯穿于整个理论生成全过程，所以，在理论生成的不同阶段，在提升马克思主义理论解释力的各方面问题上，都离不开实践。所以说，实践应该是马克思主义理论解释力提升的根本因素。但是，如果把实践作为马克思主义理论解释力提升中首要解决的问题，不仅会冲淡实践在整个马克思主义理论解释力提升体系的重要作用，还会造成主次不分，无法抓住主要矛盾的嫌疑。在对这个问题的具体理解上，可以参照马克思所说的"全部社会生活在本质上是实践的"①，

① 马克思恩格斯选集（第1卷）［M］．北京：人民出版社，2012：135．

把对理论完善这一首要问题的探究当成一种实践，自然而然地，这里的观点也就符合马克思主义认识论了。

概括起来，只要认识到了理论完善在马克思主义理论解释力提升中的具体地位，紧紧地把握住理论完善这一研究视角，并采取相应的措施推进理论趋于完善，就能够有效地推动马克思主义理论解释力的提升。这一提升的过程也可以表明，马克思主义理论的解释力就在于它具有鲜明的发展性、开放性和与时俱进性的特征。同时也能够表明，开展理论完善相关问题的探索，可以为后续解决马克思主义理论解释力提升体系中的诸多具体问题开启艰难而宝贵的第一步。

微信扫码

掌握基础原理
记录书中要点

第二章

马克思主义理论
解释力提升体系
建构的背景性认知

马克思主义自1848年诞生以来，历经170多年的发展，到1917年的俄国十月革命，第一次真正地从理论思维走向了实践场景，从书本美好愿景转向了活生生的现实问题。"十月革命一声炮响，给我们送来了马克思列宁主义。"①中国共产党成立之后，就旗帜鲜明地将马克思主义作为自己的行动指南，作为观察自身和国家前途命运的工具，开始尝试着运用它解决中国的具体实际问题。回顾中国共产党波澜壮阔的历史进程，在不同历史时期，中国共产党都始终坚定地坚持马克思主义的指导地位，取得了一个又一个伟大胜利。历史充分证明，只有坚持马克思主义科学理论的指导，才能掌握认识世界、分析世界和改造世界的科学方法，也才能为更好地实现社会主义现代化和中华民族伟大复兴的中国梦提供强大的思想武器。

应该看到，从来没有任何一种学说，像马克思主义那样命运坎坷而又前景光明。回溯历史，自马克思主义诞生之日起，就面临着各种各样的挑战和诘难。《共产党宣言》发表之后，资产阶级就污蔑马克思主义、污蔑共产党"共产共妻"。揆诸现实，由于各种复杂思潮的影响等多方面原因，马克思主义"无用论""过时论""虚无论""终结论""堕落论"等形形色色的噪音杂音不绝于耳。不难发现，这些思想和行为的背后，都隐藏着一个昭然若揭的阴谋，那就是以各种卑劣的方式歪曲、否定马克思主义，进而否定社会主义实践，否定中国共产党的执政地位，甚至否定中国共产党带领中国人民革命、建设和改革的历史。面对挑战，我们必须自觉坚定对马克思主义的理论自信，并在此基础上，使马克思主义"飞入寻常百姓家"，从而让广大人民群众也坚定对马克思主义的认同，做到真正的理论自信，而这又必须建立在充分运用科学的理论、立场、观点和方法上，真正提升马克思主义理论的现实解释力，特别是促使马克思主义理论发挥出其自身解释客观规律和解决现实问题中的重大价值和作用。这由是说，马克思主义面临的种种挑战和现实境遇，成为阻碍我们坚定对马克思主义理论自信的障碍。反过来看，这也就倒逼着我们在实践中不断思考如

---

① 毛泽东选集（第4卷）［M］．北京：人民出版社，1991：1471．

何提升马克思主义理论解释力等问题，从而为我们建构马克思主义理论解释力提升体系提供了不得不面对的重大背景性认知。

一、当代中国需要理论自信：马克思主义理论解释力提升体系建构的现实需求

当代中国所需要的理论自信，不是无中生有的，而是有其深刻的现实根源，是当前我国现实境遇倒逼出来的产物。当代中国需要理论自信，回答的是为何要理论自信，关键词强调的是"需要"，也就是什么因素催生了理论自信。当代中国综合实力取得举世瞩目的成绩，有少部分人缺乏对自身理论的自信，他们宁愿相信中国所取得的成绩是"瞎猫碰着死耗子"，也不愿意相信自身理论的优越性。之所以出现这种情况，与时代发展、文化因素和党的建设等诸多因素不无关联。这些因素交织在一起，共同刺激着少部分人脆弱的神经，使他们对马克思主义理论产生了怀疑。只有深刻认识清楚这些问题，才能为解决这些问题提供现实前提，这也是新时代建构马克思主义理论解释力提升体系的一大现实需求。

（一）时代向度：理论与现实的脱离

马克思主义传入中国百多年来，一直浸淫于中国文化之中，在与诸多思想的激烈斗争中独树一帜，成为指引中国革命、建设和改革的一面旗帜。在中国这块土壤上，在百年传播、发展和创新的历史进程中，马克思主义由于具备直面现实问题的优良品格，已经在实践中深刻证明，自身具有超强的现实解释力。但是也应该看到，新时代我们正在进行着的伟大的中国特色社会主义事业，其中还有诸多重要问题摆在马克思主义面前，需要马克思主义给予明确回答和科学指导。如果不能掌握和运用马克思主义，或者不能充分发挥出马克思主义的应有指导价值，不仅会在实践中消解马克思主义理论的解释力，甚至还会影响未来的中国特色社会主义建设事业。

一个理论所彰显出来的现实解释力，绝对不是依据主观偏好或理论的空洞言说而来的，而是依据客观现实，在解决实际问题中产生的。从一定

意义上讲，正是因为能够解决现实问题，马克思主义才为我们坚定理论自信提供了深厚的现实根基，马克思主义理论的解释力也才能让我们在情感和思想认识中得到升华。实际上，马克思主义经典作家早就意识到这个问题，他们高度重视理论逻辑的严密性，强调解决现实问题的逻辑支撑。①以《资本论》为例，马克思曾倾注大量心血于《资本论》的写作，用严密的逻辑支撑着整个《资本论》的理论体系，因此使《资本论》成为鼓舞无产阶级的思想武器，恩格斯甚至曾自豪地认为《资本论》已经成为"工人阶级的圣经"②。

马克思主义经典作家还在依据现实问题的基础上，尝试着对自身理论进行一定程度的调整，彰显出马克思主义理论自身鲜明的现实性特征。马克思主义经典作家对问题的考察，从来都是坚持一定的前提。在《德意志意识形态》中，马克思恩格斯明确指出，分析问题在于"它从现实的前提出发，它一刻也不离开这种前提"③。为了更好地说明马克思对现实问题的高度重视，在这里以民族殖民地理论为例：马克思早年曾注重研究爱尔兰的民族解放运动，在1869年12月给恩格斯的信中，马克思就认为，英国无产阶级解放的"杠杆一定要安放在爱尔兰"④。但是这一时期马克思并未弄清"杠杆"如何安放。后来，随着爱尔兰民族解放运动的持续发酵，马克思才意识到爱尔兰的民族解放运动是英国无产阶级"自己的社会解放的首要条件"。⑤这就是说，马克思已经完全意识到爱尔兰民族解放运动这个"杠杆"是撬动英国无产阶级革命的动力，为无产阶级革命提供重要的思想蓝本。后来，俄国革命党人也果真遇到了马克思所意识到的民族殖民地问题。列宁依据资本主义发展不平衡的现实境遇，结合马克思关于爱

① 在马克思的年代，具备逻辑支撑意味着科学。直到20世纪30年代"哥德尔不完备定理"（简单地说，就是既不能证明真，也无法证明伪）的出现，才证明逻辑推导出的结论也可能出错，即不能被逻辑推理证明的东西也可能是正确的，而不是错误的。

② 马克思恩格斯文集（第5卷）［M］. 北京：人民出版社，2009：34.

③ 马克思恩格斯文集（第1卷）［M］. 北京：人民出版社，2009：525.

④ 马克思恩格斯文集（第10卷）［M］. 北京：人民出版社，2009：316.

⑤ 马克思恩格斯选集（第4卷）［M］. 北京：人民出版社，1995：592.

尔兰民族解放运动的分析，把十月革命胜利的缘由总结为"社会主义在一国或多国的首先胜利"，斯大林则总结为"薄弱环节突破说"。[①]由此可见，不管是马克思对爱尔兰民族殖民地理论的认识，还是列宁或斯大林对十月革命的总结，都始终依据现实境遇，并对现实问题进行深刻研究，进而把理论与现实相结合起来才得出结论。可以说，脱离了对现实的考察，一切问题都会失去根基、失去源泉。

马克思主义经典作家善于运用缜密的理论逻辑去指导现实中的具体问题，可谓理论与现实相结合的典范。然而，从现实来看，总是有人拿一些所谓理论与实践没有相结合的案例，来消解和否定马克思主义理论的解释力。比如，有人提出，从理论形态上来看，社会主义应该先进于当前既存的任何社会形态。但是从具体实际上来看，为何社会主义的民主程度、经济发展程度等方面却似乎落后于西方资本主义？仔细分析这种观点，就可以发现，这种所谓的理论与现实的脱节，主要表现为两个方面：一是重视理论研究，忽略理论运用；二是重视解决现实问题，忽略理论指导。实际上，这两种表现都是有害的，前一种倾向由于在意识中认为理论高于实践，很容易导致因现实达不到理想高度而丧失理想实现的信心，走向从理论而到理论的思维怪圈，进而走向用其他理论否定马克思主义理论的陷阱，甚至走向理论层面的历史虚无主义。近年来，有些人打着反思历史、重新评价历史的旗帜，就是借着所谓的"反思"予以否定马克思主义理论，就是这种倾向的反映。后一种表现重在解决现实问题的效果，否定理论在指导实践中的重要作用，很容易走向忽略马克思主义一元指导地位的陷阱，走向实用主义。历史上曾经出现的"多研究些问题，少谈些主义"的"胡适主义"就是这种表现的典型代表。

必须指出，问题的出现，不能归咎于马克思主义理论。理论的使命在于解释现实、指导实践、预测未来。从这个角度上来看，当代中国之所以出现诸多问题，其重要原因很可能就在于，还没有能够依据时代发展和实践环境及时有效运用马克思主义理论解释现实问题，或者没有正确地运

---

① 斯大林选集（上卷）［M］．北京：人民出版社，1979：205—206．

用马克思主义理论去指导实践、预测未来，或者时代发展的条件还没有达到理论所指等，因而也就使得马克思主义理论与当代中国的现实之间产生了一种距离。其实，恩格斯对这种情况说得非常清楚："马克思的整个世界观不是教义，而是方法。它提供的不是现成的教条，而是进一步研究的出发点和供这种研究使用的方法。"①所以说，只有认识到距离产生的原因，才可以为解决这个问题提供基本方法指引。也就是说，只要从马克思主义理论或者从当代中国现实角度采取措施拉近两者彼此之间的距离，并将两者出现的种种问题囊括到同一个视域中，建构出一个完整的马克思主义理论解释力提升体系，就有助于架起马克思主义理论与现实之间互相沟通的桥梁，这样不仅可以进一步丰富马克思主义理论宝库的思想内容，而且还有助于解决现实问题，从而在这种不断强化马克思主义理论解释客观规律和解决现实问题的过程中，不断增强马克思主义理论的解释力，进而更好地起到增强马克思主义理论自信的效果。

（二）意识形态向度：演变与反演变的较量

作为无产阶级推翻资产阶级统治的思想武器，马克思主义自诞生以来，就明确宣称埋葬资产阶级和消灭资本主义制度。带着对无产阶级的压迫与敌视，资产阶级一直把马克思主义理论当作自己的"天敌"。每一次无产阶级的革命运动，每一个社会主义政权的建立，资产阶级都想方设法地将火种扼杀在萌芽之中。苏俄社会主义政权的建立即是如此，苏俄社会主义政权建立之后，帝国主义曾先后三次武装进攻苏俄。②我国社会主义政权建立也是如此，以美国为首的帝国主义机关算尽破坏开国大典、武力阻止我军解放台湾，妄图摧毁新生的人民政权。时至今日，"国际敌对势力亡我之心不死，他们对我国进行武装侵略、武装干涉失败以后，转而加紧推行和平演变战略，运用政治、经济、文化的手段，千方百计进行渗

---

① 马克思恩格斯选集（第4卷）[M]. 北京：人民出版社，1995：742—743.

② 也有学者认为，帝国主义三次联合武装进攻苏俄的说法不正确，并不符合历史实际。参见张盛发. 关于帝国主义三次联合武装进攻苏俄问题的再思考[J]. 东欧中亚研究，1997（01）：68—77.

透"①。

　　不管国际敌对势力采取何种方式推进和平演变，其最终目的就是要在意识形态领域占领高地，妄图在思想上对我国进行资本主义意识形态渗透，颠覆社会主义政权。在这一形势下，演变与反演变较量就在思想层面激烈地进行着。为了更好地做好反演变的意识形态工作，我们首先需要做到的，就是坚持马克思主义理论一元指导地位，更好地提升其解释力，更好地运用马克思主义理论去解决当代中国的现实问题，以增进人民维护和捍卫马克思主义的自觉性和主动性。

　　自从马克思主义诞生以来，国际敌对势力就通过种种途径和方式极尽可能地破坏共产主义的宣传普及和革命运动，丑化共产主义。尽管如此，马克思主义理论还是在艰难中发展了起来。十月革命的胜利，建立了人类历史上第一个属于劳苦大众的人民政权。中华人民共和国的建立，也是运用马克思主义取得政治成绩的有力回答。虽然坚持70多年的社会主义苏联解体了，但这并不代表着马克思主义是失败的，中国在继续坚持马克思主义理论指导地位的原则上，结合具体实际，积极探索社会主义的建设，取得了伟大成绩。经过多年艰辛探索，最终成功开辟了中国特色社会主义道路，成为引领中国走上实现社会主义现代化和中华民族伟大复兴的一条康庄大道。

　　面对敌对势力意识形态的渗透，中国之所以能够走上具有中国特色的社会主义发展道路，很大原因就在于始终坚持马克思主义理论指导，特别是能够科学合理地运用马克思主义基本原理去积极反对敌对势力的和平演变。马克思曾经意识到："要想用武力阻挡共产主义、马克思主义思想影响的扩展，用武力颠覆社会主义国家，那是痴心妄想，只有采用思想渗透、'和平演变'的办法。"②在马克思主义的指导下，毛泽东对敌对势力企图灭亡社会主义的常用方式进行了深刻的分析，他指出："发动

---

① 　江泽民文选（第1卷）［M］. 北京：人民出版社，2006：76.

② 　中共中央马克思恩格斯列宁斯大林著作编译局. 马列主义研究资料（1984年第2辑）［M］. 北京：人民出版社，1984：240.

战争与和平演变，是帝国主义企图消灭社会主义的两手。"①他还依据美国针对社会主义国家所采取的政策和策略，提出了防止帝国主义和平演变的阴谋，强调"中国国内这种阶级斗争将要长期存在的国际背景，要求全党和全国人民严重注意防止帝国主义'和平演变'的危险"②。邓小平对敌对势力的和平演变的分析更加入木三分，他用长远的目光指出："帝国主义搞和平演变，把希望寄托在我们以后的几代人身上。"③给我们防止帝国主义和平演变指明了方向。江泽民也曾多次论述反对和平演变的问题，他非常重视在意识形态领域应对和平演变的作用，强调"意识形态领域是和平演变和反和平演变斗争的重要领域"④，指出"在社会主义现代化建设过程中，和平演变与反和平演变的斗争将长期存在，决不能放松警惕"⑤。中国特色社会主义进入新时代以来，以习近平同志为核心的党中央始终坚持马克思主义指导地位不动摇，取得了新时代经济社会发展新的伟大成就，然而极少数西方国家对中国的敌视和和平演变阴谋不减反增，用心更险恶、手段更多样。面对这种形势，习近平明确指出："任何外国不要指望我们会拿自己的核心利益做交易，不要指望我们会吞下损害我国主权、安全、发展利益的苦果。"⑥这既是对极少数西方国家的警告，也是展示中国坚持马克思主义指导地位的决心。

实事求是地说，正是由于党的几代领导人都非常重视敌对势力的和平演变，才能够在当前演变与反演变的较量中占有一席之地，才能够紧紧地把握住马克思主义意识形态主导权。也正是因为如此，才为我国在意识形态领域坚定地坚持马克思主义理论一元指导地位注入了强有力的精神支柱。在这个意义上，如何以更加坚定的姿态坚持马克思主义的指导地位，更好地发展并发挥出马克思主义理论的思想指引作用，进一步推进中国特

① 中共中央文献研究室. 毛泽东著作专题摘编（上）［M］. 北京：人民出版社，2003：1139.
② 胡乔木文集（第2卷）［M］. 北京：人民出版社，2012：322.
③ 邓小平文选（第3卷）［M］. 北京：人民出版社，1993：380.
④ 江泽民文选（第1卷）［M］. 北京：人民出版社，2006：160.
⑤ 江泽民文选（第1卷）［M］. 北京：人民出版社，2006：248.
⑥ 习近平谈治国理政（第1卷）［M］. 北京：人民出版社，2018：249.

色社会主义建设事业，更好地在意识形态的演变与反演变较量中取得绝对性优势，就成为摆在我们面前的一道难题，而解决这道难题，须臾离不开提升马克思主义理论解释力等重大问题。

（三）党的建设向度：坚持与发展的统一

马克思主义是关于无产阶级和全人类解放的学说。在马克思看来，要实现这个目标，必须建立无产阶级政党，并运用无产阶级政党建设学说的一系列基本原则加强党的建设活动，带领无产阶级完成历史使命。由此可见，党的建设与马克思主义息息相关，一方面，从理论维度上来看，党的建设是马克思主义的题中应有之义，是马克思主义理论宝库的重要组成部分。所以，党的建设事业不能脱离马克思主义的理论指引。马克思主义理论内涵丰富，涉及范围较广，这一学说是适用于全世界范围内无产阶级政党建设的理论，是一个完整的关于党的建设的思想理论体系，有着自身严密的理论逻辑：揭露资本主义政党无法克服自身矛盾的理论逻辑，揭示无产阶级必然取代资产阶级的理论逻辑，揭示无产阶级政党加强自身建设的理论逻辑。这一理论逻辑的基本内容包括：建立独立政党；坚持无产阶级先锋队性质；坚持国际主义原则；坚持科学理论的指导；坚持自身纲领；实行严格的组织和制度；坚持党的团结和党内斗争；党员是无产阶级战士；建立领导核心，等等。①党的建设必须在坚持这些重要思想理论的前提下，再结合中国具体实际，才能取得更好的成绩。另一方面，从实践维度来看，党的建设实践能够为发展马克思主义理论提供现实材料。党的建设的内容、重点、原则等方面不是一成不变的，而是随着时代的变化而有所发展的，这就必然会不断地拓展和丰富党的建设的内容，从而又促进了马克思主义建党学说的新发展，这样也就从整体上进一步丰富发展了马克思主义的理论内涵。由此可见，党的建设的新发展必然会影响马克思主义建党学说的新发展，这种发展不仅是党的建设能够与时俱进的集中体现，也是马克思主义理论自身具有发展品质的必然要求。

正如上文所言，马克思主义建党学说是适用于全世界范围内无产阶级

---

① 孙宜芳. 党的生命：四大命题生成的理论逻辑［J］. 长春市委党校学报，2015（06）.

政党建设的理论。中国共产党的诞生，就与马克思主义理论存在着必然联系。确切地说，正是有了马克思主义理论的具体指导，才产生了中国共产党。虽然在中国革命、建设和改革的不同阶段，历经无数困难和挫折，但是，中国共产党从未怀疑过马克思主义理论，也从未放弃过马克思主义的指导。在党的建设问题上，仍然坚持马克思主义建党学说的基本原则，创造性地发展着马克思主义建党学说，开创了具有中国特色的党的建设新局面。党的十八大以来，以习近平同志为核心的党中央结合实现民族伟大复兴的现实要求，把新时代党的建设新的伟大工程摆在极其重要的地位，成功开创出以党的政治建设为统领，全面推进党的思想建设、组织建设、作风建设、纪律建设，把制度建设贯穿其中，深入推进反腐败斗争等为主要内容的新时代党的建设新的伟大工程总布局，创造性地指导着党的建设的具体实际。总结到一点，党的建设之所以能够在不同历史时期不断取得新的成就，其中重要原因就在于，中国共产党总是能够在坚持马克思主义的过程中不断创新党的建设学说，从而在丰富党的建设内涵的基础上，又进一步发展了马克思主义。

坚持马克思主义理论的指导不仅是搞好党的建设的需要，也是巩固和提升党的执政能力，确保党能够长期执政的必然需求。当前，我们党还面临着"四大考验"和"四大危险"，再加之经济和社会生活中出现了一些较为突出的矛盾等各方面原因，有人据此对党的执政能力，甚至党的执政合法性问题提出了质疑。如何解决这些问题，使得党能够更好地带领人民开创中国经济、政治、文化等方面的新局面，成为党不得不面临的重大问题。应该看到，中国共产党已经完全意识到自身执政能力的重要性，也相应地采取了一些措施予以强化党的执政能力。但是，不管采取何种方式，其源头还是在于坚持什么思想指引的问题。在这个意义上，马克思主义理论在党的执政能力建设中的地位便显得愈加重要。

综上所述，不管是为了进一步搞好和推动的党的建设，还是提升党的执政能力，马克思主义理论在其中的作用绝对不是可有可无的，而只能是有所加强。党的建设与马克思主义理论是息息相关的，绝对不能割裂二者之间的关系，特别是在中国这样一个共产党领导的、坚持马克思主义指导地位的国家，特别是在当前全面推进党的建设、全面从严治党、深入推进中国特色社会主义事业的历史关头，更是需要密切关注党的建设与马克思主义理论之间的关系。而要提升马克思主义在党的建设中的重要作用和地位，就需要进一步完善马克思主义理论，使之在党的建设中发挥出更加重要的实质性指导作用。这样看来，只要做到了这一点，便会促使马克思主义理论的解释力得到相应的提升。在这个意义上，党的建设内含着坚持和发展马克思主义理论与推进马克思主义理论自信的题中之意也就愈发明朗了。

二、理论自身需要自信：马克思主义理论解释力提升体系建构的理论需求

理论自身需要自信，回答的是为什么理论需要自信，其关键词是"理论"，也就是马克思主义为什么需要理论自信，或者为什么需要通过提升理论解释力的方式促使马克思主义达到理论自信。在当代中国，理论自信的重要目的就在于为中国特色社会主义理论的发展提供理论资源。马克思主义的理论自信，固然面临着来自时代诉求、文化因素和党的建设等各方面的严峻考验。但是应该看到，最严峻的考验莫属于马克思主义理论本身，因为自信源于自身优越性。[①]从这个意义上来看，必须把研究目光集中于马克思主义理论自身，予以深刻探究这一理论是否存在问题、如何完善它、创新它等一系列问题。理清这些理论维度上的背景性认识，有益于夯实建构马克思主义理论解释力提升体系的基础，也有益于更好地在整体性、全局性视野中拓展马克思主义理论解释力的提升空间。

（一）理论研究向度：理论解释力提升过程的难与易

一般而言，理论自信的方法即是理论自信的主体（人）运用一定的手段作用于客体（理论），使得广大人民群众理解、相信理论，达到理论自信的目的。细致思考一下，可以发现，从整体角度来看，这种理论自信的

---

① 辛向阳. 中国特色社会主义制度自信源于自身优越性［N］. 人民日报，2014-06-09（001版）.

方法要分两种情况：一种是以理论为研究对象，采取措施促使理论进一步完善、创新，达到理论自信。也就是理论家主体（人，这里指的是领袖人物、党员、研究专家学者等）研究理论，提升了理论的解释力，再通过宣传教育的手段，使得人民群众理解、相信理论。第二种是以相信理论的人为作用对象，采取相应措施促使对象理解、相信理论，达到理论自信。也就是理论自信的主体（人，这里指的是普通群众）一般通过自学或其他方式弄清楚了理论而达到理论自信（这里不包含提升理论解释力的目的，也不包含对其他人的宣传教育）。从这一分析可以看出，要做到理论自信，就需要涉及理论自信主体究竟是谁（是领袖人物、党员、研究专家学者，还是普通群众），运用了什么手段（是提升了理论的解释力、宣传教育，还是自学），甚至达到理论自信的标准是什么等一系列重大问题。由此可见，要真正地达到理论自信的目的，就需要把上述所涉及的问题一一回答清楚，缺乏对上述任何一个问题的正确回答，都不能说是达到了完整意义上的理论自信。这也因此表明，要真正做到理论自身的自信，确实存在着诸多难题。

除了上述所谈到的关于理论自信的难题之外，还存在着"假信"的难题，这一点也是制约理论自信的瓶颈。当下中国，对待理论的"信"的态度存在着真信与假信的区分。所谓真信，即把理论当成从事各项工作的基本方法、路径和指导思想，是真正地把理论当成科学的态度。如果对待理论持有这种态度的话，毋庸置疑是真信。但是应该看到，理论自信中也存在着假信的问题，这种态度主要表现在对待理论不理解，只是一味地生搬硬套，人云亦云，毫无自己的主见，对理论一知半解，根本没有完善和创新理论的觉悟和意识，甚至当理论在实践中出现问题时，也不能觉察到其中存在的问题，仍然一味地"相信"理论。实际上，这种所谓的"相信"，只是在表面形式上自我标榜理论自信，却在实际中不敢大声呐喊于理论自信的魅力。这种所谓的"理论自信"比上文所谈到的诸多问题更难，因而也就进一步增加了理论自信的难度。

应该看到，要做到理论自信，首先要谈的问题即是要看理论是否为理论，也就是说，理论是否为相对完善的真理，是否能够有效地指导实践，或者说理论是否能够有较大的适用范围、适用空间。试想一下，如果所谓的"理论"并非真理，那么，要做到理论自信，则可谓天方夜谭。从这一点上来看，进一步完善、创新理论，促使理论得到一定程度的发展，确保理论成为真正的真理，是理论自信的基础和前提。由于各方面的原因，当前我国在理论创新、理论研究范式等方面还存在着一些突出的问题，这些问题在一定程度上也成为制约理论自信的瓶颈。

关于理论创新之难。理论创新重在研究和发展出新的理论，不少学者对这一问题的研究热度不减，从各个层面提出了许多关于理论创新的有建设性的意见或建议，这对于进一步推进我国的理论创新发挥了重要作用。但是，究竟何种理论才能称之为创新出来的好理论呢？在这里，我们不妨借用美国学者W·菲利普斯·夏夫利（W. Phillips Shively）提出的优美理论。夏夫利认为，一个好的、有效的、优美的理论要充分满足三个标准，即重要性、简明性和预测准确性。[①] 对于简明性来说，有些创新出来的理论成果虽然差强人意，但是仍然存在着一些不足之处。纵观当前我国理论创新的路径，大多数已有研究成果较为重视经验总结、规律追寻等相关问题，着力为解决现实问题提供理论指导，基本具备了重要性和简洁性的要求，然而对于预测准确性这一条，却还关注不够，这也因此使得理论创新的成果不能依据时代的发展而有所完善、创新。更有甚者，还会出现"昙花一现"似的理论创新成果，成为人们的饭后谈资，这正如奥地利著名的政治经济学家约瑟夫·熊彼特（Joseph Alois Schumpete）所指出的那样："大多数智力和想象的创作，经过一段时间，短的不过饭后一小时，长的达到一个世纪，就完全湮没无闻了。"[②]

关于理论研究范式之难。自从美国学者库恩提出"范式"之后，世界范围的广大学者便把这一概念引入到了不同学科领域。理论研究也存在着范式问题，这一点已经得到了广大学者认同，因为"在规范范式下进行研

① ［美］W·菲利普斯·夏夫利. 政治科学研究方法（第8版）［M］. 郭继光等，译. 上海：上海人民出版社出版，2012：19.

② ［奥］约瑟夫·熊彼特. 资本主义、社会主义和民主主义［M］. 绛枫（顾准），译. 北京：商务印书馆，1979：9.

究，是成为科学解释和知识生产的基础"①。根据这种认识便可得知，在规范范式下进行研究或者一旦运用正确的研究范式，将会为理论完善、创新与发展减少阻碍，甚至还能为其提供动力。在范式的刺激下，人文社会科学领域提出了诸如证伪范式、逻辑经验主义范式、实证范式等多种形式的研究范式。各类不同范式在扩张理论研究场域的同时，由于学者们所关注的视角不同或研究语境不同等原因，也带来了理论研究范式较为混乱的场景。在这种多元研究范式共存的背景下，学者们的研究思维各异，根本无法统一思想，也就因此相对消弭了理论的解释力，②相对而言，也就表明，在一定程度上又徒添了理论自信的难度。

但是应该看到，虽然从理论向度予以审视理论自信之时，涉及理论自身、理论主体、自信手段、自信客体等诸多内容存在之"难"境遇。但是这些内容在制约着理论自信之"难"的过程中，又为理论自信之"易"提供了机遇。在这里，主要以马克思主义理论研究范式为例来说明理论自信之"易"的问题。

从马克思主义理论自身来看，其中所涉及的理论研究范式为我们提供了研究理论的方法论基础。有学者认为，马克思主义本身就是一个研究范式，其继承者将其分化，产生了实践唯物主义、辩证唯物主义、实践人道主义等不同的研究范式。③对比分析就可以发现，这里所说的三个不同的理论研究范式，都没有离开实践。实践唯物主义和实践人道主义，都是对实践范式的再分化，隶属于实践范式的范畴。实践唯物主义是辩证唯物主义再发展，实践观点又是辩证唯物主义的基本观点。如此一来，实践唯物主义自然也最终脱离不了实践。概括起来看，可以把上述不同范式的划分全部看成是实践范式（或者称之为实践生成范式），这种研究范式强调的是通过实践方式予以验证理论正确与否，这就与马克思曾经所说的

---

① 曹志平. 理解与科学解释 [M]. 北京：社会科学文献出版社，2005：98.

② 孙宜芳. 当代中国理论解释力提升的四个维度 [J]. 广西社会科学，2013（10）：1—6.

③ 陆剑杰. 对马克思哲学范式与其后裔诸范式的比较研究 [J]. 学术研究，2013（05）：1—13.

"全部社会生活在本质上是实践的"①具有相同意蕴。实际上，只要考察马克思的观点，就可以推导出，研究马克思主义本身就是一种实践活动。所以，不管何种范式，都可以将其归属到实践范式范畴中去。除了实践的研究范式之外，当前学界还涉及另外两个极其重要的马克思主义理论研究范式，分别是解释范式（解释主义范式）和批判范式（批判主义范式）。解释范式重在对理论的阐释和解读，是厘清理论的基本路径；批判范式重在对理论的批判，通过批判发现理论存在的问题，进而完善、创新理论，最终推进理论向前发展。目前，不少学者依据马克思主义理论提供的研究范式，对该学科所涉及的一些理论诸如社会理论、国家理论、政治理论等进行了研究。有学者对马克思主义理论提供的范式进行了总结评析，认为不管是批判范式和实践范式都是解释范式。②应该说，这种观点也具有一定的合理性，因为批判是对问题的一种另类解释，实践也是检验真理的唯一方式，是对真理的一种特殊解释方式，这也与英国学者安东尼·吉登斯（Anthony Giddens, Baron Giddens）所说的"所有社会科学无疑都是解释学"③的观点不谋而合。

　　究竟哪种范式才真正符合马克思主义理论的思想本质？应该看到，在理论自信或提升理论解释力视域中，不管是解释范式，还是批判范式，抑或是实践范式，只要能够有利于理论的完善、创新和发展，只要能够推进马克思主义理论自信，都可以拿来为我所用。这就是说，要进一步促进理论自信，进而提升理论的解释力，根本无须过度纠结于何种理论研究范式的选择，而是应该具体地把关注焦点集中于马克思主义所提供的范式框架之内。换句话说，只要是处于马克思主义理论范式框架范围内，上述三种范式都可以成为推动马克思主义理论向前发展，并提升其解释力的动力。在这个意义上，只要坚持运用马克思主义理论的研究范式，就可以尝试着

①　马克思恩格斯选集（第1卷）［M］．北京：人民出版社，2012：135.

②　韩桂玲．论马克思主义哲学的三种解释范式［J］．南京师大学报（社会科学版），2011（06）：15—21.

③　［英］安东尼·吉登斯．社会学方法的新规则：一种对解释社会学的建设性批判［M］．田佑中，刘江涛，译．北京：社会科学文献出版社，2003：65.

为马克思主义的理论自信增添动力。综上所述，马克思主义理论所提供的研究范式和学界所探索的已有理论研究范式，都可以为进一步推进马克思主义的理论自信、提升其理论解释力提供"易"的现实指导。

（二）理论发展向度：理论解释力提升效果的弱与强

马克思主义理论是内部各要素互相联系，且比较完整的理论学说体系，它提供的是解决具体问题的基本立场、观点和方法。马克思和恩格斯也坦率承认，他们所创立的理论学说体系绝对不是一成不变的，更不是教条式的、静止的，而是依据不同历史、时代和环境的变化不断向前发展的。具体来说，马克思主义理论的这种发展性主要表现在三个方面：其一，马克思从来都不否认自身理论的发展性，必须依据条件的变化和现实的各种物质因素、精神因素等适时地对马克思主义理论作出相应的调整，才能更好地指导人们实践。马克思曾经就很明确地指出："人类始终只提出自己能够解决的任务，因为只要仔细考察就可以发现，任务本身，只有在解决它的物质条件已经存在或者至少是在生成过程中的时候，才会产生。"[1]"人们的观念、观点和概念，一句话，人们的意识，随着人们的生活条件、人们的社会关系、人们的社会存在的改变而改变。"[2]恩格斯更是直截了当地表明："我们的理论是发展着的理论，而不是必须背得烂熟并机械地加以重复的教条。"[3]其二，马克思恩格斯极其反对各种教条主义式地运用马克思主义理论的行为，提倡运用鲜活的事实材料发展马克思主义理论。马克思和恩格斯都曾经留下过多次反对教条主义的言论。早在马克思还未成为共产主义者的时候，就曾指出："新思潮的优点就恰恰在于我们不想教条式地预料未来，而只是希望在批判旧世界中发现新世界。"[4]恩格斯更是鲜明地指出："马克思的整个世界观不是教条，而是方法。它提供的不是现成的教条，而是进一步研究出发点和供这种研究使

---

① 马克思恩格斯选集（第2卷）[M]．北京：人民出版社，1995：33.
② 马克思恩格斯选集（第1卷）[M]．北京：人民出版社，1995：291.
③ 马克思恩格斯选集（第4卷）[M]．北京：人民出版社，1995：681.
④ 马克思恩格斯全集（第1卷）[M]．北京：人民出版社，1956：416.

用的方法。"①其三，马克思恩格斯反对各种形式的理论崇拜。19世纪70年代，法国社会主义者在介绍宣传马克思主义理论的时候，存在着误解、歪曲马克思主义的错误行为，马克思就针锋相对地批判道："我只知道我自己不是马克思主义者。"②马克思的这句话，并不在于表达他自身不是马克思主义者，而在于说明，只有正确地理解、运用马克思主义，而不是误解、歪曲马克思主义，才算得上是真正的马克思主义者。

通过上述分析，很明显可以看出，必须运用发展的眼光来看待马克思主义理论，才真正符合马克思恩格斯的思想涵义。马克思主义不是僵化的理论，而是活着的理论。让这个理论活着的唯一方法，就是恩格斯所谈到的运用其中所内含的"研究出发点和供这种研究使用的方法"，因时因地地发展、传播和实践马克思主义理论，反对各种形式的教条主义和理论崇拜。在这里，只要把恩格斯这句话放在理论自信层面上，就会发现，在一定程度上，理论能否发展就决定了理论自信结果。具体地说，如果马克思主义理论能够依据历史、时代、环境等因素有所发展，那么其理论自信的底气就会相应提升，理论自信效果就会有所增强。反之，理论自信的底气就会逐渐丧失，理论自信效果也就相对薄弱。因此，在理论自信效果这个问题上，还存在着"一般"范畴的自信和"非常"范畴内的自信。我们所要做的，就是促使理论自信效果由"一般"走向"非常"，由薄弱转向增强。由此可见，推进马克思主义理论自信的过程，也是不断推进马克思主义理论向前发展的过程，二者处于辩证统一的进程中。发展马克思主义理论也可以推进其理论自信的程度和效果。反过来看，做到了马克思主义的理论自信又可以为其发展指明新任务、提供新机遇。

究竟该如何促使马克思主义的理论自信从"一般"走向"非常"，更好地促使马克思主义理论自信效果由弱及强呢？在这个问题上，答案还是倾向于进一步完善马克思主义理论，就是用完善的马克思主义理论成果深刻阐明其解释力。原因在于，如果一味地关注理论发展，而忽略了回过头

---

① 马克思恩格斯全集（第10卷）［M］．北京：人民出版社，2009：691．
② 马克思恩格斯选集（第4卷）［M］．北京：人民出版社，1995：691．

来反思理论是否完善等问题，就很有可能会出现"急躁症"，无法打牢理论发展的现实根基。从这个意义上来看，只有马克思主义理论处于比较完善的境地，才能更好地增加人们坚信马克思主义理论自信的可能性，也才能促使马克思主义理论自信效果由"一般"走向"非常"，由薄弱转向增强，更好地增强马克思主义理论自信效果。这不仅符合马克思主义具有发展性特征的基本要求，也是建构当代中国马克思主义理论解释力提升体系的理论所指，更是推进其理论自信的现实要求。

当前我国在完善马克思主义理论方面取得了突出的成绩。每一个成绩的取得，都必不可少的经历着理论自信效果由"一般"走向"非常"，由薄弱转向增强的艰难蜕变历程。党的十一届三中全会之后，我国所开辟的中国特色社会主义道路，就经历了这样一个过程。具体来说，就是在坚持马克思主义基本原理基础上，依据我国国情开创的具有中国特色的社会主义发展道路。这条道路是"中国共产党带领全国各族人民，经过长期奋斗和实践找到的正确道路"①，是"一条通向国家富强、民族复兴、人民幸福的正确道路"②，是"实现中国梦的正确道路"③。但是，在这条道路开创之初，很多人对这些道路不甚理解，甚至怀疑这条道路背离了社会主义航线。④随着改革开放的不断深入和向前推进，我国积极总结社会主义建设的基本经验和教训，准确地把握了其中所关系到的重大问题，国家综合实力日趋提升，人民生活水平也逐渐提高。在这种情况下，人们才逐渐地意识到中国特色社会主义道路的正确性，也促使人们在道路自信效果上逐渐地从"一般"走向"非常"，由薄弱到增强。从这一案例可以发现，每一个理论创立之初，由于新理论并未经由多次实践的检验，或者其优越性并没有较早地显现出来，因而也就可能会使得一部分人对理论产生怀疑。而当实践证明了理论是正确之时，人们认同理论的可能性就大大提

---

① 中共中央文献研究室. 改革开放三十年重要文献选编［M］. 北京：人民出版社，2008：1782.

② 人民日报社理论部. 深入学习习近平同志系列讲话精神［M］. 北京：人民出版社，2013：24.

③ 人民日报社理论部. 深入学习习近平同志重要论述［M］. 北京：人民出版社，2013：44.

④ 顾海良. 中国特色社会主义的历史逻辑和理论逻辑探索［J］. 教学与研究，2013（10）：5—12.

升，理论自信效果也就会比较明显。因此，马克思主义理论自信的过程，不仅是其自身理论完善的过程，而且是在实践层面上验证理论的过程。反过来讲，理论是否完善，是否可以更好地推进实践，又是可否进一步增强马克思主义理论自信效果的验证条件。也就是说，马克思主义理论不断趋于完善的过程（也是提升其自身解释力的题中应有之意）与其理论自信的过程是同步的，这两个过程是相互促进的，绝对不能割裂二者之间的紧密联系。

三、推进理论自信的需要：马克思主义理论解释力提升体系建构的目标指向

理论自信的需要，彰显的是理论自信的终极意义。从现实来看，虽然推进理论自信能够解决现实重大问题，但是归根结底，这也是由理论具有重大指导意义和科学价值所决定的。在当代中国，推进理论自信的需要，终极意义就在于切实维护好马克思主义地指导地位。然而，由于理论创新不是一朝一夕就可以完成的，只有不断地完善马克思主义，更好地彰显出马克思主义的指导价值，才能更好地维护好马克思主义的指导地位。由于构建马克思主义理论解释力提升体系能够通过不断完善马克思主义而解决人们亟须解决的重大问题，这样就会相应地促使得人们更好地坚信马克思主义，从而夯实马克思主义的指导地位。正是在这个意义上，可以发现，推进理论自信的需要，深刻彰显出建构马克思主义理论解释力提升体系的终极目标指向。

（一）理论指导向度：理论解释力提升的现实指向

早在马克思主义理论学说诞生之初，马克思恩格斯就已经意识到，他们的理论学说完整与否直接影响着其实际指导地位。首先，马克思恩格斯极力维护自己的学说，并宣称自己的理论是工人阶级的精神武器和行动指南。恩格斯曾经高度称赞马克思主义理论为"工人阶级的圣经"[1]。马

---

① 马克思恩格斯全集（第23卷）［M］．北京：人民出版社，1972：36.

克思也曾经指出："哲学把无产阶级当作自己的物质武器，同样，无产阶级也把哲学当作自己的精神武器。"①其次，马克思恩格斯非常注重在实际斗争中"不断丰富和完善他们的科学理论，用以指导无产阶级的革命运动"②。再次，马克思恩格斯高度重视自身理论的科学性与完整性，力求使他们的理论具备严密的逻辑体系。因此，那种"把马克思主义中的任何一个组成部分同它的整体割裂开来，都会丧失自己原有的性质，并导致对整个马克思主义体系的曲解"③。

马克思恩格斯关于理论完整科学与否与理论实际指导地位之间关系的思想，深刻影响着其后的马克思主义者。列宁曾多次谈到理论指导地位的问题，针对当时有人把马克思主义理论当作教条的行为，列宁指出："我以前说过，现在还要再三地说，这个学说不是教条，而是行动的指南。"④毛泽东也曾经告诫广大党员，务必要坚持马克思主义理论的指导地位，反对各种形式的"本本主义"。他说："马克思主义的'本本'是要学习的，但是必须同我国的实际情况相结合。我们需要'本本'，但是一定要纠正脱离实际情况的本本主义。"⑤毛泽东还认为马克思主义是"整个完整系统的崭新的世界观与方法论"⑥。邓小平认为，要坚持马克思主义的指导地位，必须结合现实问题发展、创新马克思主义理论，"真正的马克思列宁主义者必须根据现在的情况，认识、继承和发展马克思主义"⑦。江泽民甚至断言："如果放弃马克思主义的指导地位，在指导思想上搞多元化，势必导致人心大乱、天下大乱，给党和国家带来灾

---

① 马克思恩格斯选集（第1卷）[M]．北京：人民出版社，1995：15.

② 马克思恩格斯列宁斯大林著作编译局．马克思恩格斯文集资料汇编[M]．北京：人民出版社，2011：200.

③ 陈先达．处在夹缝中的哲学——走向21世纪的马克思主义哲学[M]．北京：北京师范大学出版社，2004：353.

④ 列宁全集（第35卷）[M]．北京：人民出版社，1985：219.

⑤ 毛泽东选集（第1卷）[M]．北京：人民出版社，1991：111—112.

⑥ 中共中央文献研究室．毛泽东著作专题摘编（上）[M]．北京：人民出版社，2003：31.

⑦ 邓小平文选（第3卷）[M]．北京：人民出版社，1993：291.

难。"①新时期，习近平总书记多次强调要认真学习马列经典著作，从完整性、发展性的角度深刻理解马克思主义的精神实质，坚定地坚持马克思主义的指导地位。②

从马克思恩格斯及其后继者的上述观点可以看出，他们不仅重视马克思主义理论的指导地位，而且还非常关注如何更好地从整体上发展、传播、实践马克思主义理论的相关问题，力求达到进一步巩固和加强马克思主义理论指导地位的目的。结合当前我国推进中国特色社会主义建设的现实情况，便可以看出，始终坚持马克思主义理论的指导地位，更好地发挥出其在指引我国社会主义建设中的精神引领作用，就成为马克思主义理论指导向度的现实旨归。那么，到底应该怎样才能更好地发挥出马克思主义理论的指导作用呢？对于这个问题，习近平总书记给出了答案，他指出："把坚持马克思主义和发展马克思主义统一起来，结合新的实践不断作出新的理论创造，这是马克思主义永葆生机活力的奥妙所在。"③这就明确指出了如何坚持马克思主义理论指导地位这一问题，具体来说，一方面，要必须坚持马克思主义理论的一元指导地位。另一方面，要在具体实践中不断丰富和发展马克思主义的理论宝库，用最新的理论成果武装人们的思想。

实际上，习近平总书记的这一论述不仅帮我们指明了坚持马克思主义指导地位的具体策略，而且还进一步丰富发展了马克思主义理论关于坚持指导思想的具体内涵：一方面，通过理论梳理和理论总结，验证马克思主义理论的科学性、真理性，进一步巩固马克思主义理论在当今我国社会主义建设中的实际指导地位，牢牢掌握住意识形态领域内的思想指引，使之成为引领中国特色社会主义前进发展的精神旗帜；另一方面，通过完善和发展马克思主义理论，使之在中国这块土壤中开花结果，生成具有中国特色的马克思主义理论体系，完善、丰富和发展中国化马克思主义理论，

① 江泽民文选（第3卷）［M］. 北京：人民出版社，2006：86.

② 习近平. 学习马克思主义经典著作，推进中国特色社会主义事业［N］. 学习时报，2011-05-16（001版）.

③ 习近平. 在哲学社会科学工作座谈会上的讲话［M］. 北京：人民出版社，2016：13.

第二章 马克思主义理论解释力提升体系建构的背景性认知

用以更好地指导当代中国各方面建设的具体实践，成为指引人们正确认识世界和改造世界的有力武器。再加之前面所讨论的马克思恩格斯及其后继者关于从整体上理解、建构、发展马克思主义理论的思想目的，即在于更好地坚持马克思主义理论的指导地位，便可以在"坚持马克思主义指导地位"这一总纲的基础上，细化出建构马克思主义理论解释力提升体系的现实旨归：首先，要继续坚定地坚持马克思主义的一元指导地位。只有马克思主义理论才能担当得起引领中国特色社会主义建设的重任，其他所谓标榜"马克思主义"的某种主义，都不能作为指导思想。其次，要坚持完善和发展马克思主义理论，即是说，结合中国具体实际情况，不断完善、发展马克思主义理论，特别是要用最新的马克思主义中国化理论成果来武装中国发展、指导中国实际，绝对不能把马克思主义理论当成教条式的东西。再次，要在实践中不断验证马克思主义理论。社会主义具体实践有力地证明，马克思主义理论没有过时。在未来的中国特色社会主义建设中，马克思主义理论肯定还会发挥出更为重要的作用。如果不能在实践中验证出哪些东西符合现实条件，哪些东西不符合现实条件，就很容易脱离中国特色社会主义建设具体实践，丧失马克思主义理论的实际指导意义，其重要作用也无法有效发挥。可以肯定地说，一旦缺乏了在实践中验证马克思主义理论的品质，就会难以理解马克思主义理论的真谛，误导中国特色社会主义的具体实践。

从上面的分析可以看出，建构马克思主义理论解释力提升体系的现实旨归与坚持马克思主义指导地位是不谋而合的。这就意味着，建构马克思主义理论解释力提升体系可以有效巩固和加强马克思主义指导地位。实际上，完整的、科学的理论解释力提升体系的建构，绝对不仅仅停留于促使人们进一步坚信马克思主义理论的层次上。更为重要的在于，促使人们在坚信马克思主义理论的前提下，更好地凝聚力量，形成思想共鸣，使之成为进一步推动中国特色社会主义伟大实践的源源不竭的精神动力和智力支持。

（二）理论完善向度：理论解释力提升的理论指向

夯实马克思主义的指导地位，绝不仅仅是解决了一些现实问题就能够实现的。体现在理论维度上，马克思主义是否具备完善的理论形态，也是夯实其指导地位的重要举措，因为只有因为相对完善的理论才能更好地指导现实问题。所以，从这个意义上来看，不能仅从现实视角审视马克思主义理论解释力提升的问题，还需要从理论旨归的视角来关照这一问题，这不仅是完善马克思主义理论的必然需求，也是丰富、发展马克思主义理论宝库思想内容，并提升其解释力的题中应有之义。

　　一般而言，每一个理论从生成到成熟，其过程绝不是一帆风顺的，而是在其成熟的过程中，经历着许多困难的磨砺。只要回过头来反思理论从无到有的生成历程，就会发现，理论的每一步成长，都经历着一个完善的过程。①所以，探究理论生成过程（涵盖了从萌芽到成熟的全过程），特别是厘清在每一个过程中是如何完善和发展的就显得非常重要。当然，由于理论是客观存在的规律性东西，它无法自身言说，就必须借助主体去剖视其完善的过程。对理论完善过程的每一次剖视，都可能会发现完善理论新资料和新方法。理论会相对更加成熟，理论的解释力也就因此有所提升。反过来看，理论的解释力提升了，也就进一步验证了理论的完善性或真理性。由此可见，理论完善的过程，与其自身解释力提升的过程是统一的，二者互为促进，相辅相成。概括起来，就可以把理论完善的过程与解释力提升的过程之间的关系具体地理解为：理论完善可以有助于解释力的提升，解释力的提升可以证明理论的完善性。这里的分析又印证前文关于理论完善及其解释力提升之间的关系。

　　马克思主义理论解释力的提升及其理论完善的关系也是如此。这就是说，要提升马克思主义理论的解释力，就必须促使马克思主义理论趋于完善。在一定意义上讲，正是因为在马克思主义的发展史中，不断地完善着马克思主义理论，才使得马克思主义理论已然能够经受得住时代的检验，绽放出熠熠光辉。回顾完善马克思主义理论的历史演进历程，不难发现，自从马克思主义诞生之后，该理论学说的创始人就着手于如何完善他们所

──────────

① 这里是理论完善，与前文所述理论发展有所区别。理论完善重在对理论查漏补缺，理论发展重在理论的向前推进。

创立的学说，提出了许多指导性的意见。比如，马克思恩格斯运用实践的方法去验证理论的观点、关于理论应随着时代的发展有所发展的观点、关于完善理论要素促使理论走向完善的观点等，都对完善理论起着重要的指导作用。列宁在继承马克思恩格斯观点的基础上，对理论完善的方法也提出了诸多有建设性的意见和建议，特别是针对俄国革命的实际情况，完善了马克思主义关于无产阶级革命学说、殖民地民族解放学说、党群关系学说等。

中国共产党人在坚持马克思列宁主义关于理论完善思想的基础上，创造性地依据中国具体实际，进一步完善着马克思主义理论。江泽民曾经对这一问题进行总结论述，他指出："马克思、恩格斯、列宁、毛泽东、邓小平同志，都善于根据实际情况的发展不断完善自己的理论，这正是马克思主义的科学精神和科学态度。"①应该说，正是由于中国共产党人有着在艰难中完善马克思主义理论的坚定信仰和优良品格，才在具体的实践中进一步产生出了马克思主义中国化的重大理论成果，又进而更好地指导着中国的社会主义建设和实践。回顾党的历史，中国共产党人在不同历史时期，都能在具体实践中不断地完善着马克思主义理论。比如，在社会主义改造中，对民族资产阶级所采取的和平赎买政策。马克思当年曾经预设到民主革命胜利后，对资产阶级采取赎买的方式使民族资产阶级过渡为社会主义的建设者，但可惜的是，由于当时的历史条件，马克思没有亲眼看到赎买的具体实践。列宁根据马克思的这一思想，曾经尝试着对俄国资产阶级采取赎买政策，但是由于俄国资产阶级反抗较为激烈，导致列宁放弃了和平赎买，最终采取了暴力没收的方式。而中国共产党人依据马克思的设想，反复推敲列宁没有成功运用赎买政策的经验和教训，创造性地在中国这块土地上实现了和平赎买政策，和平实现了资产阶级的社会主义改造。因此可以说，和平赎买政策在中国的成功实践，不仅是马克思主义理论在中国的实际指导功能的有力彰显，还是在中国的实践中完善、发展和创新马克思主义理论的有力佐证。

---

① 江泽民. 论"三个代表"［M］. 北京：人民出版社，2001：127.

当代中国特色社会主义建设事业，仍然需要在具体实践中完善马克思主义理论，这不仅是当代中国建设、发展的实际需要，也是彰显马克思主义理论解释力的必然需求。一俟马克思主义更加完善，至少在理论层面，我们就可以肯定地认为，马克思主义基本具备了完整的理论形态。那么，一旦从理论视角来审视马克思主义理论，就会发现马克思主义理论是具有解释力的理论。如此看来，马克思主义的理论自信也就有了很大的可能性。在实践中运用马克思主义理论，特别是结合中国具体实际更好地指导中国的实践之时，马克思主义理论的现实解释力便会真正发挥出来，并且在实践中生根、发芽、成长。这样，马克思主义的理论自信便也就具备了完全可能性。在这个意义上，完善马克思主义理论的具体所指就越加明显，提升马克思主义理论解释力的探索便也就呼之欲出。

微信扫码
掌握基础原理
记录书中要点

第三章

马克思主义理论
解释力提升体系
建构的理论思考

马克思主义理论解释力提升体系的建构，是一个系统庞大的工程，其中涉及的主要内容包括：主要影响因素、建构原则、建构方法、建构目的、哲学基础等一系列问题，这是建构马克思主义理论解释力提升体系的基础性环节，也是夯实这个提升体系架构的立论基础。弄清建构马克思主义理论解释力提升体系需要注意的这几个方面的重大问题，有利于沿着这一提升体系的具体指引，更好地提升马克思主义理论的解释力。

一、马克思主义理论解释力提升体系建构的影响因素

马克思理论解释力提升体系的完整建构，涉及"谁建构""怎么建构""建构什么""建构效果如何"等一系列基础问题。关于这一点，前面在探讨马克思主义理论解释力提升体系建构的背景性认知时，已对此略有涉及。但为了更好地厘清影响建构马克思主义理论解释力提升体系的影响要素，还需要进一步对这四个问题加以分别讨论。

（一）谁建构：马克思主义理论解释力提升体系的建构主体

"谁建构"旨在回答谁是建构马克思主义理论提升体系的主体，厘清这一问题有利于我们从源头抓住建构马克思主义理论解释力提升体系的基础性问题。实际上，这一问题包含了两个层面意思：一是谁是主体；二是主体需要具备什么基本素质？

究竟谁是建构马克思主义理论解释力提升体系的主体？马克思指出："主体是人，客体是自然。"[①]这就是说，建构马克思主义理论解释力提升体系的主体只能是人。依据这一判断，"谁建构"指的是哪些人是建构马克思主义理论解释力提升体系的发动者、执行者、承担者，这是解决建构马克思主义理论解释力提升体系的首要问题。

关于哪些人或者哪类人是理论主体这一问题，虽然当前我国学界并未明确回答，但已有的相关成果可为我们分析这一问题提供参考。有学者对理论自信的主体进行了划分，认为领导干部、马克思主义理论工作者、

---

① 马克思恩格斯选集（第2卷）[M]．北京：人民出版社，1995：3．

非党员非马克思主义理论工作者、普通党员、普通群众是理论自信的主体。①还有学者对思想政治教育的主体进行了12类划分，包括：时间角度上的历史主体和现实主体；空间角度上的近距主体和远距主体；主体能力上的强势主体和弱势主体；真实性上的真实主体和虚拟主体；分工上的专职主体和兼职主体；作用上的主要主体和次要主体；构成上的直接主体和间接主体；活动方式上的显性主体和隐形主体；进程上的一级主体和次级主体；活动范围上的流动主体和固定主体；工作深入程度上的形式主体和实质主体；灵活角度上的刚性主体和弹性主体。②除了这些观点之外，还有一些学者从其他视角对主体问题进行了探究。李合亮对当前学界思想政治教育的主体研究现状进行了总结，得出了自己结论，认为要判定哪些人是理论主体是非常困难的事情，他甚至断言，谁是主体这一问题没有任何意义，因为在一个国家内，所有民众都有成为主体的可能性。③从这种研究态势可以发现，学界对"主体是谁"这一问题的认识可谓仁者见仁、智者见智、各有不同。

那么，到底谁才是建构马克思主义理论解释力提升体系的主体呢？应该说，李合亮的观点具有一定的道理，对于判定建构马克思主义理论解释力提升体系主体这一问题而言，其难度也是非常大的。理论自信主体和思想政治教育主体的判定并无二异。可以说，建构马克思理论解释力提升体系的主体可以是个人，如领导干部、理论工作者，也可以是组织，如研究单位、人民群众、党政机关等。在这一层面上，便可以总结出：建构马克思主义理论解释力提升体系的主体不是单一的个人或组织，而是一个复杂的综合体。凡是能够自觉或不自觉地依据马克思主义基本原理开展实践活动，并开展相应的理论研究的人，或者促使马克思主义理论有所发展、有所宣传，或者能够促使人们更好地运用马克思主义的人（或组织）都可以看成是建构马克思主义理论解释力提升体系的主体。需要注意，在建

① 刘希良，钟惠英. 理论自信的构成要素论析 [J]. 前沿，2013（07）：16—18.
② 白满仓. 思想政治教育主体类型分析 [M]. 西安教育学院学报 [J]. 2003（04）：32—34.
③ 李合亮. 解析与建构：当代中国思想政治教育的哲学反思 [M]. 北京：人民出版社，2010：59.

构马克思主义理论解释力提升体系的过程中，不仅需要发挥出单一主体的重要作用，还需要各主体之间密切配合，形成良好的对话沟通机制和主体合力。

那么，主体应该具备哪些基本素质，才能肩负起建构马克思主义理论解释力提升体系的重任呢？当前，我国学界对社会工作者需要具备的基本素质进行了广泛的探讨，学者们普遍认为，社会工作者应该要树立正确的科学意识，要肩负起责任意识和使命意识，通过扎实的努力为科学研究贡献自己的力量等。马克思主义理论解释力的提升主体也是社会工作者的重要组成部分，除了具备社会工作者的一般素质之外，还需要具备马克思主义理论家应该要具备的独特素质。对于这一点，国内学界也有一定的研究成果。概括起来，建构马克思主义理论解释力提升体系的主体应该要具备的基本素质主要有三点：一是要真学、真信、真懂、真用马克思主义理论。作为建构马克思主义理论解释力提升体系的主体，如果自身不重视、不学习、不懂、不信、不用马克思主义，根本没有资格去说服他人理解、学习、相信、运用马克思主义理论。二是要具备较强的责任意识和使命意识。马克思主义理论解释力提升体系的建构，离不开建构主体的责任意识和使命意识，只有肩负起自身的重任和使命，才能使马克思主义强化生命力并提升解释力。[①]三是要自觉抵制各种错误思潮，树立马克思主义的绝对权威意识。建构马克思主义理论解释力提升体系的主体在坚信正确理论原则和理论指导的基础上，要自觉同各种错误思潮作斗争，形成战士与学者相统一的优良品格。[②]应该说，当前学界对"主体素质"这一问题已有的研究成果非常丰富，为我们确定马克思主义理论解释力提升体系建构的主体，以及主体应该具备什么素质等提供了指导。

（二）怎么建构：马克思主义理论解释力提升体系的建构载体

"怎么建构"指的是依靠什么或者以什么方式建构的问题，即建构

---

① 梁民愫. 马克思主义理论与实践［M］. 北京：社会科学文献出版社，2009：256.

② 金民卿. 当代中国理论解释力的提升之道——论理论创新主体应有的四种自觉［J］. 人民论坛（学术前沿），2012（09）：30—37.

马克思主义理论解释力提升体系的载体问题。当今世界，任何一个政党或组织，都希望运用最有效的方式来表达自己的观点或见解。对于马克思主义理论而言，其解释力有效与否，与载体的选择不无关系。因此，选择合适的建构载体，是建构马克思主义理论解释力提升体系必须要直面的重大问题。

从当前信息传递的角度来看，广为人知的报纸、电视、期刊、网络新媒体、各种会议等都可以有效地传递信息，这些途径也可以看成是建构马克思主义理论解释力提升体系的重要载体。但是，这种形式的体系建构，重在通过传播、宣传的方式让人们理解马克思主义理论。应该看到，这种形式的建构，只是停留于形式上，并未抓住有效建构马克思主义理论解释力提升体系的全部问题或者实质性的问题。而真正意义上的建构，不仅是要达到让人们理解马克思主义理论的目的，而且还要促使马克思主义理论达到"打铁还需自身硬"的状态。具体地说，就是通过发展马克思主义理论，让马克思主义理论更具有真理性，以真理形态的理论影响人们理解马克思主义理论。所以，从这一角度看，马克思主义理论解释力提升体系的建构载体，还应该注重研究通过什么载体让马克思主义的理论根基更加巩固，进而让人们更好地理解马克思主义理论。概括起来看，就是说，建构马克思主义理论解释力提升体系的主体究竟运用什么载体来发展、传播和实践马克思主义理论等重要问题。

（三）建构什么：马克思主义理论解释力提升体系的建构内容

"建构什么"回答的是建构对象或建构客体是什么。在建构马克思主义理论解释力提升体系这一问题上，毋庸置疑，建构对象就是马克思主义理论解释力的提升体系。从语义学的角度来看，建构对象是包含了马克思主义理论和解释力提升体系两个问题的。这也就是说，我们必须分别把关注点集中于对这两个问题的分别考察上，才能分析出具体的马克思主义理论解释力提升体系的主要内容。

关于第一个问题，即马克思主义理论这个建构对象的问题，其中内含着两个基本问题：一是主体相信什么理论；二是理论是否为真理，是否科学。如果准确地抓住了理论依据，且第二个问题的答案是肯定的，那就抓住了马克思主义理论解释力提升体系建构内容的基础性问题。

主体究竟应该相信什么理论呢？正如马克思所指出的"主体是人，客体是自然"一样，在认识世界和改造世界的实践过程中，主体通过一定的手段作用于客体，也就是人通过一定的手段作用于自然。那么，在建构马克思主义理论解释力提升体系这个实践问题上，则是人通过一定的手段作用于马克思主义理论。据此可以推出：马克思主义理论必然是建构其自身理论解释力提升体系的理论依据，必然是主体要相信的理论。

马克思主义理论又是否为真理？我们在这里讨论这一问题似乎老生常谈。在170多年的发展历程中，实践已经证明了马克思主义是正确的。因此，对于这一问题我们不在此多做累述。在建构马克思主义理论解释力提升体系这一问题时，只需要认识到，马克思主义是发展着的理论，是建构其自身理论解释力提升体系的方法指南，这又印证了恩格斯曾指出的那句话："它提供的不是现成的教条，而是进一步研究的出发点和供这种研究使用的方法。"①因此，这种供我们研究问题的方法就是在实践中证明了的正确的真理。

对于建构马克思主义理论解释力提升体系的内容而言，广义来说，主要涉及理论和实践两个层面的问题。从理论层面来看，涉及马克思主义理论自身所涵盖的概念、范畴、基本原理、核心内容、体系构成、基本规律、内在本质、发展趋势、历史经验、逻辑运行、内在结构等一系列基础性问题；从实践层面来看，主要是依据马克思主义理论的基本原理予以深刻回答现实问题，特别是回答那些比较棘手，且群众比较关注的重大问题。马克思主义理论作为客观存在的真理，并不会因提升其解释力或建构其解释力提升体系而改变原有的真理形态和真理品质。所以，在这一意义上，一方面，不是对所有建构内容都进行探究（特别是已经被实践反复证明了的真理性内容），另一方面，所要建构的内容也主要是基于其理论尚有不完善之处，以及完善的方法策略等相关内容。

---

① 马克思恩格斯选集（第4卷）［M］．北京：人民出版社，1995：742—743．

（四）建构效果如何：马克思主义理论解释力提升体系建构的评价标准

"建构效果如何"回答的是马克思主义理论解释力提升体系的建构应该要达到什么样的效果或结果的问题。更具体地说，这一问题实际上回答了马克思主义理论解释力提升体系建构应该达到什么目标，或者以什么标准来作为评价这一提升体系的建构效果。这个问题回答清晰了，不仅可以有效地反馈马克思主义理论解释力体系的建构效果，而且还可以为建构这一提升体系提供理论支撑和反馈机制，从而在整体上为完善和发展马克思主义理论解释力提升体系提供验证条件。

验证效果的评价标准集中回答如何评价马克思主义理论解释力提升体系的建构问题。如果在建构的过程中，始终以评价指标为蓝本，在评价指标的范围内从事建构活动，并努力克服建构过程中出现的各种难题，马克思主义理论解释力提升体系的预期建构目标是可以达到的。反之，即便是制定了科学的指标体系，若在建构活动中不去遵循，那么建构的预期目标很可能就无法达到。

究竟应该制定什么评价标准才能验证建构马克思主义理论解释力提升体系的效果？要弄清楚这个问题，不仅需要把目光集中在理论视角上，还需要关注解释力提升。从理论视角来看，有两个方面的问题可以纳入验证理论是否具有解释力的条件：一方面，在理论功能上，理论有其自身的特殊功能。大致来说，理论具有指导实践、预测未来、解释世界的功能。这就是说，只要通过一定的方式方法促使理论更好地发挥出它指导实践、预测未来和解释世界的功能，就可以看作理论解释力得到了一定程度的提升。在理论的自身形态上，理论形态是否完整、是否可以推进理论向前发展等因素也是影响理论功能能否有效发挥的基本前提，这一点也是绝对不能忽略的，因为形态上是否较为完整，是否较为科学也可以表现出理论的解释力如何。从解释力提升的相关问题上，解释力提升具有三层意蕴：更好地发展马克思主义理论；传播马克思主义理论；实践马克思主义理论。按照这种认识，验证马克思主义理论解释力提升体系建构效果的标准也就有三：是否有助于发展马克思主义理论或者是否发展了马克思主义理论；是否可以推进马克思主义理论的传播；是否有助于实践马克思主义理论等。

概括上述论述，不难发现，验证马克思主义理论解释力提升体系建构效果的条件也就应该至少包括如下几条：是否能够促进理论解释世界、指导实践和预测未来三大功能的进一步发挥；是否能够促使理论在自身形态上得到一定的补充、完善和发展；是否可以更好地发展、传播和实践马克思主义理论。对于这三个效果验证条件的具体运用，需要注意四个方面的问题：一是三个效果验证条件都不同程度地包含着其他更具体的验证条件，在不同理论的验证上，绝对不能固守残缺，或者教条式地运用这三个效果验证条件。比如，如果要验证是否能够实践马克思主义理论，而不是简单地看运用效果如何，其中还包含着理解程度、接受程度，甚至运用程度的问题。二是验证每一具体理论的解释力提升效果，需要依据不同的验证需求、主体能力、方式方法，甚至外在环境等诸多因素予以确定，要随时随地依据变化了的实际，增强或减弱某一或某几个验证条件的针对性和适用性。三是经由验证，只要达到了上述三个验证标准之中的其中任何一个，都可以算得上是提升了马克思主义理论的解释力，也可以看作马克思主义理论解释力提升体系的建构起到了一定的作用，绝对不是要达到所有的验证标准。四是一旦确定了上述三个验证标准（或者其中的某一个或两个验证标准），就应该在整个马克思主义理论解释力提升体系的建构过程中，或者在关于这一提升体系核心问题的所有探索和所有活动中，始终围绕着既定的评价标准开展相应的研究工作，绝对不能脱离既定验证标准的指引。

二、马克思主义理论解释力提升体系建构的层次结构

马克思主义理论解释力提升体系是由多个问题共同组成的，其生长发育始于发现问题，通过解决问题形成了各层次有机结合的统一体。这个统一体就是马克思主义理论解释力提升体系的层次结构，厘清这一层次结构有助于帮助我们沿着正确的框架指引开展体系建构的具体任务。

一般而言，"任何一门科学的理论体系，都应由其特定的概念、原

理、范畴和规律所构成"，所以，马克思主义理论解释力提升体系建构的层次结构"必须从构建起整体性的范畴体系开始……然后将一些重要的基本范畴分层次归纳到范畴框架之中，最后通过梳理框架中各部分所包含的基本范畴之间的联系和逻辑关系来构建马克思主义整体性的范畴体系"。①根据这种认识，马克思主义理论解释力提升体系建构的层次结构就有了明确的指向：在把握马克思主义理论解释力提升体系建构的整体性范畴或核心层次引领的基础上，并分析其涉及马克思主义理论解释力提升体系建构的其他层次，最后总结梳理出完整的马克思主义理论解释力提升体系建构的层次结构。

（一）马克思主义理论解释力提升体系建构的核心层次结构

核心层次符合"必须从构建起整体性的范畴体系开始"的思想理念，这是建构马克思主义理论解释力提升体系层次结构的第一步。前文已经指出，马克思主义理论解释力提升体系生长发育于发现问题。那么，到底发现了什么问题，才催生了建构马克思主义理论解释力提升体系？简单一点说，就是因为理论存在不足，或人们无法解释、宣传它，或无法理解、接受、运用它，才具有了问题意识。这个问题意识也可以折射出马克思主义理论解释力提升体系的目的，即在于提升马克思主义理论的解释力。但是，"目的性是价值原则的核心"②。根据这种认识，也就可以把核心层次理解为目的层次（如图3-1所示）。

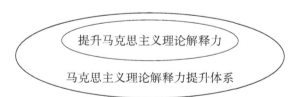

提升马克思主义理论解释力

马克思主义理论解释力提升体系

图3-1 简明性马克思主义理论解释力提升体系的核心（目的）层次结构图

既然提升马克思主义理论解释力是马克思主义理论解释力提升体系的

① 转引自李昆明. 马克思主义基本原理研究报告（2010—2012）[M]. 北京：人民出版社，2013：113.

② 李秀林，汪永祥. 辩证唯物主义原理（修订本）[M]. 北京：人民出版社，1991：548.

核心层次，那么如何提升马克思主义理论解释力就成为摆在面前的第一个问题。结合前文所分析的提升马克思主义理论解释力的三个具体层面——发展马克思主义理论、传播马克思主义理论和实践马克思主义理论，便可以得出结论。只有先解决了这三个问题，问题意识才能解决，才能提升马克思主义理论的解释力。因此，发展马克思主义理论、传播马克思主义理论和实践马克思主义理论这三个内容就是马克思主义理论解释力提升的主要任务（如图3-2所示）。

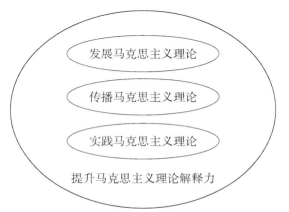

图3-2　马克思主义理论解释力提升任务分解图

需要注意到，马克思主义理论解释力提升任务分解图中的各组成部分，并不是固定不变的，其中内含着更为具体的任务。发展马克思主义理论包含了完善和创新等推进马克思主义理论向前发展的方式方法；传播马克思主义理论不仅仅是宣传，其中还蕴含着如何解释的问题；实践马克思主义理论的前提是理解、接受马克思主义理论。因而，这三个问题又分别衍生出了不同内涵的具体任务①，即发展马克思主义理论的具体任务、传播马克思主义理论的具体任务和实践马克思主义理论的具体任务（如图3-3、3-4、3-5所示）。

---

① 这三个具体任务都涵盖着"不正确方式或效果"的问题，即便是错误的发展、错误的宣传或者错误的运用都是属于其中应有之义。显然，这里强调的是，只有正确的方式或结果，才能更好地提升马克思主义理论的解释力。

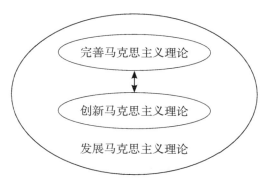

图3-3　发展马克思主义理论任务分解图

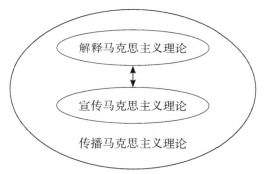

图3-4　传播马克思主义理论任务分解图

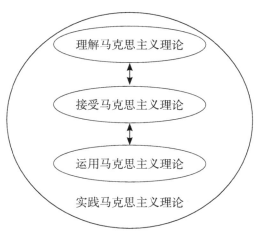

图3-5　实践马克思主义理论任务分解图

　　图3-3显示，发展马克思主义理论是由完善和创新马克思主义理论等内容共同构成的。完善和创新马克思主义理论是相辅相成、互相促进的，

通过完善马克思主义理论，有利于推进这一理论的创新，而创新马克思主义理论，又为完善这一理论提供了新任务、新方向。图3-4需要注意一点，内核层次的宣传马克思主义理论仅仅是指宣传，不包含解释等其他方面，外围层次的传播马克思主义理论范围更广，包含解释、宣传等其他方面。解释和宣传也是相互促进、相辅相成的，解释可以促进宣传，宣传也是为了更好地解释，宣传也是一种解释。与发展马克思主义理论不同的是，实践马克思主义理论所涉及的理解、接受、运用马克思主义理论是逐次递进的。理解不等于接受，接受不一定可以运用。一般而言，要正确运用马克思主义理论，必先准确理解并接受马克思主义理论，三者之间的关系彼此联系，先后顺序也不能打乱。通过运用马克思主义理论，可能会发现运用中的问题，又反过来更好地推进理解、接受马克思主义理论。需要注意到，即便不理解马克思主义理论，也可能由于其他原因，在运用中感受到马克思主义的理论魅力，进而又在运用中理解马克思主义理论。所以说，图3-5就使得理解、接受和运用马克思主义理论形成了一个良性循环，三者之间互相联系、相辅相成。

在这里，把上述所分析的各个层面主要任务综合起来，就可以建构出一个完整意义上的马克思主义理论解释力提升体系核心（目的）层次结构（如图3-6所示）。

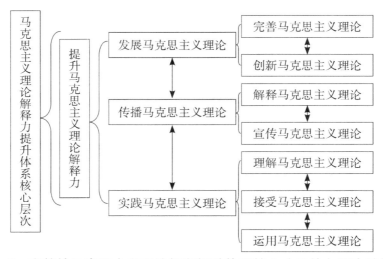

图3-6 完整性马克思主义理论解释提升体系核心（目的）层次结构图

图3-6完整清晰地表达出马克思主义理论解释力提升体系的核心（目的）层次。发展、传播和实践马克思主义理论都是马克思主义理论解释力提升体系核心（目的）层次的子系统。它们虽然地位同等，但是又略有区别，互相联系、相辅相成。从区别方面来看，它们在马克思主义理论解释力提升体系中的作用不同：发展马克思主义理论重在从理论形态上完善并创新丰富马克思主义的理论内容；传播马克思主义理论是重在怎么更好地解释、宣传马克思主义理论；实践马克思主义理论重在怎么样让人们理解、接受、运用马克思主义理论，并从实践中验证马克思主义理论。从互相联系、相辅相成方面来看：发展马克思主义理论是传播、实践马克思主义理论的基础和前提，如果不能较好地发展马克思主义理论，传播、实践马克思主义理论便失去了可靠的理论资源和理论支撑。传播、实践马克思主义理论，又有助于在实践中或在传播中发展马克思主义理论。传播马克思主义理论是中介，正是因为有了传播，才沟通了发展与运用马克思主义理论之间的桥梁。实践马克思主义理论是目的，发展、传播马克思主义理论的最终目的在于更好地指导人们的实践。总之，发展、传播和实践马克思主义理论三者互相促进，共同作用于马克思主义理论解释力提升的效果，也共同彰显出建构马克思主义理论解释力提升体系的重大意义。

（二）马克思主义理论解释力提升体系建构的主体层次结构

一个体系的建构，如果仅仅有核心目标的指引，只能为我们提供大致的方向，因此还离不开主体的参与，马克思主义理论解释力提升体系的建构亦是如此。从这一点上来看，还要从主体视域分析其影响马克思主义理论解释力提升体系建构的层次结构。

主体视域中马克思主义理论解释力提升体系建构层次结构的核心目的分别蕴含着"谁发展""谁运用"的问题。尽管二者都涉及"谁"这一主体，但是二者的主体却又有所不同。发展马克思主义的主体更应该倾向于领袖群体和理论家主体等一些具有理论素养和科研能力的人，[①]而运用马克思主义的主体，除了领袖群体和理论家主体之外，更应该是广大的普通群众，特别是那些知识水平较低，对马克思主义不甚了解的人。需要认识到，仅仅认清了"谁"这一问题，并不等于就弄清了主体的层次结构，因为主体是否具有坚信马克思主义的思想理念，是否具备发展马克思主义理论的能力，是否能够正确运用马克思主义理论等问题，也是制约其建构马克思主义理论解释力提升体系的重要因素。由此可见，必须分别从主体理念和主体运用两个视角去分析马克思主义理论解释力提升体系建构的主体层次结构（如图3-7、3-8所示）。

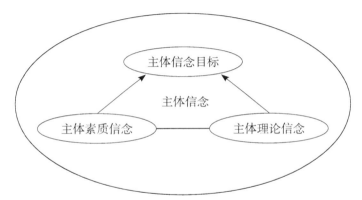

图3-7　马克思主义理论解释力提升体系建构的主体信念层次结构图

---

① 关于完善和发展马克思主义理论的主体问题，学术界观点不一。主要有"领袖群体、知识分子、人民群众"说，参见陈金龙. 马克思主义中国化的主体探析［J］. 马克思主义研究，2010（05）：117—123. "领袖人物主体、理论工作者主体和人民群众主体"说，参见张泽强. 理解马克思主义中国化主体需要注意把握的几个关系［J］. 思想理论教育，2012（02）：56—59. "中国共产党和人民群众"说，参见王越芬，王馨悦. 对马克思主义中国化主体的再思考［J］. 东北师大学报（哲学社会科学版），2012（03）：1—3. 等观点。本文承认人民群众也是完善和发展马克思主义理论的主体。但是基于部分群众不能肩负起完善和发展马克思主义任务，所以，更加细致划分了主体的分类，把理论家和领袖归类于组织者、参与者，把人民群众归类于被动者、接受者。

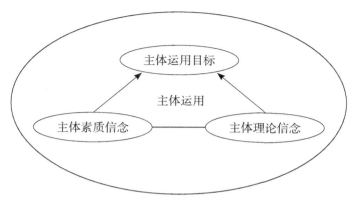

图3-8 马克思主义理论解释力提升体系建构的主体运用层次结构图

从图3-7可以看出，影响建构马克思主义理论解释力提升体系的主体信念层次结构因素主要有三：关于主体的信念目标，强调的建构马克思主义理论解释力提升体系应达到的合理性目标和应该具备达到目标的基本信念，这是整个主体信念层次结构的目的归属；关于主体素质的信念，强调的是建构马克思主义理论解释力提升体系的主体应该要达到的基本素质要求；关于理论信念，强调的是马克思主义理论的自身科学与否。三个层次紧密联系，共同构成了主体信念的层次结构，是马克思主义理论解释力提升体系层次结构中的子系统。其中主体素质信念和理论信念是同一层次的，具备了这两个基础的因素，再加之主体信念目标的引领和招手，通过主体的努力，可以达到坚信马克思主义理论的目标信念。需要指出的是，由于我们这里的分析是按照"理论家主体通过发展马克思主义理论，让那些对马克思主义不甚了解的人运用马克思主义"路径进行的。所以，对于理论家主体和对马克思主义理论不甚了解的人而言，在主体信念层次结构中的理论信念方面就有所不同。从理论家主体方面来看，强调其必须在坚定马克思主义信念的基础上建构这一提升体系。而对于那些对马克思主义不甚了解的群众而言，则强调对其产生影响的外围因素（如宣传教育、环境影响等），直到这些外围因素促使他们具备理解、接受和运用马克思主义理论的基本水平。如果主体不能正面回答这三个问题，便不可能肩负起建构马克思主义理论解释力提升体系的重任，而一旦建构主体出现这种情况，即便有着正确的建构理念和科学的建构规范、建构方法，建构任务也会因为失去主体这一最活跃的因素而成为无源之水，根本无法完成。

图3-8显示，马克思主义理论解释力提升体系建构的主体运用层次结构由三部分组成，即主体运用目标、主体素质信念和主体理论信念。其中，主体运用目标强调的是主体应该具备能够运用马克思主义理论的目标，是主体运用层次结构的目标归属；主体素质信念强调的是主体能够运用马克思主义理论的基本素质、能力；主体理论信念强调的是主体能够理解、接受、运用马克思主义理论的信念。需要注意，图3-8所展示的主体运用层次结构，与主体信念层次结构是同级的。但是相比较而言，主体运用层次结构比主体信念层次结构更为重要，原因在于，"运用理论观察、解释、处理实际问题，这就是目的"①。在这个意义上，可以看出，主体运用层次结构更能凸显马克思主义理论解释力提升体系建构目的层次的重大意义。

在具备主体信念和主体运用的前提下，只要把这两个方面的内容综合在一起，就可以展示出马克思主义理论解释力提升体系主体层次结构的具体内容（如图3-9所示）。

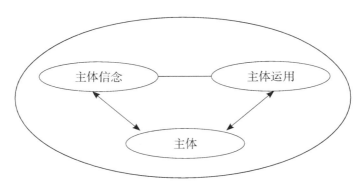

图3-9　马克思主义理论解释力提升体系建构的主体层次结构

关于图3-9，有两点需要说明：在三者的关系上，一方面，主体信念和主体运用是同级的，二者共同推进马克思主义理论解释力提升体系建构

---

① 刘少奇选集（下卷）［M］．北京：人民出版社，1985：49.

的主体层次结构，共同推进主体的发展；另一方面，主体得到了一定程度的发展，又可以推进主体信念和主体运用。在主体层次上，仍然依赖于前文对主体层次的划分，也就是把主体划分为两个层次，一个层次是主动者、推动者，另一个层次是被动者、接受者。图3-9中所涉及的主体信念、主体运用、主体三个内容，不具备划分不同主体区分的意蕴。也就是说，不管哪类主体，都适用于马克思主义理论解释力提升体系建构的主体层次结构的内涵所指。

（三）马克思主义理论解释力提升体系建构的方法层次结构

为了达到提升马克思主义理论解释力的目的，正确的方法技术必不可少。但如果只讲究方法技术的运用，而忽略了方法理念的话，就会陷入到方法的自我找寻中，迷失正确的方向，马克思主义理论解释力提升体系的建构也只能是盲人摸象，甚至会丧失马克思主义的政治底线和政治原则。[①]这样看来，马克思主义理论解释力提升体系建构的方法层次结构，至少应该包含着方法指引理念（理念或思想层面）和方法技术（技术或实践层面）两个层次。只要把两方面的内容糅合在一起，就可以组成马克思主义理论解释力提升体系建构的方法层次结构（如图3-10所示）。

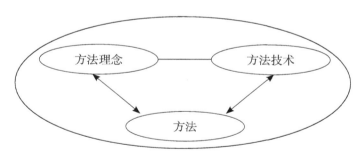

图3-10 马克思主义理论解释力提升体系建构的方法层次结构

---

① 有学者认为，政治理念具有较强的弹性和变通性，其背后隐含着政治信念的支撑，不同的人具有不同的政治理念和价值观念，所以，政治价值体系的建构必须考虑到政治理念，参见张铭. 政治价值体系建构：理论、历史和方法［M］. 北京：社会科学文献出版社，2012：48—51. 我们这里所说的"建构理念"就是参见"政治理念"这一概念得出的结论。需要指出的是，不同学科对"理念"概念的解释有所不同。在这里，"方法理念"的概念是放在马克思主义理论学科视域中予以考察的，它具有较强的意识形态色彩，强调马克思主义的意识形态引领作用。

图3-10中，方法理念和方法技术是马克思主义理论解释力提升体系建构的方法层次结构的主要组成部分，二者是同级的，共同作用于马克思主义理论解释力提升体系的建构，最终为这一体系的建构方法提供理念上和方法上的具体指引。不管其能否找到准确的方法，都可以进一步为理顺或纠正方法理念和方法技术提供具体的反馈，以便更好地为完善马克思主义理论解释力提升体系建构的方法层次贡献力量。

方法技术强调的是在马克思主义理论解释力提升体系的建构过程中，始终围绕着其核心目的要遵循的基本方法，体现出来的是具体的建构行为。不同的研究内容，会运用到不同的方法技术，对于这一点，主要是通过不同的学科内容表现出来。在马克思主义理论解释力提升体系建构这个问题上，除了运用到马克思主义理论学科的基本方法技术之外，其核心内容还会涉及其他不同学科的方法技术（见表3-1）。

表3-1　马克思主义理论解释力提升体系建构核心的学科方法技术层次结构表

核心目的	一级目的	二级目的	涉及学科
马克思主义理论解释力提升	发展马克思主义理论	完善马克思主义理论	哲学、政治学等
		创新马克思主义理论	创新学、哲学等
	传播马克思主义理论	解释马克思主义理论	解释学、语义学等
		宣传马克思主义理论	传播学、管理学等
	实践马克思主义理论	理解马克思主义理论	心理学、社会学等
		接受马克思主义理论	传播学、解释学等
		运用马克思主义理论	管理学、历史学等

应该看到，方法技术的选择，很容易受到主体因素的影响。由于主体有不同的差异，即使面对同一问题，在方法技术的选择上，也会有所差异。究竟运用何种方法技术与主体层次结构中所涉及的主体的知识水平、基本素质、建构理念等因素不无关联。如主体知识水平较高，就可能运用较多的方法技术。随着主体素质和能力的提升，即便同一主体，在不同的时间范围内，可能也会运用多种方法。总之，一定要意识到，方法技术也

有它自身的弹性发展空间，是灵活多样的，绝对不仅仅是一种或少数几种。随着科学技术的发展和研究技术的更新，方法技术也会越来越丰富。

为了有效地说明表3-1中的方法技术问题。在这里，以本书的主要研究内容，即理论完善的方法技术为例。本书主要选取理论整合、提升模型和提升范式作为马克思主义理论完善的三种方法技术，它们所涉及的学科方法技术，除了马克思主义理论学科之外，还有其他学科。理论整合运用到的学科方法技术主要涉及哲学、未来学等不同学科，提升模型则用到管理学、心理学等不同学科，提升范式则运用哲学、经济学，甚至是学科交叉方法技术。当然，这里所说的三种方法技术里所涉及的不同学科内容，并不是仅仅局限于这些学科，如果不同主体（研究这一问题的不同人）掌握了其他不同学科的专业知识，也可以在这三种方法技术中尝试着开展运用。

理论整合、提升模型和提升范式三种方法技术属于平级层次，三者都可以独立形成一种有自身特色的马克思主义理论完善的方法技术，都可以为马克思主义理论解释力提升体系的建构增添色彩。从这一点上来看，三者并不存在着制约关系。但是，当把三者集中于整个马克思主义理论完善视域中，便可以共同作用于马克思主义理论本身，发挥出三者互相辉映的良好效果，从而也就有助于更好地推动马克思主义理论趋于完善。

方法理念是指导马克思主义理论解释力提升方法技术的基本思想和基本经验。从形成机理上来看，这种方法理念是在坚持主体信念的基础上，结合马克思主义理论解释力提升的具体实际，由主体信念派生或延伸出来的。从所体现出来的构建精神来看，是广泛涵盖了基本指导思想、技术规范、传统思维等内容，是确保夯实提升马克思主义理论解释力方法技术的精神指引。在这一意义上，也就体现出，相对于马克思主义理论解释力提升体系建构的主体信念层次结构而言，基本理念的层次结构更为细致、具体。这也就是说，方法理念的层次结构更能为马克思主义理论解释力提升体系的科学建构提供具体细致的指导，特别是理论方法技术上的指导（如图3-11所示）。

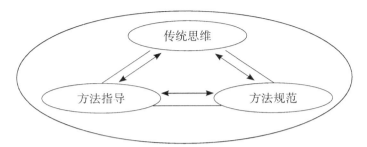

图3-11　马克思主义理论解释力提升体系建构核心的方法理念层次结构图

图3-11显示，方法指导、传统思维、方法规范是马克思主义理论解释力提升体系建构核心的方法理念层次结构的重要组成部分。在这三个要素中，方法指导规定了依靠什么方法来指导的问题；传统思维规定了传统建构马克思主义理论解释力提升体系的基本原则、方法、经验和教训等；方法规范决定着方法技术所要求遵循的基本规律、路径和注意事项等。这三个要素之间的关系既是平等的，又是互相影响的。需要注意的是，这里所提出的马克思主义理论解释力提升体系建构核心的方法理念层次结构所涉及的三个要素并不是固定的。一方面，除了这三个要素之外，还可能存在着其他要素，在这里只是分析出了影响马克思主义理论解释力提升体系建构的方法理念层次所涉及的关键要素。另一方面，这三个要素是随着历史与时代的变化不断发展的，不是固定不变的，而是随着时代或思想的变化发生着一定程度的改变。

总结上述关于马克思主义理论解释力提升体系建构所涉及的核心层次结构、主体层次结构和方法层次结构，就可以组建完整意义上的马克思主义理论解释力提升体系建构的层次结构图（如图3-12所示）。

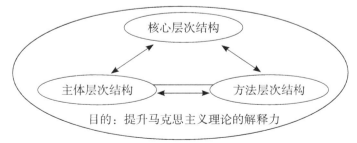

图3-12　马克思主义理论解释力提升体系建构的层次结构图

图3-12为我们全面展示了马克思主义理论解释力提升体系建构的层次结构，它是由核心层次结构、主体层次结构和方法层次结构共同组成的。其中核心层次结构是建构马克思主义理论解释力提升体系的目标指引，方法层次结构是建构马克思主义理论解释力提升体系的基本武器，主体层次结构是掌握方法层次结构的"英勇战士"。沿着核心目标的指引，主体层次结构和方法层次结构紧密结合起来，共同作用于马克思主义理论，就可以达到最终的建构核心目的，即提升马克思主义理论的解释力。从关系上来看，主体层次结构与核心层次结构存在着互相影响的关系，核心层次结构与方法层次结构也存在着互相影响的关系。而主体层次结构与方法层次结构，不仅存在着互相影响的关系，而且还是平级关系，这就是三者之间的互相关系。正确地把握了这三者之间的关系，就等于抓住了马克思主义理论解释力提升体系建构中的所涉及的主要问题。

三、马克思主义理论解释力提升体系建构的基本原则

所谓原则，即说话、行事所遵循的准则或规范。马克思主义理论解释力提升体系的建构也有一定的准则，正确的原则是建构马克思主义理论解释力提升体系的旗帜方向。具体来说，在马克思主义理论解释力提升体系的建构中，其基本原则主要有尊重客观规律与发挥主观能动性相统一、坚持整体推进与重点突破相统一、坚持理论学科阵地与意识形态建设相统一、坚持理论自信与理论发展相统一、把握时代脉搏与现实问题相统一等。

（一）尊重客观规律与发挥主观能动性相统一

辩证唯物主义认为，尊重客观规律是人类正确认识世界和改造世界的基础前提，发挥主观能动性是人类提升认识能力和增强创造性的重要条件。人类要更好地认识世界和改造世界，既要实事求是地尊重客观规律，又要积极主动地发挥主观能动性，做到尊重客观规律与发挥主观能动性相统一。对于马克思主义理论解释力提升体系的建构而言，同样也需要遵循尊重客观规律与发挥主观能动性相统一的基本原则。

要遵循哪些客观规律？马克思主义理论解释力提升体系的建构，涉及主体、建构对象、推进方法等一系列问题。从这一层面上来看，就需要尊重主体发展规律、马克思主义自身的理论规律，以及推进方法规律等。主体发展规律即人的发展规律，包括人的身心发展的不平衡性、顺序性、阶段性、互补性、个体差异性等规律；马克思主义自身的规律主要包括其内在蕴含的唯物论、辩证法、认识论、唯物史观等一系列关于正确认识世界和改造世界的基本立场、观点和方法上的规律；方法上的规律涉及较广，不用的内容涉及的方法也略有不同。从某种程度上讲，只要能够推进马克思主义理论解释力提升体系的建构，只要能够提升马克思主义理论解释力的方法，都可以在尊重其规律的基础上尝试着借鉴运用。那怎么样发挥人的主观能动性呢？一是要树立正确的思想意识。深刻意识到马克思主义理论解释力提升体系建构的重要性，自觉提升马列主义理论水平，自觉肩负起发展、传播和实践马克思主义理论，并巩固马克思主义一元意识形态指导地位的重任。二是要从实际出发。这个实际，就是马克思主义理论解释力提升体系所涵盖的诸多内容，也就是立足于马克思主义理论解释力的现实问题，尊重马克思主义理论解释力提升体系所涉及的一些基本规律。善于研究新情况、解决新问题。三是要不断积累自身的能力，为马克思主义理论解释力提升体系的建构增添力量。不仅要提升文化知识水平、精神道德素质，还要把各方面的能力投入到马克思主义理论解释力提升体系建构的工作中去。总之，在马克思主义理论解释力提升体系建构的整个过程中，以及在面对其中所涉及的诸多问题时，必然要把尊重客观规律与发挥主观能动性这两个方面的基本原则有机结合起来，二者都不能有所偏废。失去了尊重客观规律，马克思主义理论解释力提升体系的建构将会出现偏差和错误，甚至会受到规律的惩罚。失去了发挥主观能动性，马克思主义理论解释力提升体系的建构将会毫无动力，甚至丝毫不能有所前进。

（二）坚持整体推进与重点突破相统一

马克思主义理论解释力提升体系建构是一项庞大系统的工程，其中所涉及的内容较多、范围也较广，各个方面的关联性也会显著增强。某一方面的建设和推进，也需要其他方面的协调并进。这也就是说，马克思主义理论解释力提升体系建构必须注重整体推进，重视系统性、协调性，防止孤立化、片面化。但是，整体推进并不等于笼统处理、不分主次，更不是"眉毛胡子一把抓"，而是要分清轻重缓急，具体问题具体分析。这就要求，不仅需要在整体上坚持科学规划、通盘筹划，做到整体推进，而且还要在重点中抓住主要矛盾，做到具体问题具体分析，加强关键问题的建设，才能在整体推进与重点突破的有机统一中有效地为马克思主义理论解释力提升体系建构提供指导。

之所以说马克思主义理论解释力提升体系涉及内容较多，涉及范围较广，是由影响这一体系的主要因素决定的。从前文的探讨中得知，这一体系受制于谁建构、怎么建构、建构什么、建构效果等一些问题。如果不能有效地解决这些问题，马克思主义理论解释力提升体系的整体性便会受到负面影响。如果再具体分析这几个基本问题，其中又包含着诸多注意事项。仅从"建构什么"这一问题上来看，尽管马克思主义理论是具体指向，但是由于其是一个庞大的理论体系，涉及经济、政治、文化、社会、生态文明、改革理论、党建等理论。就改革理论而言，邓小平曾经指出："改革是全面的改革，包括经济体制改革、政治体制改革和相应的其他各个领域的改革。"① 如果在改革的过程中，不能从整体上全面地开展改革，必将会影响到其他方面的改革。由此可见，如果不注重从整体上解决好其中每一个问题，这些问题又会反过来制约其他方面的建设，进而影响到马克思主义理论的整体发展，不仅直接消弭了马克思主义理论的解释力，而且还制约着其解释力提升体系的建构。所以说，从整体上抓住马克思主义理论解释力提升体系所涉及的每一个问题，推进这些问题向着正确的方向发展，是必须坚持的基本原则。

从重点突破的视角来看，马克思主义理论解释力提升体系尽管涉及的内容较多，但是并不意味着不分主次，而是要根据具体实践中出现的问题，重点抓住其中的关键环节，以此来带动马克思主义理论解释力提升体系建构。比如，对于群众普遍不理解的理论，要下大力气集中精力解决。

---

① 邓小平文选（第3卷）［M］北京：人民出版社，1993：237.

要及时总结在社会主义建设中出现的各种经验教训，并使之上升为理论，更好地指导和推进社会主义建设等。由此可见，重点突破的基本原则，不仅能够有效地解决影响全局的关键性问题，还能够为马克思主义理论解释力提升体系建构带来前进动力。

（三）坚持理论学科发展与意识形态建设相统一

马克思主义既是学科理论，又具有较强的意识形态性质。根据这一实际，马克思主义理论解释力提升体系的建构，必须注意这两个方面的问题。如果忽略了马克思主义理论学科的建设，马克思主义理论解释力提升体系建构便失去了学科基础和发展动力。如果淡化了马克思主义意识形态的指引，马克思主义理论解释力提升体系建构便失去了政治方向和招引旗帜。从这个意义上来看，把马克思主义理论学科发展与意识形态建设统一起来，就成为建构马克思主义理论解释力提升体系必须要坚守的重要基本原则。

马克思主义理论学科具有极强的包容性，恩格斯曾经很明确地指出："马克思的整个世界观不是教义，而是方法。"[①]根据恩格斯的观点，马克思主义理论学科的发展，脱离不了它自身所提供的方法，进而去丰富和完善其自身。这种丰富和完善，不仅是发展马克思主义理论的必然需求，也是进一步推动马克思主义理论解释力提升体系建构的必然要求。马克思主义理论必须具备那种"打铁还需自身硬"的优良品质，并使之成为相对完善的真理，才能为牢牢抓住马克思主义理论解释力提升体系的核心问题提供基础理论前提，才能更好地让人们理解和接受马克思主义理论，也才能更好地推进马克思主义理论解释力提升体系建构、完善和发展。

马克思主义理论是社会主义革命、建设和改革的思想指导，只有牢牢坚持和巩固它在意识形态上的指导地位，才能更好地推动各项事业的发展。邓小平曾经很明确地指出："中国革命和建设的实践证明，什么时候离开了马克思主义的基本立场、观点和方法，什么时候的革命和建设事业就会遭受挫折，什么时候坚持了马克思主义与中国的实际相结合，革命和

---

① 马克思恩格斯选集（第4卷）［M］. 北京：人民出版社，2012：64.

建设就会比较顺利地发展。"①习近平总书记强调指出："马克思主义是我们立党立国的根本指导思想。背离或放弃马克思主义，我们党就会失去灵魂、迷失方向。在坚持马克思主义指导地位这一根本问题上，我们必须坚定不移，任何时候任何情况下都不能有丝毫动摇。"②马克思主义理论解释力提升体系的建构，必然始终坚持马克思主义意识形态的引领，这不仅是中国革命、建设和改革取得成功的经验借鉴，更是坚持和发展马克思主义理论，推动马克思主义理论解释力提升体系建设的基本原则要求。

需要注意到，坚持马克思主义理论学科发展还可以进一步加强马克思主义意识形态的指导地位，原因在于，一旦马克思主义理论获得一定程度的发展，就更接近真理，就能够更好地指导具体实践，就更能够促使人们理解它、接受它、运用它。这也就是说，马克思主义理论更易于得到人们的认同。这样，马克思主义意识形态的指引作用便可以更好地发挥出来。

（四）坚持理论自信与理论发展相统一

当代中国正在推动着高度的理论自信，如何才能做到理论自信？应该看到，仅用宏大叙事的高调宣讲还远远不够，必须落到具体的"理论"上，微观探究理论自信的理论源泉，才能为增进理论自信夯实基础。也就是说，必须运用完善理论、发展理论的方式，让理论更接近真理状态，更好地指导实践，才能进一步推进理论自信。概括起来就是，必须把理论自信与理论发展紧密结合起来，做到二者的有机统一。在理论自信的指引下，进一步发展和完善理论，并在此基础上，更好地推进理论自信。马克思主义理论解释力提升体系的建构，也需要这种精神状态，不仅要具有马克思主义理论的真理性意识，做到马克思主义的理论自信，而且还要在此基础上，进一步完善和发展马克思主义理论，在马克思主义理论自信与发展马克思主义理论的有机结合中推动马克思主义理论解释力提升体系的建构。

---

① 阎建琪，高屹．《邓小平关于建设有中国特色社会主义的论述专题摘编》学习讲座［M］．北京：人民出版社，1993：193.

② 中共中央文献研究室．习近平关于全面从严治党论述摘编［M］．北京：中央文献出版社，2016：69.

"实践是检验真理的唯一标准。"中国革命、建设和改革的具体实践所取得的成绩表明，马克思主义理论是被实践证明了的正确的理论原则和经验总结，这就是做到马克思主义理论自信的源泉。这种自信，绝不是宏达叙事的高调宣言，也不是停留于口号上的一句套话，而是在具体实践中所形成的关于马克思主义理论的精神信仰。它有着丰富的内涵，主要表现在对马克思主义理论的信仰、信服、信心和信念等方面上。① 马克思主义理论解释力提升体系的建构，仍然必须坚持马克思主义的理论自信，特别是要以坚持信仰、信服、信心、信念的态度坚定马克思主义的理论自信。当然，坚持马克思主义的理论自信，绝对不等于沉迷于一般层面上的理论自信，而是要通过一定的方式方法达到高度层面上的马克思主义理论自信。

怎么样才能达到高度层面上的马克思主义理论自信？发展马克思主义理论便是促使该理论更接近真理状态，更好地指导实践，进而达到马克思主义理论自信的有效方法。一旦达到这个目的，就意味着发展马克思主义理论的方法可以提升马克思主义理论的解释力。这样看来，也就等同于有助于推进马克思主义理论解释力提升体系的建构。与此同时，由于建构马克思主义理论解释力提升体系的任务要求，又会不断地发展马克思主义理论。需要注意，这种发展的方法来自于马克思主义理论自信的精神信仰观照。正是在这种观照中，马克思主义理论解释力提升体系的建构才有了明确的方向指引和精神动力。具体地说，发展马克思主义理论不仅为提升马克思主义理论的解释力提供了关键方法，找到了马克思主义理论解释力提升体系建构的核心内容，而且还推动着马克思主义理论的高度自信，做到了马克思主义理论自信与发展马克思主义理论的有机结合。

（五）把握时代脉搏与解决现实问题相统一

社会主义建设事业是一个动态的发展过程，其中必然会出现各种各样的新形势、新问题。这就要求马克思主义理论解释力提升体系的建构、调整以至后续推进完善等工作，不是一朝一夕就可以完成的，而是需要紧密

---

① 孙正聿. 为什么要用马克思主义理论支撑我们的理想信念 [J]. 党建，2014（05）：33.

把握时代脉搏，依据时代变化适时地作出调整。这不仅是马克思主义与时俱进的理论要求，也是完善马克思主义理论解释力提升体系必须要注意的重大问题。但是，把握时代脉搏并不等同一味地追逐时代潮流，而是要在时代机遇中深刻地回答现实问题，特别是要集中解决那些影响范围较广、事关全局的重大问题，这样才能发挥出马克思主义理论解释力提升体系与时俱进的优良品质，也能够在具体实践中提升马克思主义理论的解释力，并彰显出马克思主义理论解释力提升体系的重大价值和意义。从这一点上来看，在时代脉搏中深刻回答现实问题，就成为马克思主义理论解释力提升体系建构必然要遵循的重大原则。

在马克思主义理论解释力提升体系的建构、调整以及后续完善的过程中，应该怎么样才能更好地坚持把握时代脉搏和解决现实问题这个基本原则呢？一是在密切关注时代变化，从时代变化的需求中析出具有重大影响的现实问题，并尝试着运用马克思主义理论去解决这些问题，彰显马克思主义理论的现实解释效力。二是在未来时代的具体实践中，积极总结社会主义建设的基本经验，完善马克思主义的理论形态，彰显马克思主义理论的旺盛生命力。三是解放思想，打破固有思想的束缚，在把握时代主题的基础上，不断创新马克思主义理论，用最新的马克思主义理论成果武装人们的思想，彰显马克思主义理论的思想引领作用。总之，坚持把握时代脉搏和解决现实问题相统一的基本原则，可以有效地为马克思主义理论解释力提升体系的建构、调整以及后续完善提供参考依据和动力支撑，是必须要坚持的重要原则。

四、马克思主义理论解释力提升体系建构的主要方法

科学理论体系的建构方法多种多样，不同学科体系的建构也有所差异。马克思主义理论学科所涉及的体系建构方法主要有历史与逻辑相统一、从抽象上升到具体、归纳与演绎、分析与综合等多种方法。尽管这里所建构的马克思主义理论解释力提升体系是任务体系，而不是理论体系，但是马克思主义理论学科所提供的体系建构方法，仍然可以为其自身理论

的解释力提升体系建构提供具体方法指南。当然，在具体方法的运用上，还可以依据具体的研究内容选择借用其他学科的方法。在这里，主要是选用了理想化模型建构法。

（一）历史与逻辑相统一的方法

历史方法是依据事物自身的发展历程、演进脉络、存在形态等因素对事物加以描述的研究方法。这种方法重在通过描述事物的发生发展现象，进而揭示事物发生发展的基本规律和内在机制。马克思主义理论解释力提升问题所涵盖的诸多方面，都是它们各自的历史发展进程。对于马克思主义而言，自从它问世后，就存在着怎么样发展它、宣传它、运用它的问题，探索这些问题的具体历史过程，也就是在总结和梳理马克思主义理论解释力的发展或提升历程。所以，马克思主义理论解释力提升体系的建构无法离开历史的方法。逻辑的方法则是运用抽象的概念、判断和推理等各种思维方式揭示事物的本质、规律，予以建构理论体系的方法。这种方法有助于从高度的理论形态审视事物的内部逻辑和内部各要素之间的互相关系。马克思主义理论解释力的提升是一个具有逻辑统一性的整体问题，内含着发展、传播和实践马克思主义理论的重要任务，而这些任务之中又内含着其他更为具体的任务，这些任务之间又存在着各种各样的逻辑联系。所以说，马克思主义理论解释力提升体系的建构自然也就需要逻辑方法的指导。

历史方法和逻辑方法都可以为马克思主义理论解释力提升体系的建构带来方法上的指导。历史方法是逻辑方法的基础，逻辑方法是历史方法的高度概括。如果说历史方法的主要任务在于呈现马克思主义理论解释力提升的发展演进历程及其诸多内容，而逻辑方法则是依据马克思主义理论解释力提升的历史进程获取的理论总结。如果仅从历史的方法中去分析马克思主义理论解释力提升问题，就会沉浸于一般事实材料的收集、堆砌中，可能会得出一堆与彼此之间互不联系的材料。如果仅从逻辑的方法去分析马克思主义理论解释力提升问题，就会陷入对一群概念、定律的抽象游戏中，无法得出事物内在的最本质的联系、规律和基本特征等结论。从这一点上来看，绝对不能割裂历史方法和逻辑方法二者之间的联系。也正是因为二者之间的紧密联系，才为马克思主义理论解释力提升体系的建构带来更为科学、更为有效的方法指导。

（二）由抽象上升到具体的方法

马克思认为，在认识的问题上，存在着"两条道路"："在第一条道路上，完整的表象蒸发为抽象的规定；在第二条道路上，抽象的规定在思维行程中导致具体的再现。"① 把这两条道路结合起来，就组成了由具体到抽象，再到具体的过程，这就是一个完整的认识过程，这一认识过程为马克思主义理论解释力提升体系的建构提供了新的方法，即从抽象上升到具体的方法。

需要指出，要科学运用从抽象上升到具体的方法，首先需要弄清楚一个基本问题，即马克思所说的第一条道路，"完整的表象蒸发为抽象的规定"，简单地说，这条道路就是从具体到抽象的道路。也就是说，必须先有"抽象"才能为运用从抽象上升到具体的方法奠定基础和前提。根据马克思的观点，"抽象"的获取就是把事物的"表象"转变成为一定的本质性或规律性的认识。一旦获取了这种"抽象的规定"（本质或规律性的东西），就可以把这种"抽象规定"视为逻辑起点，再通过逻辑中介（辩证思维方法或其他现代科技方法），最终达到逻辑终点（符合事物本质或规律的结论）的过程，这种由逻辑起点—逻辑中介—逻辑终点的过程便是由抽象上升到具体的过程。在马克思主义理论解释力提升体系建构这个问题上，从抽象上升到具体的方法，可以帮助我们依据"抽象的规定"分析出"具体再现"的表象材料或基本结论，也就是可以分析出马克思主义理论解释力提升相关问题的表象材料或基本结论。这为研究马克思主义理论解释力提升体系提供了可能性。所以说，这种方法可以从多种综合的本质规定中为体系的建构提供方法指引。

具体来说，在马克思主义理论解释力提升体系建构这个问题上，逻辑起点—逻辑中介—逻辑终点这样的全过程，所涉及的由抽象上升为具体的方法作用主要体现在：一是可以为马克思主义理论解释力提升确定逻辑

① 马克思恩格斯全集（第30卷）［M］. 北京：人民出版社，1995：42.

起点，并确定其发展方向，这种起点是掌握了事物的完整表象进而抽象出来的最简单、最本质的一般规定。二是可以安排好马克思主义理论解释力提升相关问题的前进过程。这一前进过程是在选定逻辑起点的基础上，在思维行程中再现马克思主义理论解释力提升相关问题的具体过程，其主要特征是由简单到复杂、由一般到特殊的循序渐进。三是可以为马克思主义理论解释力提升的相关问题确定逻辑终点目标。恰到好处的逻辑终点目标应该不仅从整体上反映出事物的"表象"，而且还应该反映出"抽象的规定"。简单一点说，就是要达到现象与本质相统一。所以说，马克思主义理论解释力提升相关问题的终点就是不仅要能够反映出对其发展现象的具体描述，还要反映出对其内在的本质的固有的规律性的规定。概括这里所分析的逻辑起点—逻辑中介—逻辑终点的运用过程，可以发现，从抽象上升到具体的方法能够有效促进表象与抽象之间的良好互动，是在运用"抽象"的基础上，对"具体"的再剖视，也是在把握"具体"的基础上，对"抽象"的再检验。

（三）归纳与演绎的方法

归纳法是由事物的一系列事实所推理出来的一般性结论或原理，它强调的是从个别到一般。但是，归纳并不是万能的，正如恩格斯所指出的那样："我们用世界上的一切归纳法都永远做不到把归纳过程弄清楚，只有对这个过程的分析才能做到这一点。"[①]恩格斯所说的这种"分析"就是指对归纳的一种演绎。演绎法是运用一般的原理去考察具体的事物，它强调的是由一般到个别。恩格斯同时又指出："但是只有认清它们是相互关联的、相辅相成的，才能做到这一点。"[②]这就是说，绝对不能割裂归纳与演绎两种方法之间的联系，在二者之间的联系中才能更好地考察事物。在这个意义上，把归纳与演绎紧密结合起来，就组成了由个别到一般，再由一般到个别的思维方法或事物考察方法。

归纳与演绎的方法在马克思主义理论解释力提升体系建构中发挥着重

---

① 马克思恩格斯选集（第3卷）［M］．北京：人民出版社，2012：930.
② 马克思恩格斯选集（第3卷）［M］．北京：人民出版社，2012：930.

要的方法指导作用。归纳的方法可以在分析马克思主义理论解释力提升中的某一个问题的基础上，总结出马克思主义理论解释力提升的普遍特征、普遍规律等。演绎的方法可以依据所总结出来的普遍性因素，为马克思主义理论解释力所涉及的其他问题提供方法借鉴和研究思路。比如，本书之所以选取理论完善为研究对象，就是基于归纳法与演绎法互相结合得出的启示。文章以理论完善为研究对象，就可以在分析这一个体的基础上，总结出马克思主义理论解释力提升的基本路径、方法等普遍性结论，而依据这些普遍性结论，又可以为马克思主义理论解释力提升所涉及的理论创新、理论理解、理论宣传、理论接受和理论运用等方面的研究提供借鉴。

（四）分析与综合的方法

分析与综合的方法，是指为了更具体地分析事物，把事物的整体分解成为若干部分，为了抓住事物的本质和规律，又把分解出来的若干部分，综合为事物整体的方法。分析的方法有助于更加详细地了解事物的各个发展过程、各个侧面以及事物的各重要组成部分。综合的方法则有助于把事物的发展过程、各个侧面和各重要组成部分中的互相关系、共同因素总结出来。分析与综合的方法既相互对立又互相联系，共同推动着认识的深化和事物的发展。

马克思主义理论解释力提升体系中涉及的内容较为广泛，是由互相联系的各重要组成部分共同构成的。这种"事物多样性的统一"，为分析和综合方法的具体运用提供了较为充实的基础条件。在方法的具体运用上，首先，可以运用分析的方法把马克思主义理论解释力提升体系分解为三大块（发展马克思主义理论、传播马克思主义理论和实践马克思主义理论）；其次，再把这三大块具体分解为若干小块（完善、创新、解释、宣传、理解、接受、运用马克思主义理论等诸多问题），并分别对这些问题加以分析研究；再次，综合已经取得的关于若干小块问题的研究成果，从它们的互相联系中综合出共有的基本特征、本质属性等因素；最后，再运用概括出的基本特征和本质因素观照现象材料，分析这些现象材料的具体的内在结构等问题。从这里所指出的研究路径可以看出，运用分析与综合的方法，基本上做到了在分析的基础上进行综合，并在综合的指导下具体分析。如此反复地运用这种分析与综合相结合的方法，就可以自觉或不自觉地推动马克思主义理论解释力提升体系的建构及其后续完善。

（五）理想化模型建构法

上述四种方法是从理论层面所采用的思想指引，而要落实到具体实践上来建构马克思主义理论解释力提升体系，理想化模型法则是一个值得借鉴和运用的重要方法。

所谓理想化模型法，就是通过建立模型予以揭示事物的状态、构成要素、本质和特征等方面内容的方法。它的显著特点在于，突出强调研究对象的主要特征，而刻意忽略事物的次要特征。概括起来，这种理想化模型法就是"从复杂的、多变的现实对象出发，通过想象力对直观感性材料加以科学抽象，把现实客体加以纯粹化、理想化以便深入事物的本质，探索其发展规律"①。

本文所涉及的理想化模型方法的具体运用，可以设定马克思主义理论解释力提升体系所涉及的诸多内容的主要特征为研究对象，暂时撇开这些研究对象的次要内容，并尝试着依据不同研究对象的主要特征，从中抽出其中的基本规律。由于马克思主义理论解释力提升体系涉及的内容较多，所以，也就意味着可以依据不同的研究对象建构出不同的理想化模型。在完成这些工作之后，还可以依据不同研究内容的基本规律建构出一个整体意义上的理想化模型。

尽管理想化模型方法可以广泛运用于自然科学领域，但是，也绝对不能否认，这种方法对于马克思主义理论学科而言，有着很好的借鉴作用。②当然，除了马克思主义理论学科视域，也可以积极借鉴其他学科的方法建构理想化模型，或者采取多学科交叉的方法（本书第六章第二部分运用的就是这种方法）。到底选用何种学科，就需要依据具体研究对象来决定。但是，不管采取何种学科建构理想化模型，必须要遵从上述所谈到的理想化模型的建构路径和基本方法。

---

① 王克孝．辩证法研究［M］．北京：人民出版社，1993：535.

② 黄鲲森．马克思主义哲学体系的当代构建（下册）［M］．北京：人民出版社，2011：1030.

五、马克思主义理论解释力提升体系建构的哲学基石

每一个体系都需要哲学作为其基本依托和理论依据，马克思主义理论解释力提升体系也不例外。马克思主义哲学体系内涵丰富，主要包括唯物论、辩证法、认识论和历史唯物主义等哲学思想在内的理论体系。依据马克思主义哲学体系的构成内容，马克思主义理论解释力提升体系建构的哲学基石就有了明确的方向。具体来说，主要包括唯物论基石、辩证法基石、认识论基石和历史唯物主义基石等。

从马克思主义理论解释力提升体系的具体情况来看，作为一个有机系统，它要尝试解决的核心层次问题是如何发展马克思主义理论，如何传播马克思主义理论、如何实践马克思主义理论等相关问题。根据这一现实，马克思主义理论解释力提升体系建构的哲学基石，必须要能够为发展、传播和实践马克思主义理论提供最基础的哲学指引。

何谓基石？判断基石的标准是什么，只有首先弄清楚这些基本问题，才可以为准确地找到马克思主义理论解释力提升体系建构的哲学基石提供参考依据。有学者专门就基石进行了分析，认为基石和前人的理论直接对立，具有创新性；能提供解决最复杂的问题的钥匙，具有关键性；能使整个学说发生变革，具有全局性。①根据这个观点，再结合马克思主义理论解释力提升体系所涉及的核心内容，就可以分析出马克思主义理论解释力提升体系建构的哲学基石。

（一）面向现实的唯物论基石

马克思主义唯物论强调世界统一于物质，物质第一性、意识第二性，物质决定意识、意识反作用于物质。这一哲学理论教育我们在认识世界和改造世界的一切活动中要面向客观现实。"人们决心在理解现实世界（自然界和历史）时按照它本身在每一个不以先入为主的唯心主义怪想来对待它的人面前所呈现的那样来理解。"②这里所说的"按照它本身"就是指

---

① 聂运麟. 论中国特色社会主义的理论基石［J］. 马克思主义研究，2009（11）：71—85.
② 马克思恩格斯选集（第4卷）［M］. 北京：人民出版社，2012：242.

面向现实，是指依据事物的本身、需要或者事物的规律去认识改造世界，它与"先入为主的唯心主义怪想"尖锐对立。正是在这个意义上，马克思主义唯物论的科学性就表现得淋漓尽致，甚至还有人认为马克思主义哲学是面向现实的哲学。①依据马克思主义理论解释力提升体系的建构核心目的，可以得知，马克思主义理论解释力提升体系建构的现实具有两层意蕴：一方面指社会现实，也就是建构马克思主义理论解释力提升体系的社会现实，包括群众的认识水平如何、理解能力如何、实践能力如何等现实；另一方面指的是理论现实，也就是马克思主义的理论形态如何、理论发展程度如何、完善程度如何、创新程度如何、解释力提升的理论规律是什么等相关理论现实问题。也就是说，必须解决这些客观存在着的现实问题，才能达到马克思主义理论解释力提升体系的建构目的。换句话说，这些现实问题是摆在马克思主义理论解释力提升体系建构面前必须要解决的基本问题。也正是因为如此，面向现实就应该成为支撑马克思主义理论解释力提升体系这座大厦的唯物论基石。当然，如果我们从判定基石的基本条件去考察马克思主义理论解释力提升体系的基石，仍然也可以得出同样的结论。

首先，面向现实催生出马克思主义理论解释力提升体系的建构，是发展和实践马克思主义理论的一个创造。在辩证唯物论诞生以前，人们对世界本原的认识并不彻底，旧唯物主义（注：庸俗唯物主义不是旧唯物主义）虽然承认世界本原是物质形态或原子等一种或几种简单的物质，②发展了唯物主义，但是并没有认识到世界统一于多样性的物质，具有明显的机械性。正是因为这个原因，恩格斯把旧唯物主义形容为"他下半截是唯物主义者，上半截是唯心主义者"③，是没有面向现实的"半截子唯物主

---

① 张艳涛. 马克思开辟的哲学道路——我所理解的马克思哲学观［D］. 中共中央党校博士学位论文，2007.

② 古代朴素唯物主义把一种或几种物质形态看成是世界的本原，形而上学唯物主义认为自然科学意义上的原子是世界的本原，这两种唯物主义都是旧唯物主义。需要注意的是，旧唯物主义与庸俗唯物主义不同。旧唯物主义虽然在世界本原问题的认识上存在问题，但是承认意识的存在，而庸俗唯物主义不承认意识的存在，把意识绝对物质化，认为世界的本原只存在物质。

③ 马克思恩格斯选集（第4卷）［M］. 北京：人民出版社，2012：248.

义"。在马克思主义理论解释力提升体系建构这个问题上，我们必须遵循马克思主义关于唯物论的基本思想，积极面向马克思主义理论解释力的现实，不能做"半截子唯物主义"者。

马克思主义理论解释力的现实境况是什么？弄清楚这一问题有助于我们把握建构马克思主义理论解释力提升体系的现实境遇，并帮助我们深刻了解马克思主义理论解释力提升体系建构的唯物论基石。从当前的社会现实来看，理论自信的现实境遇呼唤着马克思主义理论的回归，也催生了马克思主义理论解释力提升体系的建构。除此之外，社会上不同阶层或群体对马克思主义认同现状也反映出来一定的现实问题。有学者调研大学生群体对马克思主义理论的认同状况，得出的结论大抵是总体状况较好，但是仍然还存有诸多问题，那些不甚了解、不会运用马克思主义理论，不了解最新理论成果的现象和人还广泛存在。[①]实际上，这些问题的解决，一刻也离不开马克思主义理论解释力的提升，而这一工作又是建构其解释力提升体系的核心内容。总结这里的分析，就可以得出结论：当前马克思主义理论所面临的现实境况催生了其自身解释力提升体系的建构，而这个提升体系又可以进一步发展、传播和实践马克思主义理论。

正是基于面向现实的唯物论指导，列宁、斯大林、毛泽东、邓小平等无产阶级革命领袖在实践中创造性地发展着并运用着马克思主义理论，产生了列宁主义、斯大林主义、毛泽东思想、邓小平理论等理论成果。在推进中国特色社会主义建设的历程中，也正是依据中国的现实情况，把马克思主义中国化推向了新的历史阶段。如改革开放政策的制定，就是依据当时中国贫困落后的现实，果断地把工作重心由"以阶级斗争为纲"转到"以经济建设为中心"，开启了中国特色社会主义这一新的历史征程。在这个历史进程中，不仅发展着马克思主义理论，而且又在发展马克思主义理论的进程中继续开创新的历史局面。这种在开创中的发展，就是立足现实，面向未来，以我们正在做的事情为中心，着力回答重大理论和实际

[①] 兰亚明．当代大学生马克思主义认同度现状分析及对策［J］．思想教育研究，2011（10）：82—85.

问题，在不断研究新情况、解决新问题的过程中，提出新观点，形成新认识，创建新理论。①

其次，面向现实是马克思主义理论解释力提升体系建构方法的关键性指导。方法问题是建构马克思主义理论解释力提升体系的媒介，其重要作用在于，通过运用正确的方法，搭建起马克思主义理论解释力提升体系大厦的支撑框架。这个支撑是什么？面向现实就能够回答这个问题，原因在于：从现实方面来看，解决了现实问题，特别是解决群众关心的重大问题，理论的认同度便可以显著增强，建构马克思主义理论解释力提升体系的现实重要性也就不言而喻。从理论层面来看，可以发现马克思主义理论存在的客观问题，特别是在进一步解决了这些理论问题的情况下，促使马克思主义有所发展，马克思主义的理论形态或理论基础便会更加完善、更加巩固。这样一来，马克思主义理论的解释力便会不断提升，建构马克思主义理论解释力提升体系的理论意义便得到有效彰显。从实践层面来看，面向现实催生着实践的探索，特别是在推进社会建设和人类社会历史发展进步的情况下，建构马克思主义理论解释力提升体系的实践意义也就得以有效体现。

再次，面向现实贯穿马克思主义理论解释力提升体系建构内容的各个方面。马克思主义理论解释力提升体系的建构，涉及建构基础、建构目标、建构原则、建构方法等问题。在这些问题当中，面向现实都贯穿其中，一方面体现在面向现实的精神指导作用上。从前述两个方面可以看出，面向现实催生并引导着马克思主义理论解释力提升体系的建构，如果脱离了现实，这一提升体系建构的全过程将毫无意义、失去方向。正是在这种意义性和方向性的指导下，建构任务才能沿着正确的道路越走越宽。另一方面，体现在面向现实的实际依据上。不管是从社会现实的角度出发，还是从理论现实的角度出发，建构马克思主义理论解释力提升体系所走的每一步都需要面向现实，如建构目标的设定，我们究竟要达到什么样

---

① 张彬，刘绥虎，廖作斌. 当代中国科学社会主义思想研究［M］. 北京：人民出版社，2005：59.

的建构目标，这要取决于现实需要什么。如果脱离了现实需求，目标的设定便不合理。另外，还要取决于理论的需求，如果建构目标不能引领理论的发展，甚至歪曲了理论，那就脱离了理论现实，这样的建构目标也不具备合理性。

（二）发展的辩证法基石

发展是辩证法的特征之一，发展的实质是新事物的产生、旧事物的灭亡。马克思主义理论解释力提升体系建构的核心层次告诉我们，其中所涉及的内容较多，而其中每一方面的内容又不是一成不变的，而是在不断发展的。究其原因就在于，一方面，从理论视角来看，马克思主义是发展着的理论；另一方面，从具体实践来看，在马克思主义理论的具体实践中，又会发展出新的实践特色。这样看来，必须用发展的眼光来看待马克思主义理论解释力提升体系建构所涉及的诸多问题，发展也就是其中必然蕴含的应有之意。而要发展马克思主义理论，就需要在把握整个马克思主义理论解释力提升体系的基础上，不断转变旧思维，创造新思想，积极探索发展马克思主义理论的新方法。由此可见，马克思主义理论解释力提升体系的建构，体现全局性、创新性、关键性的基本特征。

第一，发展的观点要求马克思主义理论解释力提升体系的建构要在融会贯通中把握全局。马克思主义理论解释力相关问题涉及范围较广、内容较多。只有把其中涉及的每一个问题都有所推进和发展，才能称之为完整意义上的马克思主义理论解释力的提升；也只有在这一意义上所建构的体系，才能称之为完整意义上的马克思主义理论解释力提升体系。如果忽略了发展，就等同忽略了提升，充其量只能算得上是马克思主义理论解释力的"内容体系"，而并非"提升体系"。可见，这里所说的发展，与提升是相互映衬的。没有发展，也就体现不出提升的蕴意。

但是，马克思主义理论解释力所涵盖的每一具体内容的发展，并不是孤立的发展，而是它们彼此之间互相联系的发展。一方面，它们彼此之间互相促进，每一内容的发展都可以促进其他内容的发展；另一方面，它们彼此之间又互相制约，每一内容的发展程度又决定着其他内容。比如理论完善与理论创新之间的关系：从互相促进上来看，理论完善可以为理论创新铺就坚实的基础，理论创新又可以为理论完善提供新的任务。从互相制约上来看，理论完善与否决定着能否顺利推进理论创新，能不能创新理论又决定着能不能为理论完善提出新任务。由此可见，在马克思主义理论解释力提升体系建构这个问题上，绝对不能割裂其中每一具体内容之间的互相联系，必须从全局视野中推进每一具体内容的发展。

第二，发展的观点要求马克思主义理论解释力提升体系的建构要在转变旧思维中创造新思想。马克思主义理论是随着时代的发展而不断推进、丰富创新的理论。在发展的过程中，也会面临各种各样的新形势、新问题。如果一味地运用同一种思维方式，或者不懂得因时而变、因势而变，抑或不能在未来的发展中总结新思想、创造新思维，马克思主义理论将无法肩负起预测未来的重任，因而也会在一定程度上消解其解释力。正是基于这一原因，马克思主义理论解释力提升体系的建构也必须要转变旧思维、创造新思想。在这个过程中，又可以有效地推动着马克思主义理论解释力提升体系的建构与后续变革。这正如恩格斯论述唯物主义的变革时所指出的那样："甚至随着自然科学领域中每一个划时代的发现，唯物主义也必然要改变自己的形式；而自从历史也得到唯物主义的解释以后，一条新的发展道路也在这里开辟出来了。"①

第三，发展的观点要求马克思主义理论解释力提升体系的建构要抓住关键问题的发展。马克思主义理论解释力提升体系的建构内容涉及较多，不同时期面临着不同的问题，不同问题又会催生出不同的发展任务。到底应该怎么发展才能更好地解决各种问题呢？其关键点就在于紧抓重点问题，因为"任何过程如果有多数矛盾存在的话，其中必定有一种是主要的，起着领导的、决定的作用，其他则处于次要和服从的地位"②。马克思主义理论解释力提升体系的关键性问题主要有两个方面：一是从马克思主义理论解释力提升体系建构的整个过程来看，什么因素相对于比较能够影响这一体系的建构或后续完善，就应该集中精力解决这个关键性问题。

---

① 马克思恩格斯选集（第4卷）［M］．北京：人民出版社，2012：228．
② 毛泽东选集（第1卷）［M］．北京：人民出版社，1991：322．

比如在当前形势下，从整体上建构马克思主义理论解释力提升体系这一问题并未成为当前的共识。因此，如何建构这一提升体系，就应该成为首要解决的关键性问题。而当建构任务完成之后，又会出现其他需要着力解决的关键性问题。二是从马克思主义理论解释力提升体系的核心内容来看，什么因素较为严重地影响着马克思主义理论的解释力，就应该集中力量来解决这一关键性问题。比如当前有些人对马克思主义理论不甚了解或者有歪曲理解的行为，严重消弭了马克思主义理论的解释力，就应该首先解决这些错误思想的负面影响。应该说，一旦解决了这些关键性问题，也就等于抓住了事物发展过程中所出现的主要问题，甚至还会抓住其中的主要矛盾，从而也就更利于进一步推进马克思主义理论解释力提升体系的建构、完善乃至后续发展。

（三）实践的认识论基石

马克思主义认识论认为，在认识的问题上，绝对不能脱离实践而空谈认识。"人的认识只能来源于实践，这是就人类认识的整体而言的，但对于每个个人而言，由于历史漫长的发展和无限的延续，个人生命、精力和能力的有限，不可能事事都去亲自实践，从而取得直接经验，这就需要向前人学习，向别人学习，也就是要学习间接经验。"①这就是说，为了更好地建构、推进和发展马克思主义理论解释力提升体系，必须紧紧依靠实践，并把实践贯穿于马克思主义理论解释力提升体系的全局中去，在实践中推进着这一体系的建构。由此可见，实践便是马克思主义理论解释力提升体系建构的认识论基石。

首先，实践的观点要求马克思主义理论解释力提升体系建构要把握全过程。为了更好地认识马克思主义理论解释力提升体系的建构，必须面向实践。否则，一旦脱离了实践，这一提升体系的建构将失去动力，一方面，从微观上来看，马克思主义理论解释力提升体系的每一点滴进步，都脱离不了实践。理论完善需要实践去验证，理论创新需要在实践中发现新思想新观点，理论的理解需要人们在实践中予以深化等。另一方面，从宏

---

① 陈兆德，周明生. 马克思主义著作选读和辅导［M］. 北京：人民出版社，1999：85.

观视野上来看，实践又在整体上推动了马克思主义理论解释力提升体系的建构。正是因为在具体的实践中，人们发现了马克思主义理论解释力存在的问题，因而提出了建构这一提升体系的思想。而通过反复的实践验证，又反映出这一提升体系的建构效果，进而再通过实践的方式予以验证。就是在这种往复循环的实践验证过程中，马克思主义理论解释力提升体系得到有效的完善与发展。由此可见，实践贯穿于马克思主义理论解释力提升体系的全过程，必须在全局视野中深刻把握实践这一因素，才能更好地推动着马克思主义理论解释力提升体系的建构及其后续完善、发展。

其次，实践的观点要求马克思主义理论解释力提升体系的建构要不断创新思想和观点。实践贯穿于马克思主义理论解释力提升体系的全过程，正是因为有了实践的参与，马克思主义理论解释力提升体系的建构必然会产生诸多新思想新观点。从马克思主义理论解释力提升体系建构的动力上来看，一方面，实践催生了这一体系的建构。也就是说，建构马克思主义理论解释力提升体系思想的提出，本身就是一种思想创造。在这种思想创造的引领下，诸多影响马克思主义理论解释力的因素都集中在了一起，它们互相促进，共同推进着马克思主义理论解释力的提升，进而共同推进着马克思主义理论解释力提升体系的建构及其后续完善。另一方面，从马克思主义理论解释力提升体系核心内容的发展与进步上来看，其中每一具体内容的每一点滴进步都离不开实践。因为实践，每一点滴的进步都可能会蕴含着一定程度上的创新。如果缺乏了这种实践基础上的创新，就意味着马克思主义理论解释力提升体系的建构只能是停留于思想层面，只是简单材料的堆砌，毫无新意，因而也就无法提升马克思主义理论的解释力，那么，建构马克思主义理论解释力提升体系的现实意义也就荡然无存。

再次，实践的观点要求马克思主义理论解释力提升体系的建构要紧抓实践中出现的关键问题。马克思主义理论解释力提升体系的建构，是把那些能够对马克思主义理论解释力产生影响的主要因素紧密结合在一起的工作体系。在这一工作体系中，不同的影响要素也会对马克思主义理论解释力产生不同的影响。因此，为了更好地推动马克思主义理论解释力提升体系的建构与完善，就必须抓住其中所蕴含的主要影响要素。比如，理论家主体、理论本身和群众是主要影响要素，但是主体之中又有其他的因素，如工作能力、工作意识、理论研究能力、宣传能力、解释能力等因素，理论本身又有理论是否完善、是否具有说服力、是否能够解决现实问题等因素，群众又有理解能力如何、接受能力如何、实践能力如何等因素。到底哪种因素才是影响马克思主义理论解释力提升体系的最主要因素呢？这就需要在具体实践中得出这个问题的答案。也就是说，依据实践，不仅会发现这些诸多要素中哪种要素的影响力最大，而且还会在实践中解决这些影响因素。正是在这个意义上，有学者指出"遇到新情况、新问题进行理论探索时，都是依据实践的新发展，总结概括出新的思想观点或论断，或者根据科学发展的新成就，做出新的理论概括，然后，一方面按照新的理论指导实践活动；另一方面，实事求是地修改、或取代、或批判已有的结论和判断"①。

当然，除了通过躬亲实践这种"直接经验"之外，"间接经验"也是不可忽略的认识马克思主义理论解释力提升体系建构的哲学基石。尽管这种"间接经验"不是来源于具体的躬亲实践，但是不可否认，这也是经过前人实践而得出的正确结论。所以说，这种"间接经验"的哲学指导作用也是绝对不能忽略的。

（四）人民至上的价值观基石

价值观是人们对事物理解、判断、抉择的基本出发点，是认定事物、辨别是非的思维取向。人民群众是历史的创造者，马克思曾经指出："与其说是个别人物，即使是非常杰出的人物的动机，不如说是使广大群众、使整个整个的民族，并且在每一民族中间又是使整个整个阶级行动起来的动机；而且也不是短暂的爆发和转瞬即逝的火光，而是持久的、引起重大历史变迁的行动。"②马克思主义理论解释力提升体系的建构，同样需要紧紧依靠人民群众的力量，才能获取前进发展的动力，同时也必须满足人民群众的基本需求，才能彰显出建构这一提升体系的价值和意义。从这一点上来看，人民

① 朱传棨. 面向新世纪的马克思主义哲学［M］. 武汉：湖北人民出版社，2006：307.

② 马克思恩格斯文集（第4卷）［M］. 北京：人民出版社，2009：304.

至上理应是马克思主义理论解释力提升体系建构的价值观基石。

第一，人民至上的理念要求马克思主义理论解释力提升体系的建构要处处彰显对人的价值关怀。为何要建构马克思主义理论解释力提升体系？其主要目的之一就在于促使人们更好地理解、接受和运用马克思主义理论，或者通过推进马克思主义理论的发展，提高人的精神境界等。围绕着这一目的，马克思主义理论解释力提升体系的建构必须处处彰显对人的价值关怀，一方面，要在马克思主义理论解释力提升体系的建构中实现人民群众的根本利益，提升群众的精神文化水平，比如，应该解决怎么用通俗易懂的语言让人们理解、运用马克思主义理论，进而提升人的道德素养，推进人的精神水平提升等问题，才能达到人民至上理念的基本要求。另一方面，要让人民群众评价马克思主义理论解释力提升体系的建构效果。"科学发展取得了多大成效、是否真正实现了，人民群众感受最真切、判断最准确。推动科学发展，必须紧紧依靠人民群众，做到谋划发展思路，向人民群众问计，查找发展中的问题，听人民群众意见，改进发展措施向人民群众请教，落实发展任务靠人民群众努力，衡量发展成效由人民群众评判。"①概括起来看，在马克思主义理论解释力提升体系的建构活动中，必定会处处围绕着人民至上的价值理念视角，从不同角度尝试着推进人的发展并彰显人文关怀，这不仅符合当下中国的现实，而且还符合唯物史观的价值要求。因此，人民至上就是马克思主义理论解释力提升体系建构所要遵循的价值观基石。

第二，人民至上的理念要求马克思主义理论解释力提升体系的建构要紧抓人民群众关注的重大问题。"群众利益无小事"。习近平总书记指出："要着力解决好人民最关心最直接最现实的利益问题，特别是要下大力气解决好人民不满意的问题，多做雪中送炭的事情。"②群众有着较为

① 中共中央文献研究室. 十七大以来重要文献选编（上）[M]. 北京：中央文献出版社
2009：579.

② 中共中央党史和文献研究院，中央"不忘初心、牢记使命"主题教育领导小组办公室. 习近平关于"不忘初心、牢记使命"论述摘编[M]. 北京：党建读物出版社、中央文献出版社，2019：134.

强烈的理解、接受和运用马克思主义理论的现实需求，如何帮助群众解决这些问题，便是马克思主义理论解释力提升体系必须要回答的重大问题。这就是说，马克思主义理论解释力提升体系的建构，要着力回答人民群众最关心、最直接、最现实的问题，用鲜活的现实材料来增强人们对马克思主义理论的认同，进而更好地彰显出马克思主义理论解释力提升体系建构的重要价值。这样，人民至上的价值理念就在马克思主义理论解释力提升体系建构的过程中淋漓尽致地表现出来。

第三，人民至上的理念要求马克思主义理论解释力提升体系的建构要依靠人民群众创造新思想。之所以说人民群众是历史的推动者，在很大程度上就是因为人民群众具有创新精神。马克思主义理论解释力提升体系的建构不仅仅依靠人民群众去推动，而且还要求人民群众要充分发挥出首创精神，为这一提升体系的建构提出新思想。列宁指出："只有现在才广泛地、真正普遍地使群众有可能表现进取心，进行竞赛和发挥大胆首创的精神。"①习近平总书记也强调，要尊重人民主体地位和首创精神。②在这里，列宁和胡锦涛所说的群众首创精神，重在阐明人民群众在创造新思想中的重要作用。这就是说，在马克思主义理论解释力提升体系建构这个问题上，只有充分发挥出人民群众的首创精神，才可以为马克思主义理论解释力提升体系的建构增添群众动力，这就是坚持人民至上理念的价值彰显，同时这也表明，在建构马克思主义理论解释力提升体系的全过程中，必须要始终坚持人民至上的价值观导向。

---

① 列宁选集（第3卷）［M］. 北京：人民出版社，1972：393.

② 中共中央党史和文献研究院，中央"不忘初心、牢记使命"主题教育领导小组办公室. 习近平关于"不忘初心、牢记使命"论述摘编［M］. 北京：党建读物出版社、中央文献出版社，2019：141.

第四章

马克思主义关于理论完善的经典创制

第二、第三章已经分别从现实考量与理论考察两个视角，整体上对马克思主义理论解释力提升体系建构的诸多问题进行了探究。可以发现，马克思主义理论解释力提升体系涉及内容较广。结合前文（第一章中理论完善及其解释力提升界定部分）的分析得知，理论完善既是提升理论解释力必须要探索的首要问题，又是提升理论解释力所涉及的理论问题中的主要问题。正是基于理论完善在马克思主义理论解释力提升体系中的重要地位和作用，接下来的研究将把关注点集中于理论完善相关问题上，尝试着开启解决马克思主义理论解释力提升体系中具体问题的第一步。

恩格斯曾经指出："历史从哪里开始，思想进程也应当从哪里开始，而思想进程的进一步发展不过是历史过程在抽象的、理论上前后一贯的形式上的反映。"①这就是说，马克思主义关于理论完善的思想观念与其自身的历史进程息息相关，是在其自身的历史进程中同步形成的，是伴随其历史演进逻辑而逐渐形成的一系列经典思想观点。依据这种认识，马克思主义关于理论完善的理论探源，就需要依据其自身的演进逻辑才能总结出伴随其中而产生的思想光华。

一、马克思主义理论完善的演进逻辑

马克思主义理论诞生以后，包括世界范围内无产阶级就以各种方式尝试着修补完善自己的理论，以便更好地指导无产阶级革命事业，达到全人类和自身解放的最终目的。在标志着马克思主义理论诞生的《共产党宣言》的结尾部分中，马克思恩格斯明确指出："共产党一分钟也不忽略教育工人尽可能明确地意识到资产阶级和无产阶级的敌对的对立。"②从某种侧面上，这里的"一分钟也不忽略"就印证着他们极其重视完善工人教育理论的思想。根据这种认识，也就可以认为，自诞生之日起，马克思主义就开启了其自身理论完善的历史进程。在这里，只要依据马克思主义理

---

① 马克思恩格斯选集（第2卷）［M］．北京：人民出版社，2012：14.

② 马克思恩格斯全集（第19卷）［M］．北京：人民出版社，2006：150.

论的历史发展进程，就可以总结梳理出其理论完善的演进逻辑。

迄今为止，马克思主义理论的发展历程经历了从空想到科学、从科学到实践的两次飞跃。依据这一历史事实，就意味着，马克思主义理论完善的演进逻辑就必不可少地包含着这两个进程。但是应该看到，从科学转变为实践之后，马克思主义理论就被赋予了一种回答具体现实的实践任务，特别是苏联解体之后，马克思主义理论又遭受到了来自各方面的挑战，在一定程度上促使马克思主义的理论完善又展现出不同的特点。从这一点上来看，绝对不能简单地依据马克思主义理论的两次飞跃，就把其自身理论完善的演进逻辑划分为两个阶段（从空想到科学、从科学到实践），而是应该依据马克思主义理论完善进程中出现的不同特点，更细致地划分其演进逻辑，具体来说，马克思主义理论完善的演进逻辑可以分为五个阶段，分别是马克思主义诞生前的从空想到科学演进阶段、马克思主义诞生后的从科学到实践演进阶段、苏联时期的演进阶段、中国革命建设的演进阶段以及新时期中国特色社会主义的演进阶段。

（一）从空想到科学的演进（1848年之前）

从19世纪初到中叶，是马克思主义从空想转变成为科学的关键时期。这一时期，世界上主要的国家都已经建立了比较稳固的资本主义制度，但是资本主义固有的生产社会化同私人占有之间的矛盾，在阶级关系上通过资产阶级与无产阶级之间的矛盾爆发出来，促使当时主要的资本主义国家都曾爆发过工人起义，比较典型的有英国宪章运动、法国里昂丝织工人两次起义、德国西里西亚纺织工人起义等。工人阶级在斗争中得以不断壮大，为马克思主义理论的诞生奠定了阶级基础和实践基础。马克思、恩格斯通过考察、批判资本主义社会制度，在充分吸收德国古典哲学、英国古典政治经济学和英法两国空想社会主义学说的基础上，为马克思主义理论的诞生充实了理论来源。1848年2月《共产党宣言》的发表，标志着马克思主义的诞生，开启了马克思主义理论走向科学的新征程。应该看到，在马克思主义诞生前的准备阶段，马克思、恩格斯以深厚的理论素养为其自身所创立的理论学说奠定了理论完善的科学大厦，一方面表现为马克思主义理论的来源根基非常扎实可靠，具备了充分的阶级基础，翔实地考察了当时社会状态，吸收了当时相对科学的思想主张。可以说，马克思、恩格斯是站在前人的肩膀上才创立了科学的理论学说。另一方面表现为马克思主义是开放的、发展的理论体系。在马克思主义诞生之初，马克思本人就曾经说过："人们的观念、观点和概念，一句话，人们的意识，随着人们的生活条件、人们的社会关系、人们的社会存在的改变而改变，这难道需要经过深思才能了解吗？"①马克思的这句话，从另外一个侧面印证了马克思主义理论的自我完善具有发展性和开放性的特征。可见，早在马克思主义理论诞生以前，马克思、恩格斯就已经为他们即将创立的理论学说奠定了自我完善的坚实根基和基本原则。

（二）从科学到实践的演进（1848—1917年）

马克思主义诞生之后，就面临着从理论指导走向实践场域的重任。经过60多年的艰苦实践，到苏联的成立，马克思主义理论第一次从理想场景走向了活生生的现实场域。在这个阶段中，以1871年的巴黎公社革命为分水岭，把马克思主义理论的完善历程划分为两个更具体的阶段，即巴黎公社革命前后马克思主义理论完善的不同阶段。巴黎公社革命以前的马克思主义理论完善，重在从理论的宣传、介绍层面中反思、完善马克思主义理论，还谈不上对马克思主义理论的具体运用。因而，这一时期的理论完善效果不太明显。经过巴黎公社革命的洗礼，马克思主义理论由原本的理论学说，推向了具体的实践场景，转变成了现实的革命问题，在此之后对马克思主义理论完善的探索，由于增加了实践因素，也相对取得了显著的进步，主要体现在：一方面，马克思恩格斯积极反思经验教训，进一步完善了自身的理论学说。比如，马克思恩格斯对他们所提出的"暴力革命论"进行了重大修改和完善，提出了和平过渡的革命胜利思想，进一步完善了无产阶级革命胜利学说的基本理论。另一方面，马克思恩格斯在反思旧理论中创新出新理论。比如，马克思恩格斯通过反思考察，发现了无产阶级专政的基本雏形，对无产阶级革命胜利之后的国家政权建设提出了新思想、新观点，进一步发展了马克思主义国家理论。从一定程度上讲，如果

---

① 马克思恩格斯选集（第1卷）[M]．北京：人民出版社，2012：419—420．

缺乏了巴黎公社革命对马克思主义理论的首先尝试，至少可以肯定地说，马克思关于"暴力革命论"的修补完善，以及国家理论学说的诞生将会有所推迟。正是由于巴黎公社革命的初步实践，才开启了从实践视角去审视完善马克思主义理论的历史进程。也正因为如此，才在之后的具体实践中又进一步丰富了马克思主义关于理论完善的思想观点。

（三）苏联时期的演进（1917—1991年）[①]

在马克思主义理论的正确指引下，俄国十月革命取得了辉煌的胜利。与此同时，也就开启了完善马克思主义理论的新阶段。在这个阶段中，列宁时期和斯大林时期在坚持马克思主义指导地位的基础上，在社会主义建设的实践中创造性地完善着马克思主义理论，有力地提升了马克思主义理论的解释力。斯大林去世之后，苏联的领导人赫鲁晓夫、勃列日涅夫、戈尔巴乔夫等相继上台。然而遗憾的是，从赫鲁晓夫时期开始，苏联领导人逐渐放松了正确的科学社会主义意识形态的指导地位，在理论上背离了马克思列宁主义，他们从否定斯大林到否定十月革命，从否定社会主义建设的历史到否定苏共的光荣历史，[②]对马克思主义的理论完善几乎毫无建树，致使全党长期无法统一思想，造成了社会、政治的动荡和混乱。赫鲁晓夫执政之后，全盘否定斯大林，提出了一些不符合马克思主义理论的思想观点，为后来戈尔巴乔夫提出所谓的"人道的民主的社会主义改革"埋下了隐患。勃列日涅夫基本上坚持了赫鲁晓夫的错误思想路线，在对待马克思主义理论的态度上犯了教条主义、修正主义的错误。到了戈尔巴乔夫时期，情况更加严重，已经彻底放弃了马克思主义理论的指导，最终导致了苏联的解体。从上分析可以看出，从赫鲁晓夫到勃列日涅夫，再到戈尔巴乔夫，苏联对待马克思主义的态度经历了一个由逐渐背叛到完全放弃的过程，又遑论完善马克思主义理论、提升马克思主义理论解释力的问题。所以说，苏联时期的马克思主义理论完善演进，基本上是处于停滞状态的。

[①] 严格来说，苏联时期的演进应该是从1922年12月30日算起。但由于1917年11月7日俄国十月革命建立了人类历史上的第一个社会主义政权。所以，这里的划分仍然倾向于从1917年开始。

[②] 张全景.对苏联亡党亡国的现实思考［N］.光明日报，2011-04-01（014版）.

（四）中国革命和建设时期的演进（1919—1978年）

1917年的俄国十月革命，开辟了人类历史的新纪元。无产阶级社会主义革命走向了世界视域，开启了一个崭新的时代。在俄国十月革命的影响下，1919年，中国五四运动的爆发，揭开了中国新民主主义革命的序幕。从此之后，中国革命踏上了新的征程。1921年，中国共产党成立之后，便高举马克思主义的大旗，经过28年艰苦卓绝的探索，到1949年终于取得了新民主主义革命的伟大胜利。中华人民共和国成立后，中国共产党相继完成了社会主义改造，确立了社会主义制度，进行了社会主义建设的初步探索。2011年7月，胡锦涛在建党90周年的讲话中对90年来党所取得的成绩进行了总结，他指出，90年来，我们党集中体现为完成和推进了三件大事：第一件大事，我们党紧紧依靠人民完成了新民主主义革命，实现了民族独立、人民解放。第二件大事，我们党紧紧依靠人民完成了社会主义革命，确立了社会主义基本制度。第三件大事，我们党紧紧依靠人民进行了改革开放新的伟大革命，开创、坚持、发展了中国特色社会主义。"①胡锦涛所总结的前两件大事都是在新民主主义革命时期内完成的。人们不禁要问，究竟是什么精神力量促使中国共产党能够在这一时期取得这样的成绩。从精神层面上来看，邓小平给出了答案，他说："对马克思主义的信仰，是中国革命胜利的一种精神动力。"②这就是说，坚定马克思主义的指导是新民主主义革命时期取得一切成绩的精神动力。对于邓小平的这句话，我们还可以更为具体地理解为，正是因为在中国革命和建设的历程中，中国共产党在始终坚定马克思主义指导地位，不断地完善着马克思主义理论，用中国的具体实践提升着马克思主义理论的解释力，才使得广大群众积极投身于中国革命和建设的实践中去，从而形成了全社会成员共同参与革命的积极氛围，进而又更大程度地支持着革命形势向前发展，最终取得了伟大成绩。同时也应该注意到，中国共产党在革命和建设的实践历

---

① 参见胡锦涛在庆祝中国共产党成立90周年大会上的讲话［N］. 人民日报，2011-07-01（001版）.

② 邓小平文选（第3卷）［M］. 北京：人民出版社，1993：63.

程中，还产生了毛泽东思想这一马克思主义中国化的理论成果。再结合上述论述，便可以推出，毛泽东思想就是中国共产党人在结合中国具体实际完善马克思主义理论，并提升马克思主义理论解释力的过程中而产生的具有中国特色的理论智慧结晶。总结上述内容，就可以得出结论：马克思主义理论传入中国之后，特别是在中国共产党将它作为自身指导思想之后，就一直尝试着从理论与实践层面去完善马克思主义理论，去提升马克思主义理论的解释力，用以更好地指导中国革命和建设，最终不仅取得了伟大的成绩，而且还在这一历史过程中推进着完善马克思主义理论的向前发展，形成了中国革命和建设阶段的完善马克思主义理论的历史演进逻辑。

（五）中国特色社会主义新时期的演进（1978年至今）

1978年党的十一届三中全会之后，我国走上了改革开放的新时期。在艰难探索的历程中，谱写了中国特色社会主义建设的新篇章。回顾30多年的伟大实践，不难发现，在这一时期，中国共产党继续坚定不移地坚持马克思主义理论的指导，接力探索着完善马克思主义理论的相关问题，取得了中国特色社会主义建设的伟大成绩，具体来说，在社会主义道路的选择上，开辟了中国特色社会主义道路；在中国化马克思主义的理论创新上，形成了中国特色社会主义理论体系；在具体的实践历程中，积极推进着中国特色社会主义的伟大实践，逐步确立并完善了中国特色社会主义制度；在文化价值的引领下，发展了中国特色社会主义文化。中国特色社会主义道路、理论体系、制度、文化协同促进，共同推进着中国特色社会主义事业向前发展，促使我国改革开放取得举世瞩目的伟大成就，深刻彰显出坚持马克思主义所取得的重大成就，同时也彰显出不断完善马克思主义理论的具体效力。换句话说，正是在马克思主义的指导下，在推进中国特色社会主义事业的艰难过程中，中国共产党始终不断地结合现实问题，解决和完善了中国特色社会主义过程中出现的各种难题，为前进过程中战胜一切困难提供科学的理论指导，最终才取得了如此巨大的成就。由此可见，正是由于在具体实践中不断完善马克思主义理论，用正确的完整的马克思主义理论去指导具体的实践，才使得人民群众相信只有马克思主义才是解决中国问题的真理，才为中国特色社会主义的建设融入了无穷的力量。

马克思主义理论完善的演进历程与其自身的发展史息息相关、紧密相连。马克思主义理论的每一点滴进步，都在某种程度上推进着其理论形态和理论内容的自我完善。同时，完善马克思主义理论，又可以有效地促进着马克思主义的发展。正是在这个意义上，有人将一部马克思主义的发展史，理解为一部马克思主义理论的诠释史。[①]由于诠释可以使人们更好地理解马克思主义理论，因此，也可以把马克思主义的发展史，狭义地理解为马克思主义理论的完善史。尽管马克思主义理论的完善史并不是一帆风顺的，甚至在一定历史进程中还曾经出现过挫折，但是，这一完善史仍然为我们全面展示出了马克思主义的发展进程，不仅为我们全面总结马克思主义理论完善的相关思想提供了历史依据，而且为我们进一步提升马克思主义理论解释力提供了可以借鉴的实践经验，还为我们进一步推进马克思主义的理论完善提供了丰富的思想资源。

二、马克思主义经典作家关于理论完善的思想

诚如恩格斯所言："历史从哪里开始，思想进程也应当从哪里开始。"[②]马克思主义关于理论完善的演进逻辑就蕴含着与之相适应的思想理论。依据这种认识，再结合马克思主义理论完善的演进逻辑，便可以总结出马克思恩格斯、列宁等人关于理论完善的相关思想观点。

（一）马克思恩格斯关于理论完善的思想

从阶级属性上来看，马克思恩格斯所创立的学说是关于无产阶级和全人类解放的学说。为了达到这种解放的目的，马克思恩格斯公开宣传他们所创立的学说是为工人阶级革命运动服务的学说。那么，如何使工人阶级准确地理解、接受、运用马克思主义理论，就是促使马克思主义理论发挥出自身使命的基本前提，这一如恩格斯在《关于共产主义者同盟的历史》

---

① 蒋楼. 从"解释世界"到"改变世界"——论马克思在哲学范式上实现的历史变革［D］. 东北师范大学博士学位论文，2014.

② 马克思恩格斯选集（第2卷）［M］. 北京：人民出版社，2012：14.

中阐述理论宣传时指出的那样："我们有必要科学地论证我们的见解，但同时使欧洲无产阶级，首先使德国无产阶级确信我们见解的正确性。"①为了做到这一点，马克思恩格斯积极尝试着从理论和实践层面对如何完善马克思主义理论进行着探索，以便使"无产阶级确信我们见解的正确性"。应该说，马克思恩格斯在完善自身理论学说方面取得了卓有成效的成绩，形成了关于完善马克思主义理论的丰富思想。

第一，理论的彻底性可以说服人。在一定程度上，检验马克思主义理论是否完善的标准，就是看人是否能够理解、接受或运用马克思主义理论。因为，为了"便于自己理解理论问题，需要找到使之进一步完善的材料"②。而这一点却又基于理论是否完善，是否彻底。只有完善、彻底的理论才能更好地让人理解它、接受它、运用它。马克思曾经多次论述理论与人、理论与群众之间的关系，在《〈黑格尔法哲学批判〉导言》中论述理论彻底性与否与群众之间的关系时，他指出："理论只要说服人，就能掌握群众；而理论只要彻底，就能说服人。"③按照马克思的这种认识，理论与人之间进行着一种良性互动，这种互动的根源就是"理论只要彻底"。在这里，马克思所要表达的意思就非常明显，也就是理论只要彻底，只要比较深透、完全而无所遗留，就能够让人信服，理论就能够掌握群众，做到理论与群众相结合。这样，理论的彻底性便在群众中得到了体现。对此也可以理解为，这种理论的彻底性彰显出了理论在自身形态和改造世界方面的完善性。马克思恩格斯在《神圣家族》中批判唯心主义理论家只是从思想层面否定资本主义制度时指出："思想永远不能超出旧世界秩序的范围，在任何情况下，思想所能超出的只是旧世界秩序的思想范围。思想本身根本不能实现什么东西。思想要得到实践，就要有使用实践力量的人。"④在这里，把马克思恩格斯所说的思想上的东西理解

① 谭培文．马克思主义经典著作选编与导读［M］．北京：人民出版社，2005：107．

② 中共中央马恩列斯著作编译局．马列主义研究资料（1987年第4辑）［M］．北京：人民出版社，1987：35．

③ 马克思恩格斯文集（第1卷）［M］．北京：人民出版社，2009：11．

④ 马克思恩格斯文集（第1卷）［M］．北京：人民出版社，2009：320．

为理论，就会发现，理论如果脱离了人，就意味着会"超出旧世界的范围"，因而也就无法去完善理论。但是马克思恩格斯也意识到，"不是任何理论都能掌握群众的，只有反映群众的物质要求的这种理论才能掌握群众。"①正是基于这一原因，马克思才提出"只有靠改变条件，而不是靠理论上的演绎"②才能消除"任何理论都能掌握群众"的错误观念，达到"反映群众的物质要求的这种理论"的目的。但是只要深挖"只有靠改变条件"思想内涵，特别是把这句话放置在理论完善的视域中，就会发现，"只有靠改变"实际上折射出的内涵便是，通过"改变条件"这种方式促使理论走向彻底，进而改善人的思维，最后达到推进理论完善的深层意蕴。

第二，实践可以推进理论完善。马克思恩格斯不仅是实践唯物主义的创立者，还是积极的倡导者、践行者，他们积极投身于自身理论的伟大实践，试图通过实践的方式去完善马克思主义理论。这正如恩格斯所言："我们决不想把新的科学成就写成厚厚的书，只向'学术'界吐露。正相反，我们两人已经深入到政治运动中。"③可以说，正是因为马克思恩格斯所具备的这种实践品格，不仅在具体的实践中完善了马克思主义理论，而且还增添了马克思主义理论的实践魅力，有力地提升了马克思主义理论的现实解释力。马克思恩格斯通过总结自身的具体实践，思想观念也由解释世界转变为改造世界，形成了他们关于通过改造（实践）予以完善马克思主义理论的思想，具体来说：一是在实践中解释马克思主义理论，不仅可以使人们理解马克思主义理论，而且还可以完善马克思主义理论。马克思恩格斯认为，实践是解释理论的一种特殊方式，解释理论本身也是一种实践，这与马克思所言的"全部社会生活在本质上是实践的"④观点具

---

① ［苏］阿·乌依波．马克思恩格斯在《德意志意识形态》这一著作中对于历史唯物主义的一些问题的探讨，出自［苏］奥·巴库拉泽．马克思早期思想研究（内部资料）［M］．秦水等译，北京：生活·读书·新知三联书店，1963：125．

② 马克思恩格斯全集（第3卷）［M］．北京：人民出版社，1972：45．

③ 马克思恩格斯选集（第4卷）［M］．北京：人民出版社，2012：203．

④ 马克思恩格斯选集（第1卷）［M］．北京：人民出版社，2012：135．

有相同意蕴。比如，德国哲学家马克斯·霍克海默（M. Max Horkheimer）也曾总结恩格斯关于"物质生产无限增长的观点"后得出结论，认为马克思恩格斯的实践"虽然没有驳倒理论，但却解释了理论"①。这种"解释了理论"的行为便又为进一步实践提供了指导，进而又更好地在实践中完善着理论；二是实践可以改造理论，这种改造理论就是一种完善理论的方式。马克思指出："哲学家们只是以不同的方式解释世界，问题在于改变世界。"②在马克思看来，如果仅仅停留在解释理论的层面上，还不能有效地完善理论。关键问题在于，必须通过实践的方式验证理论，发现理论存在的问题，进而在实践中完善理论；三是理论与实践互动，在互动中促进理论完善。马克思对理论与实践的关系有着独特的观点，他说："人应该在实践中证明自己思维的真理性，即自己思维的现实性和力量，自己思维的此岸性。关于思维——离开实践的思维——的现实性或非现实性的争论，是一个纯粹经院哲学的问题。"③马克思的意思是，实践验证理论和理论指导实践的互动过程，便可以推动理论走向完善。需要注意的是，从广义的角度来看，马克思曾经说过"全部社会生活在本质上是实践的"观点。所以，马克思恩格斯所重视的理论与实践之间的互动，也包含了理解和解释的问题。但是在这里理解理论与实践的互动问题时，就不能在广义视域中予以理解，而是应该放在狭义的视域中，不能把理解和解释归类为实践。④

第三，提出了完善理论的思想方法。马克思恩格斯并未仅仅留在"理论只要彻底"的认识上，而是对如何完善理论的思想方法进行了深刻的研究：第一，提出了通过批判理论来完善理论的思想方法。马克思指出："批判的武器当然不能代替武器的批判，物质力量只能用物质力量来摧

---

① 转引自中共中央马恩列斯著作编译局. 马克思主义研究资料（1985第5辑）[M]. 北京：人民出版社，1986：234.

② 马克思恩格斯选集（第1卷）[M]. 北京：人民出版社，2012：136.

③ 马克思恩格斯选集（第1卷）[M]. 北京：人民出版社，2012：134.

④ 参见丰子义. 发展的反思与探索：马克思社会发展理论的当代阐释[M]. 北京：中国人民大学出版社，2006：27.

毁；但是理论一经掌握群众，也会变成物质力量。"①根据马克思的观点，"批判的武器"即批判便是促使理论走向彻底性的有效方法。通过批判，促使群众掌握理论，使理论得以发展与完善，成为真正的真理性的理论。马克思恩格斯非常善于运用批判的手法来完善理论，形成了"批判范式"这种完善理论的重要方法，对后世产生了重大影响。从一定程度上讲，马克思主义理论的产生，就是马克思恩格斯运用批判手法而得出的智慧结晶。如马克思在批判和借鉴黑格尔唯心主义思想的基础上，创立了辩证唯物主义学说，在批判和借鉴费尔巴哈关于形而上学唯物主义思想的基础上，创立了历史唯物主义。第二，注重理论逻辑的内在严密性，从整体上建构了马克思主义理论解释力提升的内容体系。从所涉及的理论内容上来看，马克思主理论学说体系内涵丰富，甚至有人认为马克思主义理论是超越一切僵固的、封闭的、无所不包的理论体系。②应当承认，正是因为马克思主义理论所涉及的理论内容较为广泛，才为我们从整体上完善马克思主义理论提供了基本前提。除了理论内容涉及的广泛性之外，马克思恩格斯还试图对他们所创立的每一个学说都建立比较科学的理论体系，不仅细化了马克思主义理论体系的具体内容，完善了马克思主义理论，而且还为我们厘清马克思主义各理论的重要思想内容提供了有益的方法借鉴。第三，运用发展的眼光来完善理论。马克思恩格斯多次强调他们所创立的学说是发展的理论，不是教条，是具体的方法指引，要依据时代和环境的变化有所发展、有所变化，才能在时代境遇和现实境遇中有针对性地完善马克思主义理论。应该肯定地说，这种对理论的发展，也可以看成是对理论的完善。正是由于马克思恩格斯在完善理论方面的深刻探索，才为其后的马克思主义者在具体实际中创造性地完善马克思主义理论提供了基本的

① 马克思恩格斯文集（第1卷）［M］.北京：人民出版社，2009：11.
② 参见侯焕闳.回忆列宁（第5卷）［M］.北京：人民出版社，1982：255.当然，这种认识是有误的。目前，学术界已基本形成共识："那种试图扩大马克思主义理论的分析范围，使之成为无所不包的理论，最后只能牺牲马克思主义理论的本质。"参见复旦大学国外马克思主义与国外思潮研究国家创新基地、复旦大学当代国外马克思主义研究中心和复旦大学哲学学院主编.国外马克思主义研究报告（2009）［M］.北京：人民出版社，2009：51.

方法指引和思想遵循，也才促使马克思主义理论解释力提升的道路越走越宽。

（二）列宁关于理论完善的思想

列宁依据马克思恩格斯关于完善马克思主义理论的相关思想，结合苏联的具体实情，孜孜不倦地研究、完善着马克思主义理论，创造性地形成了关于完善马克思主义理论的独特思想。

第一，在同错误思潮的斗争中完善、捍卫马克思主义理论。同马克思、恩格斯一样，列宁也认为，首先要使群众相信理论，具有说服力的理论是能够反映和解决广大人民群众实际生活问题的理论。[①]但是，列宁生活的年代与马克思恩格斯大有不同之处。马克思主义诞生后，经过几十年的宣传、完善和发展，到了列宁时期，出现了不少曲解甚至歪曲马克思主义理论的思潮，如民粹主义、合法马克思主义、经济主义、机会主义、伯恩斯坦主义、考茨基主义、拉狄克主义等。这些错误思潮严重影响着马克思主义理论的完善与发展。列宁曾经在《致伊·费·阿尔曼德》的信中，对自己从1893年就开始反对各种错误思潮的行为进行了总结，他说："您瞧，这就是我的命运。连续不断的战斗——反对政治上的各种愚蠢思想和庸俗见解，反对机会主义等等。"[②]列宁坚持同错误思潮斗争的态度非常坚决，他说："我无论如何不会抛弃这个命运同庸人们'言和'。"[③]列宁不仅坚决抵制各种错误思想的影响，而且还深刻分析了错误思潮的表现形式，他指出："当我们产生意见分歧的时候就来钻空子，这就是那些蠢货和坏蛋惯用的伎俩，他们没有能力同我们进行面对面的争辩，只好搞阴谋，施诡计，耍无赖。"[④]列宁还运用马克思主义理论的指导，提出了在同错误思潮作斗争中完善马克思主义理论的标准："判断一个人的好坏，不能凭他本人的自吹自擂，而要看他的实际行动，——您还记得马克思主

---

① 王永贵. 马克思主义意识形态理论与当代中国实践研究［M］. 北京：人民出版社，2013：94.
② 列宁全集（第47卷）［M］. 北京：人民出版社，1990：482.
③ 列宁全集（第47卷）［M］. 北京：人民出版社，1990：482.
④ 列宁全集（第47卷）［M］. 北京：人民出版社，1990：483.

义的这个真理吗？"①可以说，正是由于积极投身于对错误思潮的斗争，列宁不仅捍卫了马克思主义理论，而且还在坚决捍卫中进一步完善了马克思主义理论，为澄清当时人们的思想指明了方向。在同错误思潮的斗争中，真理越辩越明，马克思主义理论也越来越完善，也越来越得到大多数人的理解、认同。

第二，坚持在发展、创新中为完善马克思主义理论增添动力。列宁是马克思主义的坚定追随者，他穷尽一生对马克思主义理论进行了探索，特别注重运用马克思主义理论的立场、观点和方法去完善、发展和创新马克思主义理论，取得了丰硕的成果，把马克思主义理论推向了列宁主义的新阶段，②为马克思主义理论的思想宝库增添了许多新的内容，形成了从理论层面完善马克思主义理论的独特思想。在完善和发展理论方面，列宁认为，需要在维护马克思主义理论的基础上，继续推进、发展马克思主义理论。值得一提的是，列宁还尝试着解决马克思恩格斯遗留的重大理论问题。比如，列宁尝试性地对逻辑问题进行了探索，他说："虽说马克思没有遗留下'逻辑'（大写字母的），但他遗留下《资本论》的逻辑，应当充分地利用这种逻辑来解决这一问题。在《资本论》中，唯物主义的逻辑、辩证法和认识论（不必要三个词：它们是同一个东西）都应用于一门科学。"③在这里，列宁所说的"唯物主义的逻辑、辩证法和认识论都应用于一门科学"内涵双重意蕴，一方面意指三者是统一的，其目的在于强调马克思主义理论的科学性，具有严密统一的逻辑性。另一方面，通过三者的统一，指出了建构辩证唯物主义范畴体系的方法论原则。④在这里可以看出，列宁所指出的关于逻辑范畴的理论，就是运用马克思《资本论》逻辑的指引而得出的结论。从这一点上来看，列宁所提出的关于逻辑范畴

---

① 列宁全集（第47卷）[M].北京：人民出版社，1990：483.

② 叶凌霄.学习列宁把坚持和发展马克思主义统一起来的科学精神[J].中共福建省委党校学报，1991（03）：5—9.

③ 列宁全集（第55卷）[M].北京：人民出版社，1990：290.

④ 徐志远，王铮.论马克思、恩格斯和列宁的逻辑范畴思想及其指导意义[J].探索，2014（03）：120—124.

的相关思想，毫无疑问应该是完善马克思主义理论的有力证明。另外，列宁还认为，必须依据具体实际对马克思主义理论有所创新，才能为完善马克思主义理论增添新的动力。列宁曾创新出了许多理论，如落后国家革命首先成功的理论，"左"倾、右倾理论，帝国主义理论，新经济政策理论等。为了更加有力地说明列宁对马克思主义理论的创新，在这里，我们以新经济政策为例：马克思恩格斯认为，未来社会是没有商品和货币的，"不管资本采取商品形式还是货币形式都被消灭"[①]。列宁早期也认同这种观点，他说："社会主义要求消灭货币的权力、资本的权力，消灭一切生产资料私有制，消灭商品经济。"[②]列宁根据马克思主义关于社会主义没有商品和货币的思想，在1917年至1920年初领导苏联进行社会主义建设的过程中采取了没收地主的土地，废除土地私有制等系列措施，试图消灭商品和货币。但是由于国内战争的爆发和帝国主义势力的干涉，全国主要的产量区被敌对势力控制，苏联出现了粮食危机，不得不实现战时共产主义政策，通过有计划有组织的产品分配方式暂时渡过了难关，但是由于战时共产主义政策存在着管理混乱等方面的原因，农民出现了不满情绪。后来，列宁反思了战时共产主义政策的不足，提出了以实物税代替余粮收集制的新经济政策，承认商品和货币，至此，苏联经济逐渐得以好转。新经济政策的成功实践，使列宁意识到"在一个小农生产者占人口大多数的国家里，实行社会主义革命必须通过一系列特殊的过渡办法"[③]，而这个过渡的方法绝对不是通过国家政权的干预。[④]新经济政策的案例显示，正是因为列宁始终坚持创新马克思主义的思想理念，才没有一味地把马克思主义当作教条，而是依据苏联具体实际，在创新马克思主义理论的基础上，有效地弥补了马克思主义理论，推进了马克思主义理论体系的进一步完善，不仅展现出了马克思主义理论的生命力，而且还为马克思主义理论的

---

① 马克思恩格斯全集（第30卷）[M]．北京：人民出版社，1995：210.

② 列宁全集（第12卷）[M]．北京：人民出版社，1987：75.

③ 列宁选集（第4卷）[M]．北京：人民出版社，2012：444.

④ 钟言实．马克思、恩格斯、列宁怎样在实践中发展马克思主义[N]．人民日报，2001-08-17（001版）．

完善指明了未来的发展方向，有力地提升了马克思主义理论的解释力。

第三，重视从整体性、彻底性和系统性视域完善马克思主义理论。列宁认为，马克思主义是深邃的理论体系，是科学的方法论体系，其深度意义绝非以表象的方式直接呈现在人们面前。他指出："马克思的观点极其彻底而严整，这是马克思的对手也承认的，这些观点总起来就构成作为世界各文明国家工人运动的理论和纲领的现代唯物主义和现代科学社会主义。"①列宁的这段话，简明扼要地表达出马克思主义理论具备完整性、彻底性和系统性的特征。从一定意义上讲，也正是因为具备了这些理论特征，才更好地彰显出马克思主义理论所具备的解释力，这也凸显出列宁所指出的"马克思学说具有无限力量"②所蕴含的深层意蕴。列宁不仅认为马克思主义理论的完整性、彻底性和系统性体现出其自身的解释力，而且还指出了从这三个特征为出发点去完善马克思主义理论的具体思想。具体体现在：一方面，马克思主义理论能否得以完善有赖于提升主体的能力和素质。列宁细致划分了推动社会进步的主体，主要有人民群众、无产阶级、理论家主体等③。列宁这里的划分，是按照马克思主义的立场、观点和方法得出的结论。毋庸置疑，这些主体就应该是马克思主义理论的发展者、推动者。在这个意义上，也就可以把列宁所划分的主体看成是马克思主义理论完善的主力军。列宁认为，主体应该是"既以理论家的身份，又以宣传员的身份，既以鼓动员的身份，又以组织者的身份"④。在主体的素质方面，可以从列宁给无产阶级提出的榜样要求找到答案，列宁说："他们对劳动者的利益十分忠诚，他们同劳动者的敌人（剥削者，特别是

132

---

① 列宁选集（第2卷）[M]．北京：人民出版社，2012：418.

② 列宁选集（第2卷）[M]．北京：人民出版社，2012：309.

③ 上述认识是综合学术界已有观点得出的结论。王修智和岳增瑞认为：无产阶级取得政权前，列宁只能在理论上把人民群众当作社会的主体，在无产阶级掌握政权以后，列宁就有条件不论是在理论上还是在实践上，都把以劳动者为主的人民群众当作主体。参见王修智、岳增瑞．马克思恩格斯列宁领导理论研究[M]．北京：人民出版社，2008：210. 韦定广指出，在列宁的意识里，文化建设、文化发展的主体是知识分子，是理论家。参见韦定广．后革命时代的文化主题——列宁文化思想研究[M]．北京：人民出版社，2011：404.

④ 列宁选集（第1卷）[M]．北京：人民出版社，2012：366.

'私有者'和投机者）斗争时十分坚决，他们在艰苦的时刻十分坚定，他们在反击世界帝国主义强盗时奋不顾身。"①概括列宁的言论，可以发现，在列宁的意识里，完善马克思主义理论的主体应该具备十分忠诚、十分坚决、十分坚定、奋不顾身的优良品质。实际上，列宁自己就具备这些优良品质，具有非常强的理论研究能力，以至于他被很多人称为优秀的理论家。另一方面，注重理论宣传解释的策略，倡导在有效宣传、解释中完善马克思主义理论，并提升马克思主义理论的解释力。为了推进无产阶级工作的实效性，列宁非常重视理论与实际相结合的方法，他指出："不做上述理论工作（社会民主党人的理论工作——笔者按），便不能当思想领导者；不根据事业的需要进行这项工作，不在工人中间宣传这个理论的成果并帮助他们组织起来，也不能当思想领导者。"②应该看到，由于无产阶级是完善马克思主义理论的主体之一。因此，当无产阶级主体运用理论与实际相结合的方法之时，就会有效地宣传、解释着马克思主义理论，这也在一定程度上有效地增添着完善马克思主义理论的动力。

列宁在自身关于完善马克思主义理论思想的指引下，积极地践行着完善马克思主义理论的具体实践，不仅推动了马克思主义理论的完善与发展，而且还开创了苏联革命和建设的新局面。列宁关于完善马克思主义理论的相关思想，成为继马克思恩格斯之后，完善马克思主义理论思想史上一座绽放光芒的丰碑，在指导着苏联无产阶级社会主义革命和建设的同时，又为进一步完善马克思主义理论提供了有益的借鉴元素。

三、中国化马克思主义关于理论完善的思想

"十月革命一声炮响，给我们送来了马克思列宁主义。十月革命帮助了全世界的也帮助了中国的先进分子，用无产阶级的宇宙观作为观察国家

---

① 列宁选集（第4卷）［M］．北京：人民出版社，2012：55．

② 列宁选集（第1卷）［M］．北京：人民出版社，2012：79．

命运的工具，重新考虑自己的问题。"①就这样，先进的中国共产党人就开始思索如何在中国的具体实际中进一步完善马克思主义理论，形成了中国化马克思主义关于理论完善的丰富思想。

（一）毛泽东关于完善马克思主义理论的思想

以毛泽东为代表的第一代中国共产党人，在运用马克思主义基本原理"观察国家命运的工具，重新考虑自己的问题"的过程中，继续完善着马克思主义理论，形成了毛泽东完善马克思主义理论的丰富思想。

第一，群众理解彰显完善马克思主义理论的重大价值。尽管马克思主义理论是科学的理论，但并不是说马克思主义理论就尽善尽美。马克思主义理论涉及许多高深的哲学词汇，对于普通群众来说，是很难理解的。在中国新民主主义革命时期，"中国社会是一个中间小两头大的社会，无产阶级和地主大资产阶级都只占少数，最广大的人民是农民、城市小资产阶级以及其他的中间阶级"②。人数最多的农民、城市小资产阶级和中间派是影响中国革命的关键因素，为了使他们理解、支持中国革命，更好地发挥出中国革命动力的作用，就不得不让他们理解指导中国革命的理论。尽管农民深受压迫，"极易接受革命的宣传"③，但是农民知识文化水平较低。虽然城市小资产阶级和中间派也遭受压迫，"但是绝对不反对革命"④，却也是从"从前的买办阶级渐渐的脱胎而变成了工业的资产阶级"⑤。因此，如何让人数最多的农民、城市小资产阶级和中间派准确理解马克思主义理论就成为一个极其重要的问题，这不仅直接关乎着中国革命的进展，而且彰显着完善马克思主义理论的重大价值。毛泽东对这个问题进行了思考，首先，他对"理解"进行了深刻的分析，认为理解理论是提升理论解释力的前提，并表露出了自己的理解观：理解是在观念上、思想上对事物作出的一个前提性的判断；正确的理解需要在完全把握理解对

---

① 毛泽东选集（第4卷）[M]. 北京：人民出版社，1991：1471.

② 毛泽东选集（第3卷）[M]. 北京：人民出版社，1991：808.

③ 毛泽东选集（第1卷）[M]. 北京：人民出版社，1991：7.

④ 毛泽东选集（第1卷）[M]. 北京：人民出版社，1991：5.

⑤ 瞿秋白选集 [M]. 北京：人民出版社，1985：207.

象的基础上厘清理解何以可能、理解何种内容等核心内容；理解具有前瞻性、历史性、发展性等特征。①其次，毛泽东提出了实践是准确理解理论的方法。他在《实践论》中指出："感觉到了的东西，我们不能立刻理解它，只有理解了的东西才更深刻地感觉它。感觉只解决现象问题，理论才解决本质问题。这些问题的解决，一点也不能离开实践。"②这就是说，要理解马克思主义理论，就需要把它放置于实践视域中去验证。在实践中抓住了马克思主义理论的本质，或者运用马克思主义理论解决了现实问题，都可以做到理解。再次，毛泽东强调教育是理解马克思主义理论的方式之一，并彰显出了自身教育理解观的三重向度：认识向度上，教育力求深刻性；策略向度上，教育彰显实践性；价值向度上，教育追求全面性。③可以说，毛泽东关于如何准确理解马克思主义理论的相关思想，不仅彰显着他的理解观，而且还有效地指导着广大人民群众准确理解马克思主义理论，进而彰显出完善马克思主义理论的重大价值。

第二，在中国具体实际中推进马克思主义理论的完善。早在党的建立初期，毛泽东就意识到马克思主义理论中"并没有中国的湖南、湖北，也没有中国的蒋介石和陈独秀"④。中国革命必须依托中国"实际的阶级斗争"。在这一思想的指引下，毛泽东提出了"马克思主义中国化"这一概念，创造性地开启了把马克思主义运用于中国具体实际的历程，他说："使马克思主义在中国具体化，使之在其每一表现中带着必须有的中国的特性，即是说，按照中国的特点去应用它。"⑤由此可见，在毛泽东的意识里，坚持马克思主义基本原理与中国具体实际相结合不仅是马克思主义中国化的必然要求，而且还是完善马克思主义理论的重要路径。根据

① 孙宜芳. 论《实践论》中毛泽东的理解观——基于伽达默尔诠释学视角的分析［J］. 求索，2015（10）：65—69.
② 毛泽东选集（第1卷）［M］. 北京：人民出版社，1991：286.
③ 孙宜芳. 诠释毛泽东党员马克思主义教育思想的三重向度——重新解读《反对自由主义》［J］. 思想政治教育研究，2014（02）：97—101.
④ 毛泽东文集（第2卷）［M］. 北京：人民出版社，1993：379.
⑤ 毛泽东选集（第2卷）［M］. 北京：人民出版社，1991：534.

这种认识，在不同时期，毛泽东都积极地探索着如何在中国具体实际中完善马克思主义理论，最终推动了马克思主义理论的继续完善，展现出马克思主义强大的生命力和解释力。概括起来，毛泽东关于在中国具体实际中完善马克思主义理论的具体方法，主要表现在两个方面：一方面，同列宁一样，毛泽东非常重视同各种错误思潮作斗争，以扫除完善马克思主义理论的思想障碍。比如毛泽东曾经多次阐述本本主义、教条主义、机会主义等诸多错误思潮的危害，认为这些错误思潮是阻碍马克思主义理论趋于完善的因素，"是一种腐蚀剂，使团结涣散，关系松懈，工作消极，意见分歧。它使革命队伍失掉严密的组织和纪律，政策不能贯彻到底，党的组织和党所领导的群众发生隔离。这是一种严重的恶劣倾向"①。并"主张积极的思想斗争"②和"马克思主义的积极精神"③来克服错误思潮。另一方面表现在，具体方法形式多样。有学者对这一问题进行了概括，主要包括：在认真学习和研究马恩列斯理论的基础上，重视调查研究中国的实际情况，善于总结中国革命和建设的具体经验等。④可以说，毛泽东在自身关于理论完善思想的指引下，在中国的具体实践中完善着马克思主义理论的同时，又有效地提升了马克思主义理论的解释力，进而更好地指导着中国的革命和建设。

第三，改造世界彰显完善马克思主义理论的动力源泉。依据前文所分析的毛泽东的理解观，再结合伽达默尔所言："诠释学的根本任务不是要发展一种理解的程序，而是要澄清理解得以发生的重要条件。"⑤可以看出，理解便是伽达默尔所说的"理解得以发生的重要条件"，便可以分析出理解是解释的基础，进而也就可以总结出毛泽东解释观：解释的目的之一是理解；解释的途径涵盖了实践、教育等方式；解释的关键要准确抓住

① 毛泽东选集（第2卷）[M]．北京：人民出版社，1991：360.

② 毛泽东选集（第2卷）[M]．北京：人民出版社，1991：359.

③ 毛泽东选集（第2卷）[M]．北京：人民出版社，1991：361.

④ 彭厚文．论毛泽东的理论创新思想[J]．学术交流，2005（05）：26—30.

⑤ ［德］汉斯-格奥尔格·伽达默尔．诠释学II：真理与方法[M]．洪汉鼎，译．北京：商务印书馆，2013：418.

事物的本质；解释的特征主要有历史性、发展性等。由此可见，毛泽东不仅重视通过群众是否理解的方式验证马克思主义理论的完善程度，彰显出自己的理解观，而且还重视通过解释的方式达到完善马克思主义理论的目的，形成了自己的解释观。但是，毛泽东并未把完善马克思主义理论的问题停留于一般意义上的理解和解释层面，而是积极秉承马克思所说的"哲学家们只是以不同的方式解释世界，问题在于改造世界"[①]。孜孜以求地探索着改造世界这种方式来增添完善马克思主义理论的现实动力。毛泽东认为，马克思主义理论不仅可以改造人的思想，而且还可以改造社会，他说："一个马克思主义者如果不懂得从改造世界中去认识世界，又从认识世界中去改造世界，就不是一个好的马克思主义者。"[②]由于改造社会本身就是一项实践活动，再对照前文所分析出的马克思、恩格斯、列宁、毛泽东所认可的实践是推进马克思主义理论完善的有效动力，便可以看出，在毛泽东看来，改造社会就是完善马克思主义理论的动力源泉。在这种思想的指引下，在对中国社会的改造中，毛泽东也创造性地完善着马克思主义理论，使广大群众对马克思主义理论有了基本的认同。[③]在这里，依据毛泽东在改造中国社会的基本经验和贡献，并考察学界已有观点，就可以总结出毛泽东旨在通过改造社会增添完善马克思主义理论动力的思想：一是在坚持马克思主义理论为指导，掌握其立场、观点和方法的基础上改造世界，[④]这是完善马克思主义理论的方法动力；二是在沟通理论与现实的道路中改造世界，[⑤]这是完善马克思主义理论的道路指向；三是在坚持解

① 马克思恩格斯选集（第1卷）［M］.北京：人民出版社，2012：136.

② 毛泽东文集（第2卷）［M］.北京：人民出版社，1993：344.

③ 孙进.近年来毛泽东对马克思主义中国化贡献的研究概述［J］.毛泽东邓小平理论研究，2009（03）：79—84.

④ 庄福龄.从解释世界到改变世界的视角看毛泽东的理论创新［J］.党的文献，2013（04）：43—47.

⑤ 王玉平.毛泽东对马克思主义哲学中国化的思维路径创新［J］.马克思主义研究，2012（04）：45—51.

放思想、实事求是的思想路线指引下改造世界，①这是完善马克思主义理论的思想动力；四是在对马克思主义中国化问题的不懈探索与努力追求中改造世界，②这是完善马克思主义理论的现实动力；五是不能脱离中国实践要求来评析马克思主义中国化，要把马克思主义基本原理与中国革命实践、中国历史、中国文化相结合起来中改造世界，③这是完善马克思主义理论的直接动力。毛泽东在积极改造世界的革命运动中，直接推动着马克思主义理论进一步走向完善，最终为新民主主义革命的胜利和社会主义建设的向前推进提供了源源不竭的精神动力和理论源泉。

（二）改革开放以来中国化马克思主义关于理论完善的思想

改革开放以来，经过30多年的艰难探索，我国成功开辟了中国特色社会主义道路。在这条道路的指引下，中国共产党人充分发挥集体聪明才智，在中国特色社会主义的具体实践中继续完善着马克思主义理论，形成了关于进一步完善马克思主义理论的新思想、新内涵，丰富了中国特色社会主义理论体系的思想理论宝库内容。

第一，高度重视在批判中正本清源完善马克思主义理论。马克思主义经典作家非常重视理论的批判，马克思曾经对于德国古典哲学重视抽象批判的现象时指出："康德和费希特在太空飞翔，对未知世界在黑暗中探索；而我只求深入全面地领悟在地面上遇到的日常事物。"④可见，马克思极其反对对事物的抽象批判，却非常重视在面向现实中批判。然而在推进中国特色社会主义建设的进程中，却出现了一些否定马克思主义批判精神的声音，一种倾向表现在漠视马克思"不主张竖起任何教条主义旗

① 林源．论毛泽东对马克思主义的突破性发展［J］．湖南科技大学学报（社会科学版），2005（01）：5—10.

② 王心月．社会主义建设时期毛泽东对马克思主义中国化问题的认识与实践研究［D］．东北师范大学博士学位论文，2013.

③ 王素莉．毛泽东对马克思主义中国化的杰出贡献——对几种观点的评析，毛泽东百周年纪念，全国毛泽东生平和思想研讨会论文集（上）［C］．毛泽东百周年纪念——全国毛泽东生平和思想研讨会论文集（上）［M］．北京：中央文献出版社，1994.

④ 马克思恩格斯全集（第40卷）［M］．北京：人民出版社，1982：651.

帜"的主张，忘记马克思"欢迎任何的科学批评的意见"的观点，对马克思主义进行教条式的理解；另一种倾向表现在，通过误解进而达到否定马克思主义的批判精神，乃至否定整个马克思主义理论。①改革开放以来，中国共产党人不仅在批判各种非马克思主义和反马克思主义思想的基础上为完善马克思主义理论扫清了障碍，而且还在批判中不断完善着马克思主义理论。邓小平曾经针对教条主义和经验主义的错误倾向指出："教条主义，就是只知道马克思列宁主义的词句，不从具体情况出发来运用，它使我国的革命遭受过失败和挫折。经验主义，就是只看到一些具体实践，只看到一国一地一时的经验，没有看到马克思列宁主义的原则。两者我们都反对。"②在批判形式主义时，邓小平又指出："现在有一个问题，就是形式主义多。电视一打开，尽是会议。会议多，文章太长，讲话也太长，而且内容重复，新的语言并不很多。"③江泽民对各种非马克思主义也有着非常深刻的认识，他说："有的教条主义、本本主义严重，形而上学、浮夸不实；有的形式主义、官僚主义严重，套话连篇、空话甚多，弄虚作假、欺上瞒下。"④从一定程度上讲，正是因为中国共产党人对各种非马克思主义或反马克思主义思想的深刻认识，才为进一步完善马克思主义理论提供了前提条件，使得我们能够准确把握哪些是需要坚持的，哪些是需要抛弃的，恰如习近平总书记在哲学社会科学工作座谈会上的讲话所指出的那样："对待马克思主义，不能采取教条主义的态度，也不能采取实用主义的态度。如果不顾历史条件和现实情况变化，拘泥于马克思主义经典作家在特定历史条件下、针对具体情况作出的某些个别论断和具体行动纲领，我们就会因为思想脱离实际而不能顺利前进，甚至发生失误。"⑤

在批判各种错误思想，为完善马克思主义理论正本清源、扫清障碍的同时，中国共产党人又在积极地完善着马克思主义理论。针对有些人妄

① 平飞．论马克思的批判精神与批判辩证法［J］．马克思主义研究，2013（02）：73—83.

② 邓小平文选（第1卷）［M］．北京：人民出版社，1994：259—260.

③ 邓小平文选（第3卷）［M］．北京：人民出版社，1993：381.

④ 江泽民．在江西省考察工作时的讲话［N］．人民日报，2001-06-03（001版）.

⑤ 习近平．在哲学社会科学工作座谈会上的讲话［M］．北京：人民出版社，2016：14.

第四章 马克思主义关于理论完善的经典创制

图否定毛泽东思想的问题，邓小平进行了尖锐的批判，提出要正确完整地理解毛泽东思想这个科学理论体系，他说："我们要真正地领会毛泽东思想。就一个领域、一个方面的问题来说，也要准确地完整地理解毛泽东思想。……毛泽东思想不是在个别的方面，而是在许多领域发展了马克思列宁主义。毛泽东思想是个体系，是发展了的马克思主义。"①再如，改革开放以来，在推进中国特色社会主义的历程中，先后产生了邓小平理论、"三个代表"重要思想、科学发展观和习近平新时代中国特色社会主义思想等一系列重要理论成果，并将这些理论纳入中国特色社会主义理论体系范畴中去，也是对中国特色社会主义理论体系的进一步完善与发展，由于这个理论体系与马克思主义理论的精髓和理论品质是一以贯之的，"在当代中国，坚持中国特色社会主义理论体系，就是真正坚持马克思主义"②。所以说，中国特色社会主义理论体系的新发展，就是进一步完善马克思主义理论的有益探索。

第二，积极总结正反两方面经验教训完善马克思主义理论。社会主义制度确立之后，我国开启了社会主义建设道路的初步探索，继续完善着中国化马克思主义理论。但是，由于各种复杂原因，也出现了一些歪曲、背离马克思主义理论的错误思想和行为。改革开放之后，中国共产党人积极总结正反两方面的经验教训，依据具体实践创造性地提出了一些完善马克思主义理论的新思想、新观点，为完善马克思主义理论增添了无穷的思想动力。

改革开放之前，之所以出现歪曲马克思主义理论的现象，很大程度上是由于没有正确运用马克思主义而产生的恶果。中国共产党人在充分汲取正反两方面经验教训的基础上认为，必须要进一步解放思想，打破错误思想的束缚，才能进一步完善马克思主义理论。解放思想与完善马克思主义理论并不是相互割裂的，而是相辅相成、互相促进的，一方面，解放

---

① 邓小平文选（第2卷）［M］．北京：人民出版社，1994：43.

② 中共中央文献研究室．改革开放三十年重要文献选编（下）［M］．北京：人民出版社，2008：1718.

思想有助于完善马克思主义理论，要完善马克思主义理论，必须解放思想。解放思想是完善马克思主义理论的基础和前提。江泽民指出："我们要坚持解放思想、实事求是，重视研究新情况和新问题，在改革和建设实践中坚持和发展马克思主义。"① "解放思想、实事求是，也是马克思主义、列宁主义和毛泽东思想的精髓。正是依靠和运用这个精髓，才有马克思主义的创立和发展。"②另一方面，解放思想又需要马克思主义理论的指导，邓小平曾经指出："什么叫解放思想？我们讲解放思想，是指在马克思主义指导下打破习惯势力和主观偏见的束缚，研究新情况，解决新问题。"③也就是说，脱离了马克思主义理论的指导，便不可能做到解放思想，这一如江泽民所指出的那样："解放思想、实事求是，首先要解决正确对待马克思主义的问题。"④

随着中国特色社会主义事业的继续推进，中国共产党人继续充分发挥主观能动性，积极总结完善马克思主义理论的基本经验，提出了一些新的思想理论。江泽民尤其重视与时俱进在完善马克思主义理论中的作用，他说："马克思主义具有与时俱进的理论品质。如果不顾历史条件和现实情况的变化，拘泥于马克思主义经典作家在特定历史条件下、针对具体情况做出的某些个别论断和具体行动纲领，我们就会因为思想脱离实际而不能顺利前进，甚至发生失误。"⑤胡锦涛在继承前人关于完善马克思主义理论思想的基础上，提出要在与时俱进中进一步完善马克思主义理论，他说："求真务实是党的活力之所在，也是党和人民事业兴旺发达的关键之所在。坚持求真务实，是坚持马克思主义科学世界观和方法论的本质要

① 江泽民．在庆祝中国共产党成立八十周年大会上的讲话［M］．北京：人民出版社，2001：55.

② 中央"三讲"教育联系会议办公室．江泽民论讲学习讲政治讲正气（专题摘编）［M］．北京：党建读物出版社，1999：34.

③ 邓小平文选（第2卷）［M］．北京：人民出版社，1994：279.

④ 江泽民文选（第3卷）［M］．北京：人民出版社，2006：336.

⑤ 江泽民文选（第3卷）［M］．北京：人民出版社，2006：282—283.

求。"①习近平也非常重视求真务实在完善马克思主义理论中的作用，他提出："要有探索真知、求真务实的态度，在立足本职的创新创造中不断积累经验、取得成果。"②

第三，强化理论与实践相统一的方法完善马克思主义理论。改革开放以来，中国共产党人在坚持理论与实践相结合的优良品格中继续完善着马克思主义理论，不仅丰富了中国化马克思主义理论的思想宝库，而且还进一步推进了中国特色社会主义的伟大实践。

从理论形态的完善方面来看，改革开放初期，我国并没有真正弄清楚"什么是社会主义、怎样建设社会主义"这一重大问题，邓小平对此曾经进行过总结，他说："我们的经验教训有许多条，最重要的一条，就是要搞清楚这个问题。"③以邓小平同志为主要代表的中国共产党人进行了认真思考，提出在坚持社会主义基本制度的基础上，搞清楚社会主义的本质是什么予以解决"什么是社会主义，怎样建设社会主义"的思路，最终得出关于社会主义本质的科学论断："社会主义的本质，是解放生产力，发展生产力，消灭剥削，消除两极分化，最终达到共同富裕。"④可以说，弄清了社会主义本质的基本问题，就进一步完善了社会主义的基础理论问题。以江泽民同志为主要代表的中国共产党人在总结党的建设基本经验的基础上，始终关注在新的历史条件下不断加强党的建设、巩固党的执政地位的相关问题，深刻回答了新形势下"建设什么样的党，怎样建设党"，丰富完善了党的建设学说。以胡锦涛同志为主要代表的中国共产党人紧密结合国内外政治经济发展形势，深刻回答了"实现什么样的发展，怎样发展"，丰富完善了中国特色社会主义经济建设学说。党的十八大以来，以习近平同志为主要代表的中国共产党人提出了一系列重要的新观点、新思想，进一步从理论形态上完善了中国特色社会主义理论体系，为进一步实

---

① 中共中央文献研究室. 改革开放三十年重要文献选编（下）［M］. 北京：中央文献出版社，2008：1384.

② 习近平. 同各界优秀青年代表座谈时的讲话［N］. 人民日报，2013-05-05（002版）.

③ 邓小平文选（第3卷）［M］. 北京：人民出版社，1993：116.

④ 邓小平文选（第3卷）［M］. 北京：人民出版社，1993：373.

现社会主义现代化和中华民族伟大复兴提供了强有力的理论指导。

从实践上来看，中国特色社会主义的伟大实践，不仅完善了马克思主义理论，而且还为进一步创新马克思主义理论提供了基础，而完善、创新出来的马克思主义理论成果又反过来有效地指导着中国特色社会主义实践，这也诚如习近平总书记所指出的那样："坚持以马克思主义为指导，必须落到研究我国发展和我们党执政面临的重大理论和实践问题上来，落到提出解决问题的正确思路和有效办法上来。"[①]这句话内涵丰富，意思是说，必须坚持回答实践中出现的新课题才能更好地完善理论。正是基于这种科学的认识，从改革开放伊始，到当前正在进行着的中国特色社会主义事业的全面推进，其间所经历的每一步实践探索，所取得的每一个理论发展、理论创新成绩，都与理论完善有着这样或那样的联系。从党的十二大提出"走自己的路，建设有中国特色的社会主义"，经过近30年的探索，历经5次党代会，到党的十七大对这条新道路的内涵进行首次界定，才在社会主义探索的历程中，逐渐开辟出一条符合我国实情的社会主义建设新道路，即中国特色社会主义道路。

为何能够开辟出中国特色社会主义道路？从一定意义上讲，就是在推进中国特色社会主义的具体实践中，始终坚持完善马克思主义理论才结出的硕果。在推进中国特色社会主义的过程中，每一个新理论的创新，不仅是具体实践的产物，而且还是实践中不断地完善与发展的产物，这正如习近平总书记所指出的那样："理论创新每前进一步，理论武装就跟进一步。"[②]正是有了这样的经验总结，才在创新马克思主义理论的同时，推进着中国特色社会主义的伟大实践。同时，又在推进着中国特色社会主义伟大实践的过程中，继续完善着马克思主义理论。

综上，马克思主义经典作家和中国共产党人关于完善马克思主义理论的思想内涵丰富，涉及基本方法、制度保障、动机机制、动力源泉等各

---

① 习近平.在哲学社会科学工作座谈会上的讲话［M］.北京：人民出版社，2016：14.

② 习近平.在"不忘初心、牢记使命"主题教育工作会议上的讲话［M］.北京：人民出版社，2020：14.

第四章 马克思主义关于理论完善的经典创制

个方面。总结分析这些思想，有助于为当前进一步完善马克思主义理论，并提升其解释力提供直接的思想来源。反之，如果将这些有益的思想束之高阁，继续完善马克思主义理论将如无源之水，毫无动力、缺乏生机，马克思主义理论解释力提升体系的建构将失去理论根基，摇摇欲坠、欲站不稳。需要指出，为了避免重复问题的讨论，上述每一部分的分析侧重点各有不同。但是这并不意味着马克思主义者们关于理论完善的思想仅有本书所讨论到的内容，比如，在分析马克思恩格斯关于理论完善的思想时，总结出三方面的内容，而在分析列宁和毛泽东关于理论完善的思想时，并未对马克思恩格斯的三方面内容进行分析。在分析列宁、毛泽东以及新时期中国共产党人关于理论完善的思想时，对所涉及的马克思恩格斯思想里的内容，也没有予以分析。从这一层面来看，只要把上述关于马克思、恩格斯、列宁、毛泽东以及新时期中国共产党人关于理论完善的思想整合到一起，就可以使这些思想资源成为共同推进马克思主义理论趋于完善的有力思想武器和方法指引。

微信扫码

掌握基础原理
记录书中要点

第五章

基于理论生成路径的马克思主义理论完善

恩格斯曾经指出："要精确地描绘宇宙、宇宙的发展和人类的发展，以及这种发展在人们头脑中的反映，就只有用辩证的方法，只有不断地注视生成和消逝之间、前进的变化和后退的变化之间的普遍相互作用才能做到。"①这也就是说，要认识事物之间的联系，就必须用辩证的方法，从事物本身或者事物内部各要素的生成、消逝、前进、变化中寻找答案。根据恩格斯的观点，把理论作为研究对象，特别是弄清楚理论的生成路径，有助于在把握理论内部要素互相联系中推进理论完善。同样地，对于完善马克思主义理论而言，也需要遵循的这一基础理论原则。

理论是怎么生成的？法国叙事学家热拉尔·热奈特（Gérard Genette）指出："研究叙事的时间顺序，就是对照事件或时间段在叙述话语中排列顺序和这些事件或时间段在故事中的接续顺序。"②热奈特虽然是叙事学家，但是他的这一思想仍然可以为我们找寻理论完善的路径提供指导。从热奈特的观点可以看出，理论的生成不是杂乱无章的，而应该有着自身的生成顺序。在这个意义上，理论完善应该依据理论生成的全过程，予以完善其中所经过的每一个步骤或者阶段的内容。那么，理论生成的全过程是什么？马克思主义认识论认为："科学理论是将实践的经验提高到理性的高度，反过来又指导实践的。"③这就是说，理论来源于实践，且经过经验，上升为理性之后形成了理论，进而再经过实践检验。除此以外，还有一条广为学界认可的理论生成之路："任何一个学说体系，都是由概念、定律、结论组成的理论范式。"④也就是说，理论的生成应该是先有了概念，然后总结成为定律，最后发展成为理论的结论。在这里，对照所总结出的"理论完善需要依据理论生成的全过程"，就可以得出两条理论完善之道：第一条路径是从完善经验、到完善理性、再到完善理论的理论完善

---

① 马克思恩格斯全集（第25卷）［M］. 北京：人民出版社，2001：389—390.

② ［法］热拉尔·热奈特. 叙事话语新叙述话语［M］. 王文融，译. 北京：中国社会科学出版社，1990：14.

③ 中共中央文献研究室. 建国以来重要文献选编（第1册）［M］. 北京：中央文献出版社，1992：271.

④ 雍涛. 马克思主义哲学中国化的历史进程［M］. 武汉：武汉大学出版社，2006：250.

道路；第二条路径则是由完善概念、定律，进而到完善原理，最后达到完善理论目的的理论完善道路。

一、基于经验—理论道路的理论完善

依据前述分析得知，理论完善的第一条路径是从完善经验、到完善理性、再到完善理论。有学者认为，经验可以直接通向理论。[①]不可否认，经验固然可以通往理论，但是其中所经历的理性阶段也是一个不容忽略的重大问题。基于这种认识，在这里，只要分别完善经验—理论道路各阶段所涵盖的每一具体内容，即分别完善经验、完善理性、完善理论，便能够在经验—理论道路视域中推进马克思主义理论完善。

（一）完善经验

经验是人们在实践过程中形成的基本认识，可以为理论建构提供前提的事实参照。马克思也承认这一点，他指出："这些前提可以用纯粹经验的方法来确定。"[②]但是，经验只是原有材料的简单堆砌和对事物表面现象的简单描述，还不足以能够帮助人们更深刻地从本质上认识事物。为了更好地发挥出经验在理论建构中的重要作用，或者为了更好地推进理论完善，"完善经验"就成为一个非常重要的话题，因为只有经验是相对完善的，才能为下一步推导出完善的理论提供基础和前提。陈实等学者在对经验类别展开多维分析的基础上，提出了"完善经验"的概念，即，个体通过多种途径获取经验，通过反思和改进，形成一个良性的、有效的、协调的具有指导意义的经验体系。[③]应该看到，陈实等所说的"完善经验"概念确实可以为进一步推进经验完善提供指导。但是，缺陷在于，他们仅仅

① 参见叶勤，陈曦. 经验与理论的双向运动——孙绍振教授访谈录［J］. 渤海大学学报（哲学社会科学版），2001（01）：20—25；黄宗智. 连接经验与理论——建立中国的现代学术［J］. 开放时代，2007（04）：5—25.

② 马克思恩格斯选集（第1卷）［M］. 北京：人民出版社，1972：24.

③ 陈实，陈佑清. 完善经验及其教育意蕴［J］. 华中师范大学学报（人文社会科学版），2014（03）：160—165.

给出了一般的方法，并没有具体指出是通过何种途径获取了经验、怎么进行反思等一系列问题。这样看来，我们还需要继续思考究竟该怎么样才能推进经验完善这一重大问题，以更好地为完善理论这一工作提供基础。

马克思在分析经济问题时指出："既不能用显微镜，也不能用化学试剂。二者都必须用抽象力来代替。"①这就是说，探究经验完善之道，需要用抽象力来进行。什么是抽象力呢？马克思认为，抽象是"经过比较而抽出来的共同点，本身就是有许多组成部分的、分为不同规定的东西"②。根据马克思的观点，抽象力就是事物的共同点，是事物的性质，这也就是说，完善经验就是要弄清楚经验的本质是什么。对于这个问题，美国著名心理学家、实用主义哲学家约翰·杜威（John Dewey）的观点可以给予一定的参照，杜威认为："经验包含着一个主动的因素和一个被动的因素，这两个因素以特有形式结合着，只有注意到这一点，才能了解经验的性质。在主动方面，经验就是尝试，这个意义用'实验'这个术语来表达就更清楚了。在被动方面，经验就是承受结果。"③在经验提升视野中，杜威所说的"主动的因素"就是实践，"被动的因素"就是实践产生的结果。根据这一观点，就可以总结出完善经验的两条基本路径：一是重视实践。一方面需要认识到，实践是经验的来源，也就是要重视通过不同途径的实践来产生不同的经验，或者依据不同的经验需要予以尝试着实践，进而产生所需要的经验。另一方面，要把在实践中产生的各种认识总结出来，使这些认识形成可以生成理论的基本经验，这一观点与马克思主义认识论的观点，即实践是认识（当然也包括经验）的来源不谋而合。二是要分析实践的结果。不同的实践方式可能会产生不同的实践结果，也可能会产生相同的实践结果。同样地，即便是同样的实践方式也可能会导致实践结果相同或相异。也正因为如此，就一定会产生相同或不同形式的实践经验。对于相同的实践经验而言，只要分析这些经验，便可以从中筛选出哪些是正确的实践方式，哪些是错误的实践方式。得出这一结论之后，再运用正确的实践方式去作用于经验，就可以促使经验逐步走向完善。对于不同的实践经验而言，就需要寻求这些不同经验之间的共性，抽出不同经验的"共同点"，然后再依据这些"共同点"去分析经验的每一个组成部分，从而能够在"经过比较而抽出来的共同点"的基础上，去分析经验的"许多组成部分的、分为不同规定的东西"。

需要说明的是，这里所说的对经验本质的探寻，或者说这种完善经验的方法，尽管与马克思关于发现事物本质的观点高度一致，但是，这并不意味着这里的完善经验就已经完善了最终的理论或者说促使经验成为了理论。所以说，这里所探究的完善经验，仍然仅仅属于经验的范畴，其研究对象只是经验，而非理论，并不能因为有了对本质的探索，就认为这里的经验成为了理论，因为经验始终是经验，这一时期的经验还并未成长为理论。正是在这个意义上，才有学者认为："经验是一回事，理论是一回事。"①在经验得到完善的基础上，也就为走向理性之路打开了大门。也就是说，只要运用上述方法达到了完善经验的目的，也就等同于完善经验之道已走到了终点，同时，也就开启了完善理性的起点。

（二）完善理性

从经验走向理性，是由感性认识理论走向理性认识理论的一个必经阶段，这一阶段是理论形成过程中非常重要的环节。在这个阶段，还存在着两个最基本的问题：一是在理性没有形成之前，是怎么样从经验走向理性的；二是到了理性阶段，理性怎样更加理性、更加成熟的。下面尝试着分别分析这两个问题。

如何使经验转化为理性？毛泽东曾经指出："要完全地反映整个事物，反映事物的本质，反映事物的内部规律性，就必须经过思考作用，将丰富的感觉材料加以去粗取精、去伪存真、由此及彼、由表及里的改造制作工夫，造成概念和理论的系统，就必须从感性认识跃进到理性认

① 黄宗智. 连接经验与理论——建立中国的现代学术 [J]. 开放时代，2007（04）：5—25.

识。"① 在这里，毛泽东所说的"去粗取精、去伪存真、由此及彼、由表及里的改造制作工夫"就是从感性走向理性之路。也就是说，只要把经验中的精华部分抽取出来、辨别真伪，透过经验的现象，发现现象背后所隐藏的理论的内部元素，就可以使经验走向理性。需要指出，这里正在进行着的完善理性的探究工作，其最终目的在于完善理论。所以，探索考察由经验走向理性之道的相关问题，就应该比一般意义上的由经验到理性要更加严格、更加细致。只有在这个意义上，才能在遵循由经验到理性之道相关问题探索过程的基础上，更好地完善理性，最终达到更好地完善理论的目的，否则就走向了对于经验到理性一般路径的探究，不仅会迷失完善理论的方向牵引，而且还可能会稀释探究这一问题的主旨意义。

正如毛泽东所认可的那样，弄清从经验到理性之道之后，并不意味着认识运动的完成，"而在于拿了这种对于客观规律性的认识去能动地改造世界"②。诚然，经验发展到理性阶段之后，可以尝试性地运用到改造世界的实践中去。但是，严格来说，这一时期的实践仍然不能称之为理论指导下的实践，而是理性指导下的实践。也就是说，只有使理性更加理性，直到形成真正的理论，才能更好地指导实践。在这个意义上，探究怎么样使理性更加理性、更加成熟的重大意义自然也就不言而喻。应该看到，毛泽东的上述言论，不仅简明指出了如何从感性走向理性，而且还为有效推进理性更加理性提供了思路，也就是运用实践的方法去反复验证理性。通过多次实践，能够验证的理性，才是真正的或者是能够更好地促进理论完善的理性。反之，如果多次实践检验发现有时是正确的，而有时是错误的，那就需要通过毛泽东所说的"去粗取精、去伪存真、由此及彼、由表及里的改造制作工夫"的方法使理性更加理性、更加成熟，最终使理性通过实践的检验。应该认识到，这里所谈到的正确的实践在推进理性更加理性中的重要性，并不等同于说，那些经由实践证明了的错误的"理性"（实际上不是理性，而在某种特殊条件下被人们误认为是理性）就毫无意

① 毛泽东选集（第1卷）[M]. 北京：人民出版社，1991：291.
② 毛泽东选集（第1卷）[M]. 北京：人民出版社，1991：292.

义。在某种情况下，错误的"理性"也可能会反作用于实践或者理论，也能够在一定条件下推进理性更加理性。

除了实践的方法之外，还可以从理性的内部因素这一视角去思考如何使理性更加理性，因为"矛盾着的对立面又统一，又斗争，由此推动事物的运动和变化"①。在这个意义上，只要厘清理性的内部矛盾是什么，就可以通过解决矛盾的方法促使理性更加理性。有学者提出，理性存在着理想与现实的矛盾、认识与价值的矛盾、理解与批判的矛盾，这三对矛盾推动着理性向前发展。②应该说，这种认识具有一定的科学性。在这里，依据学者的这种观点，便可以另辟蹊径，予以分析出新的理性完善之道。

由于我们有着完善理性的理想愿景，而事实往往可能事与愿违，在一定条件下，理性还有可能并不完善，这样也就有了完善理性的理想与理性的现实之间的矛盾。这对矛盾的斗争通过二者的互动表现出来，并进而推动着理性走向完善，一方面表现在，不能过度夸大理性的理想，否则就存在着使理性成为永恒、成为绝对的错误理念，丧失完善理性的科学指引和现实意义；另一方面表现在，不能过度凝固理性的发展，否则就会使得理性陷入发展危机，失去了完善理性的前进动力和根本旨归。所以说，依据理性的现实，结合促使理性走向理论的最终目的，制定完善理性的合理性理想，就是准确把握理性存在的理想与现实之间矛盾的有效路径。

理性所存在的认识与价值之间的矛盾不是彼此割裂，而是互相依赖。具体体现在：一方面，对理性的认识建立在理性的价值上，对理性的认识并不是从天而降、无中生有的，而是依据理性的价值得出的结论。另一方面，理性的价值影响理性的认识，更为重要的问题就在于把握住有较高价值的东西。③理性的价值越高，其重要性就越强，认识理性的动机就愈加强烈，那么，能够认识理性的可能性也就有效增强。基于理性的认识与价值之间的依赖关系，完善理性就是要在理性的认识与价值之间寻求合理性

① 毛泽东文集（第7卷）［M］. 北京：人民出版社，1999：213.

② 丰子义. 社会发展与现代理性构建［J］. 学习与探索，2012（01）：28—33.

③ 杜任之. 现代西方著名哲学家述评（续集）［M］. 北京：生活·读书·新知三联书店，1983：101.

结合点，既要发挥出理性在完善理论中的作用，增强理性的价值性，又要提高完善理性的主观能动性和具体能力，提高认识理性的基本能力，才能更好地完善理性。

理解与批判的矛盾也是促进理性更加理性（完善）的主要动力之一，主要原因在于，一方面表现在，理解理性与批判理性之间的互动关系上。理解理性是批判理性的基础和前提，通过批判理性又可以进一步完善理性、发展理性。这种完善和发展了的理性，又有助于帮助人们理解理性。当然，要做到批判理性，还是要基于理解理性。如果不理解，批判也将无从着手。另一方面表现在理解—批判—理解的循环上。理解与批判的互动关系展示出了理解—批判—理解的无限循环，这种循环不仅推动着对理性的理解，而且还推动着理性的批判，进而又推进着理性更加理性。正是在这种理解—批判—理解的循环中，完善理性的工作将显得动力十足。

（三）完善理论

完善理论是基于"第一条道路"的马克思主义理论完善的最后一个环节。从广义上来看，上文关于完善经验和完善理性的内容也应当是完善理论的题中应有之义。因为，理论是由经验上升为理性而形成的。所以，理论生成环节的每一内容的完善都可以归属到理论完善的范畴中去。从狭义的角度来看，是指经过完善经验、完善理性的任务，达到了理论这个阶段之后，对理论的理论阶段进行的完善。应该指出，这里所探究的完善理论之道，意指狭义层面的理论完善。

究竟应该怎么样来推进理论趋于完善呢？根据实践是理论产生的源泉这一原理，完善理论的路径就只有一条，那就是实践，这与毛泽东所说的"而在于拿了这种对于客观规律性的认识去能动地改造世界"具有相同意蕴。不同的是，这里所说的实践，才算得上是真正意义上的理论指导。为了防止理论走向空洞的层面，或者为了促使理论在理论阶段更加完善，就必须通过实践的方式去验证理论。同时，还需要注意到，同前面完善理性的实践意蕴一样，如果经由实践，验证了理论阶段的理论形态的正确性之后，那就意味着走向理论阶段的理论真正成为了理论，理论完善的任务基本完成。这正如毛泽东所指出的那样："如果能够实现预想的目的，即将预定的思想、理论、计划、方案在该同一过程的实践中变为事实，或者大体上变为事实，那末，对于这一具体过程的认识运动算是完成了。"①但是，也应该看到，由于在验证理论的实践过程中，会面临着来自各方面的限制，诸如历史条件、自身环境、运用工具、主体因素、资料的增删等，影响理论的完善进程和完善效果等相关问题。这也就意味着，理论完善的过程因各种因素而有所延滞或增速，理论完善的效果也会因各种因素有所降低或提升。在这种情况下，就需要变更实践方式予以进一步推进理论完善。

通过对经验—理论这一理论完善道路的分析，可以发现，实践②始终贯穿于这一道路中，缺乏了实践，经验、理性或者理论的完善都将会失去动力。也正是因为实践的存在，使得经验——理论这一完善道路中的各要素发生着密切联系，进而推动着理论一步一步地走向完善（如图5-1所示）。

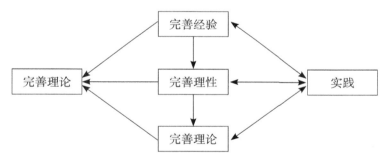

图5-1　基于经验—理论道路的理论完善图

二、基于概念—理论道路的理论完善

理论完善的第二条路径是通过概念、定律，再到原理，最终形成理

---

① 毛泽东选集（第1卷）［M］. 北京：人民出版社，1991：293.

② 需要认识到，实践也是推进理论完善的重要方式，但是这种方式是理论外部条件的动力。由于这一部分探讨的是理论内部各阶段构成要素的完善之道，所以，这里暂时不分析实践在推进理论完善中的作用，下文再专门予以分析。

论的理论生成之路，这一系列概念、定律、基本原理等就组成了严密的理论科学体系。从理论横向视角来看，概念、定律、基本原理等都是构成理论的重要组成部分，缺一不可。从理论纵向发展角度来看，理论的生成又必须经过概念、定律、基本原理等不同发展阶段，最终形成科学的理论体系。不管是横向角度还是纵向角度，理论的内容都无法避离概念、定律、基本原理等一系列重要问题。这就是说，只要依据理论概念—理论道路，逐一完善其中的每一个阶段（完善概念、完善定律等），就可以逐渐地推进理论趋于完善。在这里，需要注意到极其重要的一点，与经验—理论的完善道路一样，概念—理论的完善道路也离不开实践的参与，缺乏了实践，概念、定律和基本原理等也无法形成。根据这种分析，再加上图5-1带给我们的启示，就可以大致勾勒出一个基于概念—理论的理论完善之道的展示图（如图5-2所示）。

理论并不是无中生有的，而是本身就存在于客观世界中的固有的东西。根据马克思主义认识论的基本观点，在一定条件下（一般是实践），人们发现了理论萌芽的东西，并采取措施促使这种理论萌芽状态的东西经由一系列艰难的蜕变历程，最终才生成了理论。我们也可以把这个理论生成的过程简单地理解为：在实践中发现了理论来源，才进而形成了关于理论的基本概念，而后又在实践中形成了理论的基本定律，最终才催生出了完整科学的理论。那么，到底什么因素催生了理论的萌芽，或者理论的来源究竟是什么呢？必须首先弄清楚这个问题，才能准确地开启理论生成的起点，也才能为推进理论完善提供源头问题的牵引。

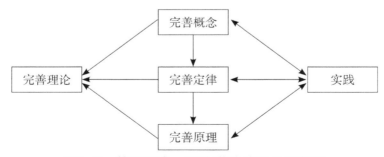

图5-2　基于概念—理论道路的理论完善图

（一）完善理论来源

美国政治理论家约翰·罗尔斯（J. Rawls）在《政治自由主义》（*Political Liberalism*）一书中论述政治来源问题时指出："正是有了合理性的来源，才表明其观点与真理概念发生了联系。"①这即是说，合理性的来源才能促进真理的产生。同样地，对于完善理论来源的问题而言，也是如此。只有弄清楚理论来源是什么或者理论来源于哪里，才能为后续完善概念、完善定律、完善理论等相关问题奠定基础前提，也才能夯实理论的架构根基，证明理论的真理性属性，进而更好地提升理论的解释力。

马克思指出："全部社会生活在本质上是实践的。"②这即是说，理论来源于实践。那么，究竟是什么实践才是理论的来源，或者究竟什么实践才促使了理论产生呢？列宁认为："承认客观的即不依赖于人和人类的真理，也就是这样或那样地承认绝对真理。"③意思是，绝对真理来源于客观对象的具体实际。在理论来源这一问题上，就需要把研究焦点集中于理论这一研究对象的具体实际上。综合马克思和列宁的观点，就可以得知，理论来源于作用于理论的实践，来源于产生理论的实践对象、具体材料。谭好哲在论述理论创新路径时指出了两条路径：通过实践发现新理论和对旧理论的改造、革新和超越中产生了新理论。④在这里，谭好哲所说的理论创新的两条路径都是作用于理论的实践，也是产生理论的实践材料。应该看到，理论来源与理论创新路径有异曲同工之处。据此，这一观点就为进一步探究理论来源提供了指导，即发现新理论的来源和改造旧理论的来源这两种不同的理论来源就是催发理论诞生的实践对象或实践材料，它们为理论的萌芽提供了可能性。

基于理论来源的两条产生路径，完善理论来源的基本路径就有了明确的指向，即完善新、旧两类不同性质的理论来源。完善理论来源的主要任务是证明理论来源是否科学，是否具有解释力，是否可以推进理论的萌

---

① J.Rawls.*Political Liberalism*（*PL*）[M]. New York, Columbia University Press, 1993：94.

② 马克思恩格斯选集（第1卷）[M]. 北京：人民出版社，2012：135.

③ 列宁选集（第2卷）[M]. 北京：人民出版社，2012：92.

④ 谭好哲. 理论创新的三个维度 [J]. 学术月刊，2007（02）：5—8.

芽、形成、完善、成熟等相关问题。这一任务的完成，需要通过诉诸实践来检验这两类不同性质的理论来源。当通过多次的实践检验之后，这两类理论来源均符合理论生成的基本条件和现实土壤之时，也就证明了两类不同性质理论来源均比较科学，比较具有解释力，能够促成理论的生成（包含了理论从无到有的全部过程）。那么，完善理论来源的任务也就相应完成。但是，理论的萌芽、形成、完善、发展，乃至成熟是经历了一个曲折的过程的，其间要经历种种挫折，其过程往往也不是一帆风顺的。所以，完善理论来源的任务也可能会存在着某种阻碍因素。当运用多次实践检验，却发现验证结果仍然不能为理论的生成提供基础条件和动力源泉之时，这就证明理论来源是错误的，必须抛弃它。

应该看到，除了上述所说的两种验证结果之外，还有介于两种验证结果之间的特殊情况，也就是经由实践检验之后，发现原有的理论来源虽然存在某种问题，但是可以通过后续的弥补等方式予以完善之，这也是完善理论来源过程中需要注意的重大问题。一旦出现这种结果，就意味着完善理论来源的任务尚未完成。为了更好地完成完善理论来源的任务，就不得不再次思考如何更好地完善理论来源这一问题。为了解决这个问题，仍然可以借用上述所说的两条不同性质理论来源的改造道路，予以进一步推进完善理论来源的任务：一是发现新的理论来源。一旦证明原有的理论来源是错误的，为了更好地完善理论来源，就会寻找更符合自身理论支撑的其他来源佐证，这是寻求理论来源的一条非常重要的道路。这条道路是基于原有理论来源的基础上，寻求与原有理论来源相同或相近意蕴的理论来源得出的结果。这条道路较为普遍，且相对来说比较简单，只需要对已掌握的佐证进行综合分析，便可以得出新的理论来源佐证。但是应该注意到，寻找其他佐证也不是一帆风顺的。二是改造原有的理论来源。这条道路的基本前提，是基于原有理论来源具备改造的可能性。在完善理论来源的过程中，为了进一步丰富原有的理论来源，就需要对其进行添枝加叶，进一步弄清楚理论来源的基本素材、内涵、外延、适用范围等一系列问题。这也是一条充实理论来源的道路，这条道路是基于原有的理论来源的基础上进行的。一切充实这条道路的行为都要始终围绕着原有的理论来源。应该注意到，完善了理论来源，并不等于就完全地完善了理论。有了科学的理论来源，只是会促使理论走向萌芽状态，进而促使理论走到概念这一阶段，也只是开启了理论生成的起点。在理论后续的生长过程中，仍然存在着完善其他不同阶段的重要任务。

（二）完善概念

理论生成的"第二条道路"告诉我们，理论内容包括概念、基本定律、基本原理等一系列问题。为了有针对性地分析理论内容的完善问题，在这里，仅选取理论内容中的完善概念为例来展开讨论。

恩格斯曾经指出："一门科学提出的每一种新见解，都包含着这门科学的术语的革命。"[①]这就是说，概念是理论的原始细胞，是理论革命的源头，科学理论的革命首先是从概念开始的。这样看来，概念就应该是完善理论内容（包括概念、定律、理论）所要面临的第一个关键问题。从这个意义上来看，这就是为何在这里选取概念作为案例的重大缘由。为了证明概念的科学性，或者为了进一步完善概念，就需要在具备科学理论来源的基础上，不断反思已概括出的概念内涵或外延是否准确，是否符合现象材料，是否可以促进概念走向完善等基础性问题。

概念的内涵界定准确与否，不仅直接反映着概念是否完善，而且还映射出概念是否具有解释力。在某种程度上，甚至还决定着理论的前途和命运。如果概念内涵界定得不准、不清晰，会致使后续理论的形成出现重重障碍，阻碍理论的正常生长。根据这里的认识，也就必须首先探讨完善概念（特别是完善概念的内涵）的相关问题，这是基于概念—理论视域中的理论完善的基础和前提，也是提升理论解释力首先要关注的重要问题。什么是概念？中华人民共和国国家标准GB/T15237.1—2000将其表述为："对特征的独特组合而形成的知识单元。"[②]在这一定义中，概念的内涵包含了特征（依据研究对象而得出的特征）、组合（研究方法）、形成的知识单元（研究结果）这三个重要组成部分。对照概念的内涵，完善概念的具体任务也就应该有三个方面：一是科学确定概念的研究对象是什么。

---

① 马克思恩格斯文集（第5卷）[M].北京：人民出版社，2009：32.
② 转引自王培火.国家品牌生产力[M].北京：人民出版社，2012：266.

在完善概念的过程中，其研究对象就应该是概念本身。但是，由于概念是由自身的"特征的组合而形成的"，所以，更为具体地说，完善概念的主要对象应该是形成概念的基本材料。在概念形成的过程中，占有的材料越多，就越有可能形成较为科学的概念；或者在考察已有概念时，那些能够占据大量材料的概念，就更能证明具有较高的准确性和科学性。这样来看，完善概念就要充分地或者尽可能地占有、掌握或者分析更多的现象材料，这种现象材料越丰富、越详细，准确总结概念内涵并最终完善概念的可能性就越大，完善概念的效果也就越佳。这样，概念也就越有说服力。二是完整概括概念的特征。其主要任务就在于用原来已经概括出来的概念特征观照现象材料，力求已概括出来的概念特征符合所有的现象材料。如果能达到这一点，那就证明已概括出来的概念特征是相对较为科学的。如果达不到这一点，也就是已概括出的概念特征还不符合现象材料，或者发现已概括的概念特征不精确，就需要进一步概括现象材料，再用新概括出来的概念特征去观照现象材料，直到概念的特征能够完全符合现象材料为止。概念的特征越是与现象材料接近，就越能证明概念特征的适用性和广泛性，也就越能证明所概括出来的概念特征具有科学性，越能推进概念的完善。三是科学总结概念内涵和概念特征后产生的结果是什么。通过上述所分析的概括现象材料这一任务，可以得出概念内涵和概念特征的答案，这就是总结概念内涵和概念特征后所产生的结果。需要指出的是，概念内涵里所说的"形成的知识单元"具有双重意蕴，一方面强调基于概念特征而产生了概念内涵，这是完善概念任务着重强调的内容，是对已有现象材料进行深度概括的必然结果。另一方面，也应该看到，概念内涵和概念特征的产生会进一步推进概念的发展，也有可能有助于定律的形成。从这一点上来看，"形成的知识单元"所具有的双重意蕴，就会促使完善概念内涵不仅要运用"形成的知识单元"去回顾概念产生的全过程，而且还需要反思概念在定律、理论发展与完善中的作用等问题。就是在这样一个回顾、反思的过程中，完善概念就显得极具全面性，既观照了概念生成的全过程，又为定律、理论的完善与发展提供了经验，完善概念的效果便因此而得以彰显，概念的解释力也因此得以提升，从而为后续定律、理论的生成奠定了概念这一阶段的基础，也为理论解释力的提升夯实了具备相对完善概念的理论前提。

应该看到，这里所分析的关于完善概念的具体路径，同样完全可以应用于完善定律和完善基本原理的任务中去，因为与概念一样，定律和基本原理也有自己的内涵和特征。比如，可以通过科学界定它们特定的研究对象是什么，怎样完善它们的基本内涵、基本特征，以及最终产生了怎样的完善结果等予以完善定律或基本原理。

上述两条理论完善道路的最终目的都是推进理论走向完善，而把两条道路结合起来，就形成了完整的基于理论生成路径的理论完善之道。只要依据这两条理论完善之道采取相应措施，便可以促使它们在通力合作的境遇中更好地推进理论走向完善（如图5-3所示）。这一理论完善的工作会出现两个结果：一是通过完善理论的方式使得那些原来不太完善的理论趋于完善；二是理论仍然没有获取相应的完善。如果出现第一个结果，就意味着理论完善的方式确实是可行的，也就会促使理论的解释力得以提升。而如果出现的结果不尽如人意，要么继续通过理论完善的方式尝试着进一步推进理论走向完善，要么寻求其他路径予以解决。应该看到，如果采取继续通过理论完善的方式，极有可能会因为初次的失败而消解了理论完善的动力和理论的解释力。当然，即便证明了理论完善的道路可以达到效果，也可以采取其他方式来完善理论，这样不仅可以进一步确保理论完善的可行性，而且还可以从其他层面推进理论的完善，进而更加深刻地提升理论的解释力。

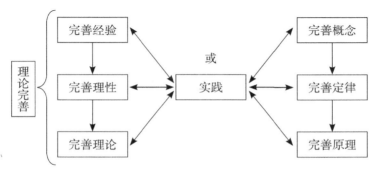

图5-3　基于理论生成路径的理论完善图

上述两条理论完善路径并不是毫无关联的，而是互相促进、相辅相成的。两条道路既有相似之处，又有不同之处。相似之处在于：一方面，两条道路中的各阶段内容、各构成要素不是杂乱无章的，而是按照一定的顺序依次进行的；另一方面，两条道路中的各阶段内容、各构成要素缺一不可，是逐步递进的，最终形成比较完善的理论。不同之处在于：第一条道路是从主体角度予以完善理论而概括出来的观点。比如在实践中形成了主体经验与主体理性，并在此基础上，形成了被主体（可能是不同的主体）所认可的理论形态、理论内容，进而又通过主体的实践验证理论各阶段内容、各要素是否完善、是否科学；第二条道路是从理论客体、理论本身的角度予以概括出来的理论生成路径，不管主体有没有去概括理论的概念、定律、基本原理等，这些东西也是客观存在的。当然，这些东西的概括又脱离不了主体的努力。比如概念是理论生成的原始单位、原始细胞，在概念的基础上，主体通过总结得出了理论的定律，进而形成了成熟的理论形态。这两条道路既是理论生成的基本路径，也是完善理论所要遵循的必然之道。

两条道路相互促进、相辅相成的关系是怎么体现出来的呢？在理论还没有产生之前，人们在实践中一旦发现了存在的问题，就会反思发现问题的原因，总结出自己的经验，进而再通过实践检验自己的经验，得出关于问题的理性结果。这一时期，就可能具备了概念形成的基本条件。通过多次实践检验自身的理性结果，可能就会得出理论的基本定律。通过往复来回的多次实践之后，最后就会得出比较完善的理论。反过来看，人们通过多次实践，形成了关于问题的基本概念，总结出了关于问题的基本经验或理性认识，进而通过实践的检验，又使概念上升为关于问题的基本定律，通过往复的多次实践，最终形成了比较完善的理论形态。这一点正如毛泽东所指出的那样："原定的思想、理论、计划、方案，部分地或全部地不合于实际，部分错了或全部错了的事，都是有的。许多时候须反复失败过多次，才能纠正错误的认识……即在实践中得到预想的结果。"[①]从这里

---

① 毛泽东选集（第1卷）[M]．北京：人民出版社，1991：294.

的分析就可以看出，无论从哪条道路来窥探理论生成或完善理论之道，都可能会走向另外一条道路。总之，这两条理论完善道路就是在相互生成、促进，相辅相成的交织过程中进行着。也正是有了这两条道路相互交织的现实性，才为我们提供了完善理论生成过程的任何阶段或任何要素的可能性因素。只要准确地把握了这两条道路相互交织的现实境况，并正确运用好其中所蕴含的具体问题的完善策略，就能够最终推动着理论一步一步地趋于完善。

三、基于实践路径的理论完善

前文对两条不同的理论完善道路的分析表明，无论采取何种方法探索理论完善，都无法摆脱实践，这符合马克思所指出的"全部社会生活在本质上是实践的"思想观点。这即是说，理论的完善除了上述所探究的两条道路之外，还外在的包含了实践这个不可忽略的完善环节。这样看来，只要从实践视角探究理论完善之道，也就遵循了前文我们所总结的马克思主义经典作家关于"实践可以推进理论完善"（参见第四章第二部分）的思想观点。在这里，需要指出，尽管前文在探究基于经验—理论和概念—理论两条道路中的理论完善问题时，也曾提到过实践问题，但是，前文所提出的实践，仅仅是把实践当作一种验证工具，是一种中间必经环节，并未将其当成理论完善的动力因素。从这一点上来看，我们有必要从实践的视角再次探讨理论完善之道，①这不仅是更好地完善这一部分研究的实际需求，也是彰显实践在完善理论中的重要作用和价值的有力体现。

在理论完善的道路中，到底存在着哪些实践呢？基于理论生成路径中所涉及的实践内容，就可以发现，这种实践主要包括从经验到理性，再到理论的实践和从概念到定律，再到原理的实践。"'实践'是一个极具张力的哲学范畴，就实践本身而言，可以解析为实践目的、实践主体、实践

---

① 从实践视角探讨理论完善之道的问题，是基于主体具备相应能力的假设。主体如果不具备假设中的能力，这里的探索便失去了意义和可能性。

客体、实践过程、实践方案、实践效果、实践环境等。"①这就是说，基于实践推进理论完善的探索，就是要完善上述所涉及的诸多实践内容。在上述这几个方面的内容中，由于实践过程、实践效果、实践方案是影响理论能否成为科学理论的最重要因素，是贯穿整个过程和影响验证结果的关键因素，所以，这里的探讨理应把重点放在这三个方面。

（一）完善理论的实践过程

严格来说，理论的实践过程包含着两个更为具体的过程：一是从理论萌芽到理论趋于成熟的过程，属于理论成熟前范畴的实践；二是理论成熟之后应用于实践的过程，属于理论成熟后范畴的实践。这两个范畴内的实践共同构成了一个完整的实践过程，不能割裂二者之间的联系。在这两个过程中，都存在着理论的实践问题，从一定意义上看，实践沟通了二者之间的联系，这正如毛泽东所说的"实践、认识、再实践、再认识，这种形式，循环往复以至无穷，而实践和认识之每一循环的内容，都比较地进到了高一级的程度"②。正是在这样的不断循环往复的过程中，理论在实践的检验下越来越成熟，越来越能经得起实践的检验，越来越能够促进自身走向完善，也越来越具有解释力。具体来说，第一个过程的理论实践旨在通过实践促进理论进一步完善；第二个过程重在通过实践验证理论的科学性、适用性或广泛性等，虽然这个过程也存在着理论完善的问题，但是这个过程中的理论完善效果及其可能性要远远高于第一个过程。在这个意义上，完善理论的实践过程就有了明确指向：在第一个过程中，完善理论的实践就是要经由实践的检验，继续完善理论的概念、定律、基本原理，继续完善经验、理性等内容，逐步促使理论生成路径中的各阶段内容、各要素走向完善。在第二个过程中，完善理论的实践要着重弄清理论成熟且运用于实践之后，理论还存在着什么问题，进而再通过实践的检验解决这些问题，最终推动理论走向更加完善的境地。当然，这里也存在着理论应用于实践之后，所凸显出来的理论直面现实的效力如何、解释力如何等问

---

① 田鹏颖. 马克思与社会工程哲学［M］. 北京：人民出版社，2012：67.

② 毛泽东选集（第1卷）［M］. 北京：人民出版社，1991：296—297.

题。需要指出的是，在这两个过程中，不管理论的完善程度如何，或者应用于实践的验证效果如何，都不属于理论的实践过程范畴，而应是理论的实践效果需要探讨的问题。当然，第二个理论的实践过程只是一种理想的状态，或者说是一种比较难以达到的状态。大多数情况下，理论的实践都处于第一种实践中。原因在于，真理既是绝对的，又是相对的，我们只能在相对之中发展真理，脱离了相对真理，绝对真理便无法存在。

（二）增强理论的实践效果

理论的实践效果强调的是理论有没有通过实践的检验，或者经由实践检验之后，理论是否完全科学、是否完善，解释力是否提升等。在实践效果的问题上，存在着两个截然相反的结果：一是经由实践的检验，证明理论是正确的，是科学的；二是证明理论不能回答现实问题，是错误的。在第一个结果中，也有两种可能出现的情况：一方面，每一次的实践都可以证明理论是正确的，这种情况下的理论实践极其能够证明理论的实践意义，理论的科学性或完善理论的效果也会得以彰显，理论的解释力也能够得到大大提升；另一方面，经过反复的实践，发现了有些实践证明理论是正确的，而有些实践却又表明理论或多或少存在着一定的问题。在此情况下，还需要运用更多的实践去检验理论，或者改变原有的实践方式去检验理论，也可以再进一步审视之前所进行的理论完善路径是否正确，直到证明理论是完全正确的。从这里可以看出，理论的实践与理论的完善之间有一种互动关系，理论的实践验证着理论的完善程度，理论的完善程度又可以不同程度地指导理论的实践。虽然理论不断走向完善是一个复杂的艰难历程，但是其最终结果一定会由于循环往复的实践验证而提升理论完善的效果。这种在实践中不断增强理论实践效果的行为，不仅赋予理论完善一种特色的实践魅力，而且还提升了理论的现实解释力。在第二个结果中，只会出现一种情况，也就是经由每次实践验证，都证明了理论是错误的，或者证明理论始终存在一些问题。在这种情况下，要么放弃理论，要么缩小理论的应用范围或增加理论的应用条件，重新依据现实材料去总结生成新的理论。当然，这种情况出现的可能性较小，或者说几乎不会出现，其原因就在于，理论的每一步成长，都需要经过实践的检验。能够走向趋于成熟的理论，称之为理论的理论，显然经历了每一步的坎坷历程和实践检验，基本上存在的问题已经不多。需要注意的是，如果出现有些实践验证理论是正确的，而有些实践验证理论是不正确的情况，这就会走向上述所说的第一个结果的第二种情况，这不属于第二个结果所要讨论的内容。

综合这里的分析，理论的实践效果所强调的重要内容为从实践视角推进理论完善提供了重要的指向。具体地说，就是要弄清理论在实践中出现了什么具体的效果，或者践履理论取得了哪些成绩，是验证了理论的正确性还是发现了理论的不足等问题的基础上，依据这些已取得的实践效果，观照理论的具体实践，或改进理论的实践方式，或强化理论的实践过程，从而为进一步推进理论完善提供方法指导。当然，由于理论的实践效果还受制于实践过程、实践方式、实践主体等多方面因素。所以，我们绝对不能仅仅停留在理论的实践效果中去增强实践效果，而是要具体问题具体分析，抓住影响实践效果的关键因素。意识不到这一点，就有可能会陷入依据理论的实践效果去分析实践效果的自我循环中，既可能会迷失寻求增强实践效果的方向，无法真正增强理论的实践效果，又可能会导致理论完善失去实践效果的反馈，影响理论完善的整个进程。

（三）改善理论的实践方式

理论的主要功能在于解释现实、指导现实和预测未来等，为了促使理论发挥出其自身功能，就一刻也离不开实践，这本身就是"全部社会生活在本质上都是实践的"（当然也包括对理论解释世界、指导现实和预测未来）题中应有之义。这就是说，需要把理论应用于实践中去，特别是回答实践中遇到的各种问题。同时这也表明，只有能够解决具体实践问题的理论或者能够通过实践验证的理论，才有可能是正确的或比较完善的理论。但是应该看到，实践方式制约着理论正确与否、完善与否等问题。正确的理论是完善理论的前提，如果理论是错误的，即便掌握了正确的实践方式，也会因为研究对象（错误的理论）的错误而导致无法推动理论走向完善。需要注意到，在某些特殊的条件下，错误的实践方式可能会促使理论发生着某种变化（包括完善了理论），但是，这种特殊情况也只是一种偶然性现象。所以说，正确的实践方式才是能够推进理论完善的前提（正确的实践方式也可能得出错误的结论），才是促使理论走向完善的必然性因素。在这个意义上，从实践视角推进理论完善之道，还需要弄清楚什么实践方式才能产生正确的理论，或者什么实践方式才能促使理论最终成长为比较完善的理论（理论的萌芽、形成、发展，乃至成熟等也具有这一意蕴），这两个问题实际上就是完善理论实践方式必须要回答的重大问题。

到底什么实践方式才能产生正确的理论？从前文所述的完善理论来源可以得知，理论生成于"实践中发现了新问题"，这就是说，发现新问题的实践就是理论生成的实践。爱因斯坦有一句名言："提出一个问题比解决一个问题更重要。"同理，在理论的实践问题上，发现问题的实践也会比解决问题的实践更加重要。什么是发现理论存在问题的实践呢？一般而言，理论的主要功能在于解释问题、指导实践和预测未来。这就是说，在解释问题时，或指导实践时，抑或在预测未来时，发现理论还存在问题。这一运用理论的过程就是发现理论存在问题的过程，这种对理论的运用，就是一种实践。但是，这种实践又有多种方式，有"从生产实践中直接发现问题，或者从社会生活中直接发现问题，或者从已有的科学理论体系中直接发现问题等"①。到底是基于哪种实践方式才发现理论存在问题的实践呢？就需要考察在运用理论时引发了何种解释、指导了什么，又或者对未来哪方面的东西进行了预测等因素。而当在解释、指导和预测的过程中，发现了理论不符合实际意向或需求之时，理论存在的问题就自然而然地暴露无遗。这些问题一旦暴露出来，就可以在依据这些问题的基础上，沿着理论运用的具体路径，总结分析出何种实践方式能够产生正确的理论。

根据上述认识，完善理论的实践过程蕴含着发现理论存在问题的实践，也就是反思究竟哪种实践引发了理论的不完善之处。通过反思进而弥补、继续完善发现问题的实践，就可以最终促使理论走向完善。对于这种发现理论存在不完善之处的实践，我们不仅可以把对这一问题的思考看成对理论完善背景的铺设，也可以把它看成理论走向更加完善的实践。原因

---

① 彭燕韩. 辩证法研究［M］. 北京：人民出版社，1993：530.

在于，发现理论存在不完善之处的实践，不仅可以引发对理论问题和实践过程的思考，还可以在运用实践的过程中发现理论存在的问题，进而再通过这种发现理论存在不完善之处的实践反思理论，促使理论走向完善。应该看到，在理论走向完善的过程中，各阶段验证理论的实践方式有可能是相同的，也有可能是有所差别的。比如，在理论的概念、定律、基本原理等不同阶段的实践验证方式上，就可能会有所不同，而在验证它们各内在构成要素正确与否、完善与否等问题的时候，则可能会采取相同的实践方式。到底运用哪种具体的实践方式才能推进理论完善，就需要依据现实条件、主体需求和实践环境等各种因素才能作出明确选择，这一如恩格斯所说："我们只能在我们时代的条件下进行认识，而且这些条件达到什么程度，我们便认识到什么程度。"①由此可见，究竟采取什么实践方式才能更好地促使理论走向完善，绝对不能一言以蔽之，而是需要因地制宜、因时制宜，做到具体问题具体分析。

理论的实践完善中所涉及的实践过程、实践效果和实践方式等都普遍存在于理论的生成路径中，在理论完善的"第一条道路"中，完善经验方面，有完善经验的实践过程、实践效果、实践方式等。完善理性方面，有完善理性的实践过程、实践效果、实践方式；在"第二条道路"中，完善概念方面，有完善概念的实践过程、实践效果、实践方式等。在完善定律中，有完善定律的实践过程、实践效果、实践方式等。由此可见，理论完善所涉及的诸多问题，都无法脱离实践的存在。正是在实践的推动下，艰难地向前推进着理论完善的具体任务，最终使得理论越来越能经受得住实践的检验，越来越完善，越来越能够发挥出指导人们认识世界和改造世界的功能。这种理论与实践的双向互动，不仅有效地推动了理论完善，而且还在潜移默化中有力地提升了理论的解释力。

四、辩证张力：生成路径视域理论完善的特色

根据理论生成的基本规则，理论完善需要对照理论各要素的生成顺

---

① 马克思恩格斯全集（第20卷）［M］．北京：人民出版社，1971：585．

序，分别完善其中的每一个生成阶段。在这个过程中，理论的完善"存在着对立而又相互联系的力量、冲突或意义的地方"①，这就是理论完善所体现出来的辩证张力。这种张力一方面表现为，在微观探究理论生成各阶段的完善之道时，存在的"是"与"不是"、"能"与"不能"之间的反思，展示出理论完善各阶段的艰难探索，另一方面又表现为，在宏观审视理论完善全过程时，存在的一脉相承又环环相扣的特色，彰显出理论完善全过程的整体魅力。这种辩证张力的存在，不仅增添了理论生成路径视域中推进理论完善的张力之美，而且还增强了这一推进过程的感染力，提升了理论的解释力。

（一）"是"与"不是"、"能"与"不能"的辩证张力

之所以在微观探究理论生成各阶段的完善之道时存在着"是"与"不是"、"能"与"不能"之间的辩证张力，是因为在理论生成各阶段的完善过程中，一直在考量什么因素是正确的、什么因素不是正确的，哪些因素能够促成各阶段的完善、哪些因素不能促成。正是在这种"是"与"不是"、"能"与"不能"的循环验证中，推进理论生成各阶段内容、各构成要素逐步趋于完善。通过前文所分析的完善理论来源、完善理论内涵特征以及完善理论实践等内容，可以发现，理论完善各阶段内容、各构成要素中所存在的"是"与"不是"之间的辩证张力便淋漓尽致地展现在眼前。

从完善理论来源的视角来看，完善理论来源的最终目的就是要弄清楚理论的来源科学与否这一问题。在这个完善的过程中，完善任务一直在寻找什么应该是理论的准确来源，哪种理论来源能够更好地促进理论完善。②从这一完善任务所要获取的终极目标来看，完善理论来源的过程就始终存在着一种"是"与"不是"、"能"与"不能"之间的辩证张力。具体来说，这种张力主要体现在：一则理论与其来源之间"对立而又相互

---

① ［英］罗吉·福勒．现代西方文学批判术语词典［M］．袁德成，译．成都：四川人民出版社，1987：280.

② 这些问题的解决也能促使概念萌芽、形成、继续发展，乃至成熟等。由于这里讨论的是"完善"问题，所以，只谈完善。下文所出现的"概念完善"也具有这个意蕴。

联系"。正确的理论来源理应能够促进理论完善，而当完善理论来源的活动发现理论来源存在问题之时，理论与其来源之间就产生了"对立"，而当确立了正确的理论来源之后，就会使这种正确的理论来源与理论自身进行着"相互联系"，进而促进理论完善。二则体现在理论来源与理论来源之间"对立而又相互联系"。这里所说的两个理论来源，具有不同意蕴，分别是正确与错误之分的理论来源。在完善理论来源的过程中，这两类不同性质的理论来源始终进行着"对立"的较量。在概念刚刚萌芽之时，这种较量表现得尤为明显，而当理论已经生成且逐渐趋完善之时，这种较量就以正确的理论来源宣告胜利而结束。究其原因就在于，理论刚刚萌芽之时，其各生成要素还不成熟，这一时期极易使得错误的理论来源"浑水摸鱼"般地充斥于理论生成进程中，而当理论逐渐趋于完善之后，理论已经具备了较为深刻的内涵和理论体系，错误的因素就很难"浑水摸鱼"。应该看到，没有错误理论来源的刺激，完善理论来源的任务就可能无法发现问题，正确理论来源也就不会浮出水面。正因为存在着如此这般的"斗争"，正确理论来源与错误理论来源之间必然又会保持着这种"相互联系"。

从这里所探究的完善理论来源时存在的"是"与"不是"、"能"与"不能"之间的辩证张力可以看出，这一张力集中表现在：什么因素是理论的准确来源，什么因素不是理论的准确来源；什么来源能够促进理论完善，什么来源不能够促进理论完善等。通过循环往复的检视与考察完善理论来源的全过程，排除了"不是"与"不能"，肯定了"是"与"能"之后，"对立"就转化成了"联系"，也就是把"是"与"能"的因素纳入理论内涵体系中，使之成为理论生成的基础，进而促进理论的完善。由此可见，"是"与"不是"、"能"与"不能"之间的辩证张力，不仅有助于找到准确的理论来源，而且还能够有效地促进理论的完善。从这一意义上也就可以看出，完善理论来源也就为"理论"成长为真正的理论奠定了坚实的基础。

从完善概念上来看，也存在着"是"与"不是"、"能"与"不能"之间的辩证张力。总的来说，基于更好地完善概念的目的，完善概念的任务需要穷尽一切因素，找出概念具有的优点，因为优点可以"使得基本概念各自的有效性标志有可能纳入到这些概念的理论体系中去"①。可以说，前面所探讨的关于完善概念内涵，就是证明概念具有优越性的主要表现。在完善概念的整个过程中，需要依据概念的一般内涵，面向已掌握的研究材料，反思概念是不是全面准确地概括了研究材料的特征、新的概念界定是不是比较科学、概念能不能面对现实问题、概念能不能促进理论的形成等一系列问题。在这种循环反思的过程中，概念就与研究材料之间形成了一种"对立而又相互联系"的张力。关于是不是全面概括了研究材料特征这一问题，由于占有研究材料越丰富，就越能证明概念的准确性，据此，完善概念过程中所存在的张力，就集中体现在是不是掌握了足够的研究材料、是不是运用了已经掌握的研究材料、所概括的研究材料的特征是不是准确等问题。这样，在诸多问题的交织反思中，完善概念的任务就越发向着全面性的向度发展，有效地支撑起了概念运用范围的广泛性。关于新概念是不是科学的这一问题，需要从判定概念科学的基本原则出发，也就是依据前文所分析的概念的基本内涵，即考察新概念是不是完全概括了研究材料的基本特征（上一个问题已经回答）、是不是运用了科学的研究方法、是不是形成了新的有利于推进理论完善与发展的研究结果。只有完全具备了这三个条件，才算得上是科学的概念。关于能不能面对现实问题这一问题，从前述概念内涵可以看出，概念是基于现实研究材料得出的结论，是一种思维，它既来源于现实存在，又受制于现实存在。如果不能直面研究材料中所涵盖的现实问题，概念的完善性、科学性和解释力将被现实消解得荡然无存。正是在这个意义上，恩格斯提出了"在我们关于现实世界的表象和概念中能否正确地反映现实"②。但是，直面现实并不等同苛求概念完全解决现实问题，因为"如果我们必须用概念去反映现实，那么，我们作为认识者就会面临一个原则上无法解决的任务"③。在这一问

---

① 中共中央马恩列斯著作编译局．马列主义研究资料（1988年第4辑）［M］．北京：人民出版社，1988：245.

② 马克思恩格斯选集（第4卷）［M］．北京：人民出版社，1995：225.

③ 现代西方历史哲学译文集［M］．张文杰等，译．上海：上海译文出版社，1984：45.

题的反思中，完善概念所存在的张力主要集中于概念是不是符合所有的研究材料、是不是来自于现实问题、能不能基本回答现实问题等。关于能不能促进理论的形成这一问题，概念是形成理论的原始范畴，是理论的重要组成部分。毋庸置疑，相对完善的概念以其自身的相对完善性特征，应该更加能够促成理论的生成。所以说，在完善概念这个关节点上，其辩证张力主要集中于反思概念是不是真的能够促进理论生成、能够促进理论生成的原因是什么、不能促进理论生成的原因又是什么等问题。

完善概念所蕴藏的张力显示，完善概念始终围绕着已概括出的概念是不是全面准确、是不是科学、能不能面对现实问题、能不能促进理论的形成等诸多"是"与"不是"、"能"与"不能"的反思。由此可见，完善概念中所蕴藏的"是"与"不是"、"能"与"不能"之间的辩证张力就表现得淋漓尽致了。实际上，完善理论内容所涉及的其他诸多因素，也是集中回答"是"与"不是"、"能"与"不能"的问题。如完善定律需要回答已形成的定律是不是全面准确的、定律能不能促进理论形成等；完善原理需要集中回答已总结的原理是不是全面准确的、原理能不能促进理论的形成、完善与发展等。可以说，肯定性地回答这些问题之后，完善理论内容的任务就已基本完成。原因在于，只有理论的内容是正确的，或者理论本身是相对完善的，才能更好地推动理论的向前发展。而一旦出现否定回答上述内容的情况时，就需要再次来回地检视"是"与"不是"、"能"与"不能"，直至寻求出肯定的答案。

（二）既"一脉相承"又"环环相扣"的辩证张力

从微观层面审视理论生成各阶段内容、各构成要素的完善任务之时，就会呈现出它们在对立中曲折前进，进而促使理论走向完善的趋势。这种对立不是孤立的对立，而是在推进理论各阶段内容、各构成要素的完善过程中发生着互相联系的对立。从宏观层面审视理论完善全过程时，这种"对立而又互相联系"便呈现出一种既"一脉相承"又"环环相扣"的辩证张力。那么，何种因素促使理论各阶段内容、各构成要素的完善过程既发生着对立，又存在着相互联系？结合本章关于推进理论完善的三个基本方法（基于经验—理论、基于概念—理论、基于实践推进）可以很明显地看出，实践都贯穿于这三个方法之中。这样看来，实践是把理论生成路径各阶段连接在一起的重要因素。正是因为实践的存在，沟通了理论完善的整个过程，并促使理论生成各阶段要素发生着对立与互相联系。除了实践这一因素之外，还需要注意到，如果把理论生成各阶段内容、各构成要素的内容组合起来，就构成了一个比较简单的理论结构。一旦从宏观上审视这个结构时，理论的内部构成要素或内在结构要素便被展示得一览无余。可见，这个理论结构也是紧密联系理论完善全过程的重要因素。概括起来说，实践与理论本身的框架结构便是促使理论完善全过程产生张力的原因，这二者本身都兼具"一脉相承"又"环环相扣"的辩证张力。

在完善理论实践的探讨中，理论与实践二者之间产生着"对立而又相互联系"的张力，实践验证着理论、完善着理论、发展着理论，理论又指导着实践、解释着实践、预测着实践，二者互相促进、协同发展、彼此联系、不可分离。具体地说，实践与理论的这种彼此互动，是实践深入理论生成各阶段内容、各构成要素中的互动。正是因为这种实践，促进了经验完善、理性完善，促进了概念完善、定律完善、基本原理完善。从表面现象上来看，实践只是促使理论生成各阶段内容、各构成要素的完善，但是实际上，每一阶段的完善都进一步推动着理论的最终完善。至少可以肯定地说，都为理论的最终完善起到了增砖添瓦、平添动力的重要作用。从这一点上来看，实践便把理论生成各阶段内容、各构成要素紧密地联系在了一起，这样也就形成了一种"一脉相承"又"环环相扣"的辩证张力之美。

如果具体地从完善理论实践的三个组成部分，即完善理论的实践过程、完善理论实践的效果、完善理论的实践方式来看，完善理论的实践仍然也存在着"一脉相承"又"环环相扣"的辩证张力：一方面，这三个组成部分共同构成了完整意义上的理论完善的具体实践，缺一不可，三者之间是彼此联系的。理论实践的完善过程可以关照理论实践的完善方式和完善效果，理论实践的完善方式可以为理论实践的完善过程和完善效果提供动力源泉，理论实践的完善结果可以为理论实践的完善过程和完善方式提供目标和依据。另一方面，这三个组成部分既互相斗争，又共同促进。缺乏了实践过程中的具体完善，理论实践的完善便缺乏特色和魅力。缺乏了对完善实践效果的考察，理论实践的完善便失去了价值和意义，也无法达成理论实践的既定目的。缺乏了实践方式的完善，理论实践的完善便失去了动力和手段。正是由于这种既"斗争而又相互联系"的关系，才在互相斗争、彼此促进的过程中推动着完善理论实践的任务向前发展。所以说，完善理论实践内含着一种特色的张力之美。这种张力之美不仅为理论增添了实践魅力，体现出理论在实践中不断走向完善的艰难探索，而且还指明了完善理论实践的最终旨归和价值取向。

从理论结构的视域来看，由于其内在构成要素具有严密的逻辑性，所以，理论结构一般是由比较稳定的构成因素组成。这种具备严密逻辑性的因素便是把理论生成各阶段内容、各要素紧密联系在一起的缘由。从前文所分析的理论完善的两条道路得知，完善理论的过程，就是依据理论的生成过程，逐一完善其各阶段内容、各构成要素的过程。只要把这个过程中各阶段内容、各构成要素统一起来，就构成了纵向意义上简单的理论结构。反过来看，为了全面展示理论结构或为了完善理论结构，不仅需要依据内部构成要素所存在着的既定现象材料反思理论结构是否完善，而且还要探究抽象的理论结构，反思理论完善的方法、效果等是否符合理论内部各阶段内容、各构成要素的本质属性。这是因为，在认识的问题上，存在着两条道路："在第一条道路上，完整的表象蒸发为抽象的规定；在第二条道路上，抽象的规定在思维行程中导致具体的再现。"①无论是对理论具体结构的完善，还是对抽象结构的完善，其间对每一阶段内容、每一构成要素的思考，都体现出它们内部结构的"单一"之美。而把具体结构的完善和抽象结构的完善两个问题整合起来，就构成了完整意义上的完善理论结构，这又显示出完善理论结构的"大气"之美。如果把完善具体结构所涉及的每一要素所独特的"单一"之美与完善抽象结构所涵盖的"大气"之美紧密地结合在一起，就可以发现，完善理论的结构就呈现出一种既"环环相扣"又"一脉相承"的张力之美，不仅从整体上展现出完

① 马克思恩格斯全集（第30卷）［M］．北京：人民出版社，1995：42.

善理论结构的魅力，而且还在融会贯通中共同彰显出完善理论结构的特色之处。

之所以在具体结构的完善中，理论结构每一要素之间的"单一"之美是环环相扣的，主要原因在于理论结构中各要素之间的顺序是相继生成、不能打乱的。如果把理论看成人们在实践中产生的一部"作品"，那么，理论结构所内含的各阶段内容、各要素的生成顺序就与罗兰·巴特（Roland Barthes）所说的"如果不依赖一套潜在的单位和规则，谁也不能组织成（产生出）一部叙事作品"①的观点不谋而合。也就是说，理论结构各阶段内容、各构成要素必须在环环相扣中，才能推进彼此各阶段内容各要素的成长，进而更好地促使理论结构的完善。比如概念、定律、结论的顺序问题，必须先有概念，然后再有定律，最后得出结论；再如由经验到理性，再到理论的理论形成过程，必须先有经验，然后才能上升为理性，最后发展成为理论。绝对不能打乱理论生成过程中任何一个构成要素的先后顺序，否则理论的结构就显得杂乱无章、毫无生机，理论的完善性、科学性和解释力也就可能被消解得荡然无存。正是遵循着这种必然的先后顺序和"潜在的单位和规则"，理论结构各阶段内容、各构成要素之间必然走向一种环环相扣的特色张力之美。之所以在抽象结构的完善中，体现出一种"大气"之美的张力，主要原因在于，只有把握了理论结构中所涵盖的每一具体要素的本质属性，才能更好地把握它们彼此之间的相互关系，而这种各要素之间的互相联系就可以展示出完善抽象结构时所具有的"大气"之美的张力。但是，需要意识到，理论结构各阶段内容、各构成要素本质不会自主地呈现出来，往往需要经历艰难的探索过程才能够得出，这也是科学研究的魅力所在。这一如马克思所指出的那样："如果事物的表现形式和事物的本质会直接合而为一，一切科学就都成为多余的了。"②作为一项宏大系统的工程，在完善抽象结构中对理论结构各阶段

① ［法］罗兰·巴特．叙事作品结构分析导论［M］．张寅德，译．《叙述学研究》．北京：中国社会科学出版社，1989：3—4．

② 马克思恩格斯全集（第46卷）［M］．北京：人民出版社，2003：925．

内容、各构成要素本质的探究，便促使理论结构的构成要素之间形成了"对立而又相互联系"的张力，这种张力促使理论结构的构成要素进行着"对立"，因而使得彼此的本质属性不断耦合，进而再通过彼此的"相互联系"，形成了理论结构各阶段内容、各构成要素共有的本质特征。从这个意义上来看，完善抽象结构不仅沟通了理论结构各阶段内容、各构成要素之间的联系，而且还为建构理论的结构框架奠定了理论基石，充实了具体的内在要素。这样，就使得整个完善理论结构的构成呈现出一种"一脉相承"的"大气"之美了。综合完善理论具体结构中所彰显出来的"环环相扣"的"大气"之美，可以总结出，整个理论结构的完善存在着一种既"一脉相承"又"环环相扣"的辩证张力之美。

作为实践的产物，理论有其自身的发展规则和顺序。把理论从无到有的生成历程作为研究视角，不仅可以为我们寻求理论完善之道提供指导，而且还可以从中分析出理论完善之道所存在的张力特色。具体来说，理论完善之道，就是把实践作为理论生成过程中的动力，把目光集中于理论生成的各阶段，集中精力处理好完善经验、完善理性，或者完善概念、完善定律、完善基本原理等关键问题。在完善理论的过程中，一方面彰显出，在完善理论各内部要素时存在着"是"与"不是"、"能"与"不能"之间的辩证张力，帮我们微观透视出理论生成各阶段的艰难探索，反思理论完善的全过程。另一方面体现出，在实践推进理论完善和理论结构完善的过程中所存在的既"一脉相承"又"环环相扣"的辩证张力，帮我们宏观再现理论完善的实践探索和建构框架，感受理论完善的整体魅力。马克思主义的理论完善遵循上述理论完善之道，其完善过程所经涉的每一步，都会自觉或不自觉地发展着、创新着马克思主义理论，从而为更好地发挥出马克思主义理论的应有功能，并推进理论自信提供了基础和前提，也为当代中国社会的进步与发展提供了源源不竭的理论动力源泉。

第六章
马克思主义理论
完善的方法探讨

尽管理论生成路径可以为推进理论完善提供基本的研究视角，但是，如果仅从理论自身的生成路径去探究理论完善之道，而全然不顾其他因素，特别是忽略了其他推进理论完善的基本方法等外在手段，就会沉迷于依据理论而探究理论完善的自我论证中，造成视角狭窄的缺陷，理论完善效果也必然会受到一定程度的负面影响。这也正如马克思所曾指出的那样："对象如何对他来说成为他的对象，这取决于对象的性质以及与之相适应的本质力量的性质；因为正是这种关系的规定性形成一种特殊的、现实的肯定方式。"①依据影响理论完善的主要因素，寻求理论完善的其他方法就成为弥补"对象的性质以及与其相适应的本质力量的性质"的有效探索。当然，应该看到，在浩瀚的知识海洋里，我们也不可能穷尽所有方法去完善理论。基于这种思考，在这里，遵循着马克思主义经典作家关于理论完善思想（见第四章第二部分）的观点分析，我们尝试着分别从推进理论整合、建构提升模型和规范提升范式三个视角探究一二，以期为进一步推进理论完善，进而提升马克思主义理论的解释力贡献点滴力量。

一、基于理论整合视域的马克思主义理论完善方法

英国科学家史蒂芬·威廉·霍金（Stephen William Hawking）曾经指出："最终人们会希望寻求一个完备、相容的统一理论，它能把所有这些局部理论作为近似包容进来。对这样一种理论的追求被称为'统一物理学'。"②根据霍金的观点，理论整合就意指把局部的、区域的理论整合成为完备的、相容的统一理论。通过理论整合的方法运用，有利于促使理论趋于统一，走向一元论。但是，追求理论的统一，"只是对某一理论的要求，常使理论走向自圆其说，并不意味着不同理论之间的逻辑一致

---

① 马克思恩格斯全集（第3卷）[M]. 北京：人民出版社，2002：304—305.

② [英]斯蒂芬·威廉·霍金. 万有理论：宇宙的起源与归宿 [M]. 郑亦明、葛凯乐，译. 海口：海南出版社、三环出版社，2004：114.

性"①。需要注意到，在当代中国，马克思主义理论处于一元指导地位，之所以要进一步推动马克思主义理论体系走向完善，其重要目的之一就在于巩固马克思主义理论的一元指导地位。从这个意义上来看，霍金所说的理论整合完全适用于马克思主义理论完善这一问题。

究竟该怎么推进马克思主义理论的整合呢？依据马克思主义理论的学科特点，并积极借鉴其他学科理论整合的基本方法。笔者提出分别从形式维度、学科维度和历史维度三个视角为马克思主义的理论整合提供新的思想方法。

（一）形式维度整合：从理论系列到理论系统

马克思主义是发展的理论学说，在其发展演进的历程中，先后形成了马列主义、毛泽东思想和中国特色社会主义理论体系这种"一个主义，三种表述"的理论形式表达。改革开放以来，随着马克思主义中国化的进一步推进与发展，又先后形成了邓小平理论、"三个代表"重要思想、科学发展观和习近平新时代中国特色社会主义思想等重要理论创新成果，由于这些理论都是在推进中国特色社会主义的过程中所形成和发展起来的，所以，为了更好地表达这些理论所指，于是将它们统合到中国特色社会主义理论体系的范畴。但是，随着时代的发展，一定会产生许多新思想、新理论，如何处理这些未来可能产生的新思想与中国特色社会主义理论体系之间的关系，什么样的新思想才能归纳到中国特色社会主义理论体系之中等一些问题也是必须要面对的重大问题。也正是因为如此，有学者就提出，既然我们承认马列主义、毛泽东思想和中国特色社会主义理论体系是一脉相承的，是发展的，就应该主动将其中存在的错误的、过时的东西剔除出来，实现三个理论体系的逻辑对接、内容对接，并将其整合成为一个一体化、统一化的理论。②可见，只有实现理论对接，或者进一步整合理论，才能为中国特色社会主义理论体系的完善和发展扫除障碍、提供动力，也

---

① 伍学军.社会（学）理论：整合、瓦解，还是多元分化？［J］.河北学刊，2004（03）：98—101.

② 《科学社会主义》杂志社.中国特色社会主义若干重大理论与现实问题研究［M］.北京：人民出版社，2010：248.

才能更好地提升中国特色社会主义理论体系的解释力。

怎么样才能实现理论体系的逻辑对接、内容对接，并使理论体系成为一个一体化、统一化的理论呢？根据上文对"一个主义，三种表述"和中国特色社会主义理论体系所存在问题的分析，可以发现，这些已有的成果还仅仅是理论系列，由于系统是"元素组成的彼此相互作用的有机整体"①，所以，促使理论由系列状态走向系统状态，便是其中的解决之道。那么，究竟该怎么做才能促使理论系列走向理论系统呢？为了探究这个问题，就不得不更为具体地弄清楚什么是系列、什么是系统？

"系列"一词，在线《新华词典》将其解释为："成组的事物，一系列、系列化、系列故事。"②"系统"一词，在线《辞海》将其解释为："包括两个以上组成部分或元素结合而成的有机整体，各元素相互联系、相互作用、相互制约；动态发展性的；呈现出层次性，许多系统组合为一个高级系统，而这个高级系统本身又是一个更高级的系统的子系统或元素。"③综合系列和系统的含义，由系列走向系统，就是把成组的事物，或者系列化的事物组成具有相互联系、相互作用、相互制约的，又能够动态发展的，有层次性的高级事物的过程。综合这里的分析，就会发现，相互联系、相互作用、相互制约、动态发展、具有层次性就是系统的显著特征。

弄清楚了系列和系统的基本概念，便可以据此总结出从理论系列走向到理论系统的判定条件。在这里，主要归纳出三条：

第一，理论系统内部各要素相互联系（包括相互制约与相互作用）。辩证法认为，世界万事万物都不是割裂的，而是有着这样或那样的互相联系，人们认识事物必须"从事物的相互联系中理解事物，而不是孤立地理解事物"④。这就是说，要准确认识马克思主义理论体系，必须运用普遍联系的观点。事物到底是怎么联系的？恩格斯指出："每一门科学都是分

---

① 参见在线《辞海》关于"系统"的解释。

② 参见在线《新华词典》关于"系列"的解释。

③ 参见在线《辞海》关于"系统"的解释。

④ 马克思恩格斯全集（第20卷）[M].北京：人民出版社，1971：609.

析某一个别的运动形式或一系列互相关联和互相转化的运动形式的。"①
恩格斯这里所说的"相互关联""相互转化"就是理解事物的关键。这就
说明，在把马列主义、毛泽东思想和中国特色社会主义理论体系从理论系
列走向理论系统的探究中，不仅必须运用普遍联系的观点去沟通三者彼此
之间存在的联系，而且还要运用恩格斯所说的"相互转化"去探究三者之
间是怎么转化的，或者去探究是什么因素促使三者之间发生着"转化"，
并把它们联系在一起的。概括起来讲，只要找到什么因素促使三者发生着
密切联系，并促使它们之间发生转化，什么因素就是促使三者从理论系列
走向理论系统的主要因素。

第二，组成的理论系统应该是向前发展的。马克思主义理论不是教
条，是向前发展的理论，特别是在不同的时代条件下，必然会赋予马克思
主义理论新的思想内涵和特色。列宁主义、毛泽东思想和中国特色社会主
义理论体系就是发展马克思主义理论而得出的理论成果。需要注意到，把
这些理论成果整合为一个新的理论系统，并不意味着理论发展的终结，而
是理论发展的新起点。在弄清这一问题的基础上，还有一个极其重要的问
题，我们既然承认新概括出来的理论系统具有发展性，那么，判断这种发
展性的标准是什么？对于这一问题，只要依据"实践是检验真理的唯一标
准"和"马克思只是研究世界发展的规律性，并认为理论的符合于现象是
理论的唯一标准"②的观点，就可以简单地总结出两点：新组成的理论系
统能够更好地指导人们的实践；新理论系统能够符合历史和时代的变化发
展需求，并不断充实前进。这就是说，只要符合这种判断标准，就可以证
明新概括出来的理论系统符合发展性的基本要求。

第三，组成的理论系统应该是具有层次性的。马克思主义理论本身就
是一个具有鲜明层次性的理论。有学者认为马克思主义理论有三个层次：
第一层次是马克思恩格斯关于共产主义的论述，这一层次是最远的目标，

---

① 马克思恩格斯选集（第3卷）［M］．北京：人民出版社，2012：943．

② ［苏］白俄罗斯苏维埃社会主义共和国哲学研究所，白俄罗斯国立列宁大学辩证唯物主义
与历史唯物主义教研室哲学史教研室编写.列宁《哲学笔记》研究［M］．王先睿，译．北京：生
活·读书·新知三联书店，1964：112．

比较稳定、明确；第二层次是马克思主义基本原理，这一层次是马克思主义的基本立场、观点和方法；第三层次是针对具体情况的政策和策略，这一层次只有在具体的环境和条件下才有指导性意义。①应该说，这种划分方法有一定的科学性。依据这种划分，同样也可以对新组成的理论系统划分出三个层次：一是目标层次，旨在阐明新组成的理论系统的目标是什么，也就是可以把具有共同目标的理论整合到一起；二是立场、观点和方法层次，也就是可以把具有共同立场、观点和方法的理论整合到一起；三是政策和策略层面，也就是可以把具有共同政策和策略指向的理论整合到一起。根据这里的分析，把这三个层次综合在一起，就可以组成一个具有层次性的理论系统。

上述三个判定条件是从理论系列统合为理论系统的必要条件，缺一不可，否则就不符合"系统"概念的基本要求，也就会失去探究理论系列转为理论系统的意义，理论系列也成不了理论系统。三个判定条件在理论系列整合为理论系统的过程中发挥的作用各不相同，其中各要素相互联系是基本要求，缺了三者之间的彼此联系，就无法找寻三者之间的共同点，理论整合也就丧失了可能性。发展是最终目的，从理论系列到理论系统的目的就在于要促使理论走向体系化、整体化或者系统化，缺乏了发展，就失去了理论整合的意义。层次性是目标指引，只有层次性较为分明的理论，才能称之为具备系统色彩的理论，缺乏了层次的目标指引，理论整合便失去了前进的方向。总之，上述三个判定条件相辅相成，互相促进，只有同时符合三个判定条件，才具备了理论系统的基本要件，才能促使理论从系列形态走向系统形态。

（二）边界维度整合：既要科际整合又要坚守阵地

"一个学科的地位不仅仅取决于它是否有一整套理论体系，更取决于这个学科的理论能否具有充分的专业信心、博大的理论气度和学术胸襟，从而敢于并愿意通过兼收并蓄的途径，不断发展和壮大自己。"②考察马

---

① 参见中共中央党校马克思主义理论教研部、中国马克思主义研究基金会. 马克思主义中国化研究［M］. 北京：人民出版社，2011：45—47.

② 王秀阁，杨仁忠. 马克思主义理论学科前沿问题研究［M］. 北京：人民出版社，2010：397.

克思主义理论的发展史，应该肯定地说，马克思主义理论的确做到了这一点。正是因为具备这种兼收并蓄的精神，马克思主义理论学科才能在汲取其他学科营养的过程中薪火相传、不断发展，焕发出熠熠光辉。从这一点上来看，马克思主义的理论完善仍然需要在学科互涉的精神指引下，不断地把马克思主义理论与其他学科相整合，这也是适应当前"不同学科大交叉、大融合，打破学科壁垒、促进学科整合已成为发展学科与创新理论中一股不可阻挡的潮流"[①]的必然选择。当然，除了学科整合之外，进一步界定马克思主义理论与其他不同学科的边界问题，即运用边界整合的方式来推动马克思主义理论完善，也是不得不思考的重大问题。从已有的研究成果来看，当前大多数学者已经意识到了边界整合的重大意义，且提出了一些比如打破学科壁垒、借鉴研究方法、加强沟通交流等整合路径，这对推进马克思主义理论与其他不同学科的边界整合起到了一定的作用。但是，这些建议较为普通化，且操作性不强，对于更好地推进边界整合还缺乏有效动力。因此，进一步开拓进取，寻求其他路径的边界整合之路就显得非常重要。基于这种认识，在这里，我们提出运用科际整合的路径，尝试着来推进马克思主义理论与其他不同学科的边界整合，以期为进一步完善马克思主义理论提供有效的方法指引。

目前，关于科际整合（Interdiseiplinarity）的概念含义，学界尚未统一，美国有学者认为，科际整合是指研究中所涉及的具体工作，它包括学科之间互借、学科共同合作、学科领域开发、保持学科间的沟通、发展学科间的综合理论等各项内容。[②]G·伯杰与克拉的观点相似但又略有不同，伯杰认为，科际整合指的是，至少两个或两个以上的不同学科之间发生一定的联系和紧密相互作用，较多采用跨学科和多学科的研究方法和手段。[③]还有学者认为，科际整合研究活动应该分为三个类别：借鉴其他

① 沈壮海.思想政治教育的文化视野［M］.北京：人民出版社，2005：317.
② ［美］沙姆韦，梅瑟—达维多.学科规则制度导论［A］.学科·知识·权力［C］.刘健芝等，编译.北京：生活·读书·新知三联书店，1999：29.
③ 韵江、林忠.管理学合法性的反思：基于跨学科研究的视角［J］.经济社会体制比较，2007（03）：143—146.

不同学科的研究工具和研究方法，不产生新知识；坚定学科基础、拓展学科知识；开展跨学科研究、开展新的探究主题。①综合上述观点，可以看出，科际整合就是两个或以上学科在互相作用、互相借鉴的基础上开展的研究工作。那么，究竟该如何从科际整合的视角对马克思主义理论的内容进行整合呢？芮国强对行政学科际整合的研究路径进行了分析，他提出了三个环节：（1）寻求焦点、建立融合；（2）相互启示、挖掘共源；（3）扩大领域、灵活运用。②同样地，芮国强所概括出的这三个环节，也可以有效地运用于马克思主义理论学科的科际整合中去。

第一，确定整合焦点、沟通学科融合。简单一点说，这一环节的重点内容就是运用两个或以上的学科观点、方法去分析马克思主义理论学科中的问题。具体来说，确定整合焦点就是首先要确定马克思主义理论学科的焦点内容或研究内容是什么，这是这一环节的基础性工作。沟通学科融合，就是找寻马克思主义理论学科研究焦点与其他学科之间的汇通之处，也就是找到二者的交叉点或相似点，从而对推进学术交流和学科发展创造可供交流的平台或媒介。应该看到，通过这种学科融合的运用过程，不仅可以达到马克思主义理论学科科际整合，完善马克思主义理论的目的，而且还可以推进所运用学科的发展。比如，在探究马克思主义国家观时可以与政治学结合起来，也可以与法学结合起来等。其中，国家观是整合焦点，政治学或法学就是运用的学科，马克思主义理论的国家观与政治学国家观、法学国家观的共通之处就为学科融合提供了交流平台。通过运用政治学或法学的观点去考察分析马克思主义国家观，不仅可以帮助我们有效探究马克思主义理论学科的发展，也有利于探究政治学和法学的相关问题。

第二，立足学科定位，挖掘学科资源。马克思主义理论学科所涉及的每一具体内容都不是无中生有的，都是一定历史合力的产物。这种历史

---

① Salter L, Harn A.,*Outside the Lines: Issues in Interdisciplinary Research* [M], Montreal: Montreal Mc Gill University Press, 1996.

② 芮国强. 科际整合方法在行政学研究中的运用：机制、路径及限度 [J]. 江海学刊，2012（01）：130—134.

合力包含了来自不同学科的推进或阻碍，这些学科在互相作用、互相参照的过程中不断完善着、发展着，才最终形成了各个独立的学科。但是，这并不意味着科际整合是杂乱无章的。相反，科际整合却有着自身的整合规则和逻辑规范。马克思主义理论学科的科际整合应该遵循相应的逻辑规范，不仅要遵循自身科学完善和发展的规范，而且还要遵循其他学科（主要是所运用到的学科）的逻辑规范。在相互生成问题的过程中验证着自身学科，同时也"提问"着其他学科。就是在这种互相"生成问题"的过程中，马克思主义理论学科和其他学科在回答对方问题的基础上获取了新视域、新方法，既拓展了学科知识，又推动了学科之间的互相发展，从而为推进自身学科的科际整合提供了新的学科资源和方法借鉴。

第三，扩展学科视域、推进学科整合。这里所说的扩展科学视域，颇有将科际整合翻译成为"Transdisciplinarity"的意蕴。有学者认为，"Transdisciplinarity"是"学科之间的、跨越学科的和超越所有学科的研究"①。拓展学科视域重在强调跨越学科壁垒、沟通学科交流，为推进学科整合提供基础。当然，那种超越学科界定的统一研究也是不存在的。②在马克思主义理论学科的科际整合上，一方面可以将不同学科的知识统一起来，拓展不同学科的知识视域，形成不同学科的知识群，从而为马克思主义理论学科整合提供知识统一上的可能性。另一方面也可以将不同学科的研究范式、研究方法、运用工具等问题密切结合起来，在统一不同学科研究特征的基础上，抽出不同学科中蕴含的共同因素，为推进马克思主义理论学科研究提供研究规范和科学的研究方法。这样，在具备了知识统一和规范研究的前提上，马克思主义理论学科的兼容并包能力就越发增强。那么，科际整合的可能性也就会转变为现实性，可以说是达到了一种"和

---

① Interdisciplinarity in Science and Technology, Directorate for Science, Technology and Industry, Paris: OECD, 1998: 4.

② 芮国强. 科际整合方法在行政学研究中的运用：机制、路径及限度 [J]. 江海学刊，2012（01）：130—134.

而不同"的整合境地，理应达到了科际整合方法论研究的最高境界。①

上述科际整合的方法表明，运用这种方法不仅能够进一步推进马克思主义的理论完善，而且还能够在这一过程中明确地界定出马克思主义理论学科与其他不同学科之间的界限，从而为马克思主义理论的完善、发展，乃至创新等提供有效的动力。但是，需要指出，倡导边界维度的整合并不意味着要放弃理论自身的指导地位，特别是在中国这样一个把马克思主义理论作为指导思想的国家，更应该要坚守马克思主义的理论阵地，这不仅是当代中国的实际需求，也是在"中国特色"背景下进一步完善马克思主义理论的必然需要。到底应该怎么坚守马克思主义的理论阵地？在这个问题上，关键点就在于要进一步明确学科边界，特别是要坚持马克思主义理论自身的原则性问题，划清与各种反马克思主义或非马克思主义学科之间的关系，走出一条既能与不同学科相互交叉，促使马克思主义理论学科增长新生长点，又能发扬马克思主义理论学科的特色之处，坚守自身理论阵地的新方法道路。

（三）历史维度整合：沟通理论历史、现实与未来

每一事物的生成都有其自身生成的历史，理论的生成也不例外，理论也有自身的历史。马克思曾经深刻地指出："历史上常常有惊人的相似之处。"②这就是说，只要把理论历史的"惊人的相似之处"找寻出来，整合在一起，就可以成为推动理论进步的有效因素。但是应该看到，对历史中"惊人的相似之处"的找寻，绝对不能简单地停留于理论的历史中，而是应该依据理论历史的"惊人的相似之处"，推动理论面向现实，深刻回答现实中的问题，才能在现实中推动理论趋于完善。

应该怎么寻找理论历史的"惊人的相似之处"？这就需要依据理论的历史来回答这个问题。理论有其自身的历史发展历程，这一进程基本上包含了理论萌芽、形成、完善、发展，直至成熟。如果把关注点分别集中于

---

① 李政涛. 教育学科与相关学科的"对话"——从知识、科学、信仰和人的角度［M］. 上海：上海教育出版社，2001：128.

② 马克思恩格斯选集（第1卷）［M］. 北京：人民出版社，1972：291.

理论历史进程的每一个阶段，就可以发现，理论进程中每一个阶段的生成都不是一蹴而就的，它们有着自身的发展历程。如果把关注点集中于理论历史的全过程，又可以发现，理论的每一次进步，都是在前期阶段的基础上而有所推进的，最终汇集成了完整意义上的理论历史。这样，依据上述两个视角的分析，就可以分别从纵向视角和横向视角两个角度来审视理论的历史，从中寻出理论历史的"惊人的相似之处"，进而推进理论走向现实、趋于完善。

从纵向视角来看，理论历史进程中的每一个阶段都有其自身生成的特征，把这些特征组织起来，从中寻求它们前进、发展的共同因素，就可以为推进理论走向现实、趋于完善提供指南。从这个意义上来看，理论历史阶段中所蕴藏的共同因素就是理论历史的"惊人的相似之处"。这个共同因素或共同特征是什么呢？对于这个问题，可以通过仔细分析理论历史中的每一个阶段寻求答案。比如，在分析理论萌芽问题的时候，什么因素会促成理论来源更加完善？为什么会是这个因素促成理论来源的完善，而不是那个因素？在分析理论内容时，就需要弄清是什么因素可以促使理论内容不断走向完善、什么因素阻碍理论走向完善等诸如此类的问题。通过多重分析后，就会发现，原来理论来源的完善和理论内容的完善都内含着实践这一共同因素，那就因此可以得出一定的认识，即实践不仅产生了理论来源，而且还促使理论走向完善。得出这一结论之后，再把实践运用于理论历史中的其他阶段，看看是否可以促进其他阶段的进步与完善。如果答案是肯定的，就意味着实践就是贯穿于理论历史全程的重要共同因素。如果是否定的，就需要再次分析理论历史中的每一个阶段的共同因素，或者也可以把理论生成其他阶段添加到分析对象中去。这就在增加研究材料的基础上，为进一步得出理论历史"惊人的相似之处"的可能性提供更加丰富的事实参考材料，从而也就为推动这些"惊奇的相似之处"的科学整合提供可能性。从横向视角来看，就是把理论历史中的每一阶段紧密联系起来，沟通理论历史中的每一生成阶段，最终到达理论的现实。这样看来，从横向视角予以审视理论的历史，可以沟通理论历史与理论现实之间的桥梁。是什么沟通了理论从历史走向现实的桥梁呢？在这个问题上，答案仍然倾向于理论历史各阶段的共同因素。可见，不管是从横向视角还是从纵向视角分析理论的历史，都把焦点集中于其中所蕴藏的共同因素。

上述分析显示，只要找到依据理论的历史进程，从中找出各阶段存有的共同因素，就意味着整合了理论历史的各阶段，从而也就有利于抽出理论历史各阶段中有利于理论完善的共同因素，进而推进理论走向现实、趋于完善。但是，需要指出的是，马克思虽然从历史唯物主义的视域承认"历史常常有着惊人的相似之处"，但是他也承认历史、现实、未来是相通的。因为在历史唯物主义视域中，"历史是过去的现实，现实是未来的历史"①。这就是说，历史维度的理论整合不仅需要关注如何从理论历史走向理论现实，而且还要关注如何从理论现实走向理论未来。在理论完善的视域中，这里所说的理论从历史走向现实，进而从现实走向未来，就要求对理论的分析不仅需要注重在理论的历史中分析出理论完善的方法，而且还要运用理论完善之道推动理论走向未来，或者从理论未来的视域中寻求理论完善之路。

如何促使理论从现实走向未来呢？所谓理论未来，意指理论的发展前景如何，怎么样发展理论，如何为理论前景廓清道路、减轻阻碍，或者理论能不能预测未来发展等一系列问题。可见，理论未来不仅是历史维度整合理论从现实走向未来的实际需要，也是理论自身发挥出预测功能的使命需求。为了探寻理论从现实走向未来，在这里，可以从德国哲学家恩斯特·布洛赫（Ernst Bloch）的希望原理中寻到蛛丝马迹。布洛赫认为："只有时刻面向未来期望，才能防止一种固定的、琐碎的、只看到眼前的趣味。但是只看到未来期望还不行，因为先行看到未来，进而有待于未来实现的做法会产生一种忽视现在境遇的急躁现象，一味的分析未来期望实际上忽视了对象客观化展现的意义。"②根据布洛赫的观点，未来希望内涵具有两层意蕴：一是面向未来，运用未来做牵引，这样能够促进事物向

---

① 《习近平总书记系列重要讲话精神学习读本》编写组. 习近平总书记系列重要讲话精神学习读本［M］. 北京：中国方正出版社，2014：42.

② ［德］恩斯特·布洛赫. 希望的原理（第1卷）［M］. 梦海，译. 上海：上海译文出版社，2012：61—62.

前发展；二是珍视现实，从现实中寻求未来期望之路。概括起来，布洛赫的意思是，如果只注重未来期望而忽略了现实问题，就会陷入抽象的、唯心主义的空想陷阱。如果只注重现实境遇而忽略了未来期望，就会导致形而上学的嫌疑，出现停滞不前、阻碍事物的发展的趋势。综合起来，要实现未来期望，就需要做到未来与现实紧密结合，理想与实践紧密结合，使抽象的事物转变成具体的事物。

应该说，布洛赫的未来希望原理为进一步理清理论从现实走向未来提供了思路，具体来说：第一步，大致上确定理论的未来期望，把这种未来期望当成推进理论从现实走向未来的思想指引，并使之成为理论向前发展的动力；第二步，深刻分析理论的历史和理论的现实，为理论从现实通往未来之路提供铺垫、总结经验。简单一点说，就是依据理论的历史积淀和现实境遇，寻求推动理论走向未来的现实佐证。在丰富佐证的基础上，用这些佐证映照理论的未来形态，最终促使理论的未来逐渐清晰可见。需要注意到，这两步是密不可分、互相促进的，绝对不能割裂二者之间的联系。其中，第一步是第二步的基础和前提，没有第一步的指引，就等同看不到理论的未来，是"用理念来压制现实，是静止地、片面地看待历史"[①]，就会走向形而上学的错误路径，就会使得第二步犹如无头苍蝇，四处碰壁、毫无方向，就会造成理论停滞不前、失去目标，根本毫无未来希望。第二步是关键，是实现第一步的具体方法路径。如果没有第二步的践履，第一步也就只能处于思想层面，无法促使理论从理论走向未来，没有实践的理论必然是空洞的理论，理论的未来也就失去了有效的现实支撑。这两步在互相促进中促使理论从现实走向未来，第一步的理想推动着第二步的践履，第二步的践践履又观照着第一步的设想。必须要牢固地抓住上述两个方面的内容，如果只强调第一步，就会促使理论缺乏生命力、前瞻性和解释力。如果只重视第二步，就会使理论的历史得不到实际情况

---

① 王峰. 意义诠释与未来时间维度：探索一种意义诠释学［M］. 上海：上海人民出版社，2007：17.

的牵引，是不顾经验的历史虚无主义。①

综合理论由历史通往现实，进而推向未来的路径，可以发现，历史维度的理论整合就把理论的历史、现实与未来紧紧地联系在了一起。这种联系又促使理论在其中任何一个阶段都会发生着动态的变化，在其中的每一个过程中，都会自觉或不自觉地促使理论得到一定程度的完善。比如，在理论由历史通过现实之路的"共同因素"就是促进理论完善的有效动力，理论由现实通往未来之路的两个步骤，也可以促进理论有效地预测着未来。这样来看，只要科学运用上述所分析的在历史维度中沟通理论的历史、现实和未来的理论整合之道，就完全可以实现推进理论趋于完善的未来希望。

二、基于提升模型的马克思主义理论完善方法

不管是自然科学，还是社会科学，理论学家们都似乎比较热衷于通过建构模型的方式推进事物的发展。基于完善马克思主义理论的目的，这里所尝试着建构的完善马克思主义理论的模型，其直接目的就在于更好地完善马克思主义理论，促使人们更好地信任马克思主义理论，以便为马克思主义理论解释力的提升提供点滴力量。依据这种认识，下面尝试着建构几个能够完善马克思主义理论的简单模型。

（一）基于主要影响因素的马克思主义理论完善效果模型建构

前文第三章已经分析了建构马克思主义理论解释力提升体系的主要影响因素：理论家主体②（含理论家主体运用的方法）、理论和群众。这样看来，基于主要影响因素的马克思主义理论完善模型的建构就需要廓入上述主要影响因素，这就是一个简单且较容易理解的基于主要影响因素的马

① 孙宜芳. 当代中国理论解释力提升的四个维度［J］. 广西社会科学，2013（10）：1—6.

② 学术界公认，领袖群体、党员主体、学者主体和群众等都是主体。但是基于表述方便的缘由，在这里把推进理论进步的主动者，包括领袖群体、党员、专家、学者等统称为"理论家主体"，而把被动接受理论的群众和对理论不甚理解的人统称为"群众"。如无特殊说明，下文所出现的"主体"或群众"都是在这一意义上的。

克思主义理论完善效果模型：

$$E= B+T+C \qquad （6-1）$$

公式6-1中，E（Effect）代表完善马克思主义理论的效果，B（Body）、T（Theory）、C（Crowd）分别代表了理论家主体、理论和群众。把这三个主要因素相加起来，就是完善马克思主义理论的效果E。B、T、C每一个因素的值越大，就意味着E的值也会增大，反之则会减小。一般而言，B、T、C中的任何一个能力不足或存有问题，都会严重影响着完善效果E。需要注意的是，在某些特殊情况下，如C的学习能力较强或者理解能力较强的情况下，可能不需要B，E的值也会相应增大。但是，出现这种情况的可能性较小，因为"马克思主义的许多观点、思想、范畴、原理等，不是一般群众都能理解和掌握的，学习理论不可能'立竿见影'"[①]。在这个意义上，一个完整意义上的基于主要影响因素的马克思主义理论完善效果模型还是少不了理论家主体的参与。

应该看到，仅仅弄清理论家主体、理论本身和群众三个方面在完善马克思主义理论效果中的互相作用，还处于对问题的认识层面，并不能真正地完善马克思主义理论。更为重要的问题在于，应该怎么样促使这三个因素发挥出积极的作用。基于这一思考，分别从理论家主体、理论和群众三个视角建构完善马克思主义理论的模型就成为不得不解决的重大问题。

（二）基于理论家主体视域的马克思主义理论完善模型建构

一个不容忽略的事实是，即便公式6-1中的理论和群众都具备了完善马克思主要理论的先决条件。但是，如果没有理论家主体的参与，一切都将会陷入空谈，因为人是生产力诸多要素中最活跃的因素。这就是说，要推进马克思主义的理论完善，不仅需要理论家主体的参与，还需要理论家主体具备一定的理论完善能力。但是，能力是一回事，做不做又是另外一回事。在这个意义上，我们不仅需要建构一个主体视域的理论完善能力提升模型，而且还需要建构理论家主体理论完善投入有效性模型。

---

① 周为民．马克思主义中国化研究［M］．北京：人民出版社，2011：302．

1. 基于理论家主体完善马克思主义理论能力提升的模型建构

正如前文所言，理论家主体的理论完善能力也是影响完善马克思主义理论效果的重要因素。因此，就有必要建立一个理论家主体理论完善能力提升模型。为了建构这个提升模型，首先需要假定人的能力是分层次的，根据这个假设，便可以依据所划定的层次予以检验主体理论完善能力的提升程度。

理论家主体的理论完善能力到底应该分为几个层次呢？有学者对这一问题进行了研究，提出主体划分为不胜任、基本胜任、胜任、优胜四个层次。[①]应该说，这种划分具有一定的科学性。在这里，借用这种形式的划分，再结合理论完善所涉及的具体情况，便可以把上述四个层次运用于理论家主体完善马克思主义理论能力提升模型的建构中去（如图6-1所示）。

图6-1　理论家主体完善马克思主义理论工作能力层次分析图

从图6-1可以看出，理论家主体完善马克思主义理论的能力划分为四个层次：不胜任、基本胜任、胜任和优胜。这四个层次的内涵各不相同，层次级别也蕴含着一个由低到高的走向趋势。不胜任层次主要表现在，理论家主体根本不了解马克思主义，没有掌握相关的研究技能等，根本担负不起完善马克思主义理论的任务；基本胜任表现在，理论家主体基本上具备了相应的研究能力，但是能力还不足；胜任层次主要表现在，理论家主

———————————

① 仝震. 财政干部能力提升模型探讨［J］. 商情（教育经济研究），2007（12）：139—140.
图6-1的绘制参照了该文，在此表示感谢。

体已经具备了一定的研究能力，且达到了完善马克思主义理论的相关要求；优胜层次主要表现在，理论家主体已经具备了相应的研究技能，能够优异地完成完善马克思主义理论的相关任务。在这四个层次中，不胜任和基本胜任处于比较低级层次能力系列，这一层次还需要通过培训的方式促使理论家主体基本具备完善马克思主义理论的相关能力。而当这一阶段的任务完成之后，由于理论家主体能力得以提升，那么就会进入胜任阶段。到了这一阶段，才算是真正意义上的提升。

图6-1所示的理论家主体理论完善能力层次分析，还有一些需要注意的问题：一是上述所讨论的理论家主体层次是基于两个方面的考虑。一方面，基于没有最低能力的理论家，相信每一个理论家都可以通过各种方式的提升有所进步，排除了那种通过培养教育仍然无法提升研究能力的特殊的人；另一方面，基于没有最高能力的理论家，相信每一个理论家的能力都是有一定限度的。从这个意义上来看，这里所探讨的理论家主体理论完善能力的层次都是具有相对性的，并不存在着那种绝对的现象。二是从严格意义上来看，不胜任阶段和基本胜任阶段的培训，也是一种提升，但是这种提升与上升到胜任阶段后的提升有所不同，前两个阶段的提升重在加强培训，是简单意义上的"提升"，而到了后两个阶段之后，提升的难度较大，要想取得提升的效果，还需要因理论家主体的实际情况而有所差异。三是要从横向视角注意到每一阶段都肩负着提升理论家主体理论完善能力的重任。上述四个能力层次中，每一个层次都可以有效提升理论家主体理论完善的能力，不同层次的提升方式又有所不同，要依据具体的提升内容来决定具体的提升方式。四是从纵向视角来看，理论家主体理论完善的能力是逐渐上升的，绝对不会后退，只有每一个能力层次逐渐上升了，才能走向后面一个层次，才能最终托起优胜这个理论家主体能力提升的"大厦"。但是，需要意识到，理论家主体能力的提升，不能仅仅徘徊在提升的视域中，还需要注意提升过程中的细节问题，特别是注意其中的广度和深度问题。为了更为详细说明这一问题，在这里，就可以建构出一个理论家主体完善马克思主义理论的能力广度和深度关系图（如图6-2所示）。

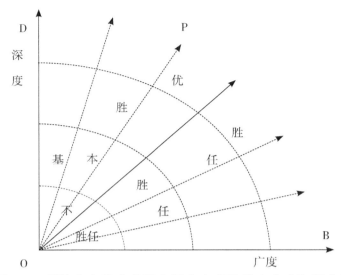

图6-2 理论家主体完善马克思主义理论能力广度和深度图

图6-2中，OD线代表理论家主体理论完善能力提升的深度（Depth），OB线代表理论家主体理论完善能力提升的广度（Breadth）。可见，理论家主体理论完善能力的提升，不仅要从深度着手，而且还要关注广度。这两个视角都可以展示出理论家主体理论完善的能力逐渐地从不胜任阶段，最终走向优胜阶段。实际上，深度和广度都存在于理论家主体理论完善能力各个层次中。只有合理处理好每个能力层次中的广度和深度，才能推进理论家主体理论完善的能力逐渐提升。那么，到底理论家主体理论完善能力的深度"深"到何种程度最好？广度又"广"到何种程度最好？是不是深度达到OD线最好？是不是广度达到OB线最好？当然不是，当理论家主体理论完善能力的深度达到OD线时，其所指理论家主体对某一个问题或某一个领域的研究非常透彻，尽管这也有助于进一步推进理论走向完善，但是OD线是建立在高度重视深度的基础上，其结果就会在无形之中偏废了广度，因而就会出现深度有余而广度不足的情况。当理论家主体理论完善能力的广度达到OB线时，就意味着理论家主体的学科知识视野较为广泛，在一定程度上，这当然也有助于推进理论的完善。但是也应该注意到，这种行为将会出现偏重广度而忽略深度的嫌疑。由此可

见，这两种情况都并不能单独有效地提升理论家主体理论完善的能力。

通过上述分析可以发现，只有当广度与深度达到合理结合的状态时，才能有效提升理论家主体的理论完善能力。那么，到底到何种程度上才能达到广度与深度合理结合的状态呢？从图6-2可以看出，OP线所指就是最好的状态，也就是说，当理论家主体的理论完善能力达到深度与广度二者都不偏废的情况下，才能有效地提升理论家主体的理论完善能力。这就不仅要求理论家主体要具有学科知识的深度积累，还要求具备广泛的其他知识，具备相应的广度。

在理清了理论家主体理论完善能力层次和事关理论家主体理论完善能力的广度、深度等相关问题的基础上，便基本掌握了影响理论家主体理论完善能力提升的主要因素，这也因此为我们建构完整意义上的理论家主体理论完善能力提升的模型做好了前期准备工作。综合这一部分的分析，我们便可以尝试着建构这一模型（如图6-3所示）。

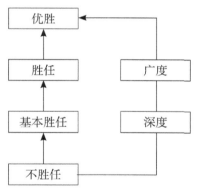

图6-3　基于理论家主体理论完善能力的提升模型

图6-3展示出了影响理论家主体理论完善能力的主要因素，把这些因素组织在一起，就构成了一个比较简单的理论家主体理论完善能力提升模型。在这个模型中，理论家主体理论完善的能力层次与广度、深度问题是同等级别的，一方面，必须要确保理论家主体理论完善的能力不断得以提升；另一方面，又要切实密切关注能力提升每一层次的广度和深度，做到二者的有机结合，才能在互相作用的过程中，共同提升理论家主体理论完

善的能力。

2. 基于理论家主体理论完善投入度有效性模型建构

理论家主体是完善马克思主义理论的关键因素，如果理论家主体能够积极从事理论完善的相关工作，那么就可能会推进理论趋于完善。由此可见，理论家主体的理论完善投入度直接影响着理论是否完善。从这个意义上来看，从理论家主体理论完善投入度的角度去探究理论完善的提升模型也就显得意义非常。

到底处于一种什么状态，理论家主体理论完善的行为才能够有效呢？基于经济学的理性人假设，答案是让理论家主体不投入理论完善时得不偿失，而不是有利可图。试想，如果理论家主体不投入相应的工作就可以促使理论完善的话，不仅会使理论家主体走向歧路，而且还会助长不正之风。反之，如果能够及时有效的采取措施让理论家主体意识到工作投入度与理论完善之间的正相比关系，那么则会在增加工作投入度的情况下，为进一步推进理论走向完善提供宝贵的可能性，如公式6-2所示。

$$E_1=D/I \qquad\qquad (6-2)$$

其中，E_1代表理论完善有效度，D（Discipline）代表非正常理论完善投入量的惩罚量，I（Input）代表非正常理论完善投入度。从公式6-2可以看出，当E_1大于或等于1时，就意味着非正常工作量的惩罚度超过非正常投入度，这时，方可促使理论走向完善。而当E_1小于1时，则意味着非正常投入度超过惩罚力度。在这种情况下，理论家主体"冒险"的可能性就会增长，那么也就无法促使理论走向完善。是不是E_1越大越好？或者是不是E_1可以无限大呢？从单纯提升理论解释力的目的来看，当然不是。原因在于，E_1的值还受制于其他因素，比如理论家主体的其他能力、外在环境等。其实，$E_1=1$时是最理想的效果。也就是说，当投入度与惩罚度旗鼓相当的时候，理论家主体的理论完善积极性最好，工作投入度最高，那么理论完善的效果也就越强。

应该注意到，即便理论家主体具备了一定的理论完善能力，且愿意积极投入相应工作参与到马克思主义的理论完善工作中去，我们也不能完全肯定地说理论家主体就能够推进马克思主义理论的完善。为什么呢？假如理论家主体没有问题意识，那就根本不可能发现马克思主义理论中存在的问题，也就不可能分析问题和解决问题。一旦出现这种情况，就会架空理论家主体的理论完善能力和理论完善投入度，又遑论促使马克思主义理论走向完善的问题。所以，还必须从理论家主体发现问题、分析问题和解决问题的视域，关注一个事关全局的完善有效性模型。如公式6-3示。

$$E_2 = F \times A \times S \qquad\qquad (6-3)$$

公式6-3中，E_2代表理论家主体完善马克思主义理论的效果，F（Found）代表发现问题的可能性，A（Analyze）代表分析问题的可能性，S（Solve）代表解决问题的可能性。显然，在F、A、S这三个问题上，都不可能绝对做到100%，也就是不可能100%发现问题，不可能100%分析问题，也不可能100%解决问题。这三个问题不仅前后串联，而且前后互相制约。因此，E_2的结果，就是F、A、S这三个问题的乘积。

从串联的关系来看，F、A、S的损失都会影响提升效果E_2，且还存在着累积效应。为了说明这个问题，在这里举个例子：如果发现问题的可能性是50%，分析问题的可能性是60%，解决问题的可能性是70%，那么，理论完善效果也就是50%×60%×70%，也就只有21%了。从前后互相制约的关系来看，越是靠前的环节，其影响力越大，也就是说，在F、A、S三个问题中，F的影响力最大，A次之，S最后。举例来说，如果发现问题的可能性为50%，就会造成后续的分析问题和解决问题的可能性都不可能超过50%。这样，理论完善效果便会受到很严重的负面影响。反过来看，要使理论完善的效果超过50%，就必须首先使发现问题的可能性超过50%。如果分析问题的可能性是50%，就会造成后续的解决问题的可能性绝对不会超过50%，这样也会负面影响理论完善效果。同样的道理，要使解决问题的可能性超过50%，就必须促使发现问题和分析问题的可能性超过50%。综合来说，发现问题的可能性是影响理论完善效果的瓶颈性因素。

（三）基于理论视域的马克思主义理论完善模型建构

作为理论完善的研究对象，理论自身的理论形态如何、解决现实问题的能力如何等也是影响理论是否完善的因素。在这个意义上，从理论视域建构一个推进理论完善的模型，就成为不得不谈的重大问题。在这里需要说明，由于理论是客观存在的规律性的东西，它自身并不能主动地实现自我完善。因此，这里所探究对理论视域的马克思主义理论完善模型，是依托理论家主体作用于理论意义上的模型。

在推动社会进步的过程中，马克思主义理论也在逐步完善和发展。相比之前的各种理论学说，马克思主义理论自身具有鲜明的完善动力机制。有学者对这个问题进行了分析，认为马克思主义理论在进步观点的完善上，走向了一条从理论决定论到活动创论、从抽象还原论到历史生成论、从财富积累论到人文关怀论、从至善目标论到辩证进步论的道路。①应该说，这种认识具有一定的科学性，它不仅为我们进一步完善马克思主义理论提供了基本思路，也为我们建构理论视域的马克思主义理论完善的模型提供了指引。在这里，依据上述观点，把基于理论视域的马克思主义理论完善模型的构成要素划分为历史生成、人文关怀、辩证推进、理论实践四个重要组成部分。

关于历史生成②。"没有一种事物不是作为过程而展开的，因而一切事物都有自己的历史。"③事物的发展历史为我们展示出了事物演进的逻辑，因而从事物的历史生成中寻求基本经验，也可以为推进理论完善提供指南。尽管如此，但仍有一部分学说并没有认识到历史在事物发展进程中的重要作用。比如理性主义学说，这一学说从理性视域出发，认为用预先设定的抽象的理性状态去任意裁剪历史，割断了历史与现实、未来之间的联系。马克思就曾对这种思想倾向进行了深刻的批判，指出："以往的一切社会形式和国家形式、一切传统观念，都被当做不合理性的东西扔到垃圾堆里去了；到现在为止，世界所遵循的只是一些成见；过去的一切只值

---

① 郝永平. 参见进步观点的理论提升——从理论主义进步观到马克思主义进步观的飞跃 [J]. 南开学报, 1997（05）：9—14.

② 应该指出，这里所说的历史生成，是依据理论视域中理论完善模型进行的分析。与前文理论整合里所探讨的历史维度的整合具有不同意蕴。

③ 孙显元. 马克思主义科学方法论 [M]. 北京：人民出版社, 1993：375.

得怜悯和鄙视。"①应该承认，理性主义所倡导的抽象理论状态是生成理论的前提条件。但是，如果我们仅仅沉迷在考察理论的抽象形态上的话，就与马克思所说的庸俗经济学家的"理论上的真理是同现实情况相矛盾的抽象"②并无二异，就会走向由抽象到抽象的理论完善之路。这就是说，在认识理论的问题上，绝对不能仅仅把抽象作为终结标准，而是仍然需要遵循具体—抽象—具体的发展路径，把抽象的真理发展成为具体的真理，这种意义上的"理论完善"才算得上是真正意义上的理论完善。通过这里的分析就可以发现，在理论完善模型建构这个问题的认识上，必须把理论的历史生成这一问题廓入其中。不仅需要审视理论的生成历史，总结基本经验，而且还要把历史生成中的抽象理论转化为具体的理论。只有达到了这种意义上的完善，才可以真正完善马克思主义理论。③

关于人文关怀。马克思主义是关于无产阶级和全人类解放的学说，是关于人的自由全面发展的学科，这种"解放"和"自由发展"内含着对人的人文关怀。从这一所指来看，马克思主义理论完善的模型建构，必须符合马克思主义的人文关怀精神，考虑到"人"这一因素。这里所说的"人"，主要是指推动理论完善的理论家主体和被动接受理论的群众主体。这里所说的"人文关怀"包含着简单层面的意义和深层次意蕴的意义。从简单层面的意义来看，其所指是"人"对完善马克思主义理论的行为持有什么态度，为理论家主体提供什么样的工作环境和工作条件，是否重视群众接受马克思主义理论，采取什么方式方法等一系列问题。从深层次意蕴上来看，主要表现在完善马克思主义理论的目的上，能否让理论家主体和群众的能力有所提升，能否促进他们的精神文化水平有所提升等。应该说，一旦有了相应的人文关怀，理论家主体的理论完善积极性和群众接受马克思主义理论的进程或速度便会有效提升，那么，建构马克思主义理论完善模型的效果也就会得到一定程度的显现。但是应该看到，尽管人

① 马克思恩格斯文集（第3卷）［M］. 北京：人民出版社，2009：524.

② 马克思恩格斯全集（第34卷）［M］. 北京：人民出版社，2008：496.

③ 关于在历史生成中推进理论完善的问题，本章"历史维度整合"部分已经进行了分析。这里再谈历史生成，是基于模型建构的视角进行的，与"历史维度整合"部分相比较，探究视角不同。

文关怀在完善马克思主义理论中发挥着重要的作用，却仍有部分人对这一问题视而不见，甚至予以否定，提出了所谓的"马克思主义过时论""马克思主义吹嘘论"等各种反对马克思主义人文关怀精神的论调。可见，在建构马克思主义理论完善的模型中增加人文关怀这一要素，不仅可以深化对马克思主义人文关怀精神的认识，聚拢马克思主义的向心力，而且还可以在有力反击各种错误思潮的斗争中彰显马克思主义的科学性。在这种情况下，完善马克思主义理论的效果便可以在人文关怀中得以显现。

关于辩证推进。正如理性主义学说一样，许多学说或思想都意图建立一种完美的学说，甚至是可以解决一切问题的学说，它们妄想"从今以后，迷信、非正义、特权和压迫，必将为永恒的真理、永恒的正义、基于自然的平等和不可剥夺的人权所取代"①。但是，在认识的问题上，并无永恒的真理，也无绝对的正义，绝对真理和绝对正义处于相对真理和相对正义之中。这就是说，那种试图发现绝对真理的思想是完全错误的，必须在相对之中寻求绝对真理，在绝对之中寻求相对真理，这就是马克思主义的真理认识论。这种"相对"与"绝对"的关系表明，认识事物绝对不能拘泥于相对真理或绝对真理的单一肤浅认识之中，也绝对不能割裂相对真理和绝对真理之间的联系，必须用辩证推进的方式，既看到绝对性，也看到相对性，在相对之中找绝对，在绝对之中找相对。可以说，这种辩证推进的思维方式为我们建构理论视域的马克思主义理论完善模型提供了思路。具体来说，一方面，不能过于苛求这个模型的绝对性，不能因为有了这个模型，就把所有的理论完善问题放置于这个模型之中，妄图通过这个模型提升推进所有理论更加完善。须知，这个模型只是针对马克思主义理论的完善而言的，其他理论并不一定就具备马克思主义理论所具备的辩证推进特征。另一方面，应该注意到，这个模型的相对性适用范围，从一定意义上讲，只要能够在某一方面推进了理论的完善，比如促进了理论形态完善，或增添了理论内容等，那就可以认为这个模型发挥了一定的作用。总之，既要认识到这个模型的有效性，又要宽谅这个模型的有限性，才能

---

① 马克思恩格斯文集（第3卷）[M]．北京：人民出版社，2009：524．

正确认识这个模型，才能彻底地贯彻相对与绝对二者之间正确关系的基本原理，这才是在辩证推进中建构马克思主义理论完善模型，并进而推进马克思主义理论走向完善的基本方法。

关于理论实践。在马克思主义没有诞生以前，理性主义学说占据了人类认识世界的主流，这一学说倡导人的推理可以作为知识来源的理论基础上的一种哲学方法，认为理性是揭露事物本质的根本方法，是评价事物的至高标准，是衡量一切事物有无的唯一准绳，甚至还有部分理性主义者认为理性是无所不能、无所不包的。法国启蒙思想家、哲学家朱利安·奥夫鲁瓦·德·拉美特利（Julien Offroy De La Mettrie）就认为："理性的优越性并不在于一个大而无当的空洞名词（非物质性），而在于它的力量，它的广大的应用和洞察的解释力。"[①]应该说，理性主义所认可的尊重科学、尊重理论、尊重理性，反对盲从、反对崇拜等思想，马克思主义是认同的。但是对于理性主义的那种过度膨胀、否定非理性因素、否定实践等观点，马克思主义是极其反对的。恩格斯曾经指出："永远不会把人类的某种完美的理想状态看做尽善尽美的；完美的社会、完美的'国家'是只有在幻想中才能存在的东西。"[②]正是带着对理性主义的强烈批判，马克思主义倡导在实践中改造世界，从而为进一步完善马克思主义理论提供了强大的动力。根据这种实践理念，基于理论视域的马克思主义理论完善模型的建构，必不可少的就是运用实践的方式作用于理论，通过实践检验理论，促使理论走向完善，促使理论在实践中解决现实问题。

概括上述四个方面的基本内容，在理论视域的马克思主义理论完善模型建构这个问题上，必须把历史生成、人文关怀和辩证推进、实践验证紧密结合起来，四者互相促进，共同推进马克思主义理论不断走向完善（如图6-4所示）。

---

① 十八世纪法国哲学［M］．北京大学哲学系，编译．北京：商务印书馆，1979：241．
② 马克思恩格斯选集（第4卷）［M］．北京：人民出版社，1972：212．

图6-4 基于理论视域的马克思主义理论完善模型图

在图6-4的模型中，理论完善是核心，是终极目的，历史生成、人文关怀、辩证推进和实践验证四者紧紧围绕着理论完善而发挥着自身的作用。四者不仅可以单独发挥出完善理论的功能，而且还可以在相辅相成、互相促进中共同推进理论完善。从单独推进理论完善的目的来看，在某种特殊的情况下，它们中的每一个都可以达到目的。比如历史生成，有助于准确地理解理论的生成历程，总结理论生成的历史经验，从而为推进理论完善提供历史依据。再如人文关怀，可以提升理论家主体和的能力和素质，不仅会促使理论家主体更好地投入到理论完善的工作中去，而且还能提升理论完善的效果。又如辩证推进，可以提供促使理论完善的正确方法和科学态度等。又如实践验证，不仅是理论的产生来源，而且还可以验证理论完善与否。而当需要全方位地推进理论完善，或者为了更好地巩固理论完善效果之时，就需要把这四个方面紧密结合起来。其中，历史生成是基础，缺乏历史生成，理论完善不仅会失去可靠的经验支撑，而且会失去未来期望，还会使得我们所建构的模型底蕴不足，缺乏积淀；人文关怀是要求，缺乏人文关怀，理论完善不仅会得不到理论家主体和群众的支持，而且还会失去理论被群众掌握的实际价值，还会使得我们所建构的模型丧失意义；辩证推进是方法指引，失去了辩证推进，理论完善将会陷入绝对真理的自我论证中，使得所建构的模型偏离正确的轨道；实践验证是动力，缺乏了实践验证，理论完善不仅会失去正确的渠道来源，而且会丧失前进的动力，也会使得我们所建构的模型萎靡不振、毫无生机。这四个内容一旦有机结合起来，必将会在协同作用下更好地推进理论趋于完善。

（四）基于群众视域的马克思主义理论信任度提升模型建构

完善马克思主义理论的效果如何，需要群众的检验。只有群众信任了，或者群众能够理解、接受和运用了，才能证明完善马克思主义理论达到了一定的目的。但是，理论不会自动呈现于群众面前，群众也不会自然而然就信任理论。从这一点上来看，如何增强群众对理论的信任程度就显得非常重要。因此，我们有必要从群众视角去建构一个提升马克思主义理论信任程度的模型。

与理论家主体理论完善的能力具有层次一样，群众的理论信任能力也是有层次的。有学者对信任层次进行了分析，认为信任层次有四个阶段：初始信任阶段、建立信任阶段、维持信任阶段、完全信任阶段。①根据这种划分，就可以把群众信任的层次划分为初级信任阶段、建立信任阶段、完全信任阶段，这三个阶段共同构成了群众视域的马克思主义理论信任度提升模型图（如图6-5所示）。

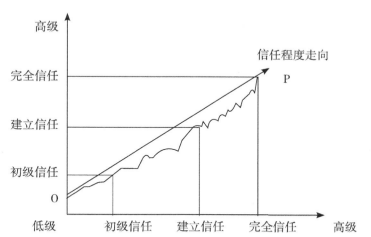

图6-5　基于群众视域的马克思主义理论信任度提升模型建构

图6-5基本为我们展示出了群众理论信任程度由低到高的走向，其中

---

① 曾贱吉. 员工组织信任提升模型［J］. 统计与决策，2008（17）：186—188. 图6-5的绘制参考了该文，在此表示感谢。

包括了初级信任阶段、建立信任阶段和完全信任阶段。在初级信任阶段，主要任务是通过马克思主义理论与群众的初步接触，让群众对马克思主义理论有一个基本的了解，促使群众对马克思主义达到基本信任的状态。需要指出的是，由于理论不能自动与群众接触，所以，这个阶段意义上的理论与群众初步接触，要么是群众自主接触马克思主义理论，要么是通过理论家主体的作用沟通群众与马克思主义理论之间的联系。但是由于群众自主接触马克思主义理论的可能性较小，所以，一般而言，需要理论家主体的中介作用促使群众与马克思主义结合起来。在建立信任阶段，主要目的在于让群众基本信任马克思主义理论。要达到这个效果，一方面，不仅需要理论家主体积极介绍宣传马克思主义理论，让群众在理论形态层面能够认识到马克思主义理论的实际作用，而且还需要理论家主体在这一阶段中进一步完善马克思主义理论。另一方面，要从实践视域让群众意识到马克思主义理论的真正作用，也就是运用马克思主义理论去解决群众密切关注的重大现实问题。当马克思主义理论真正能够解决群众的实际问题，马克思主义理论在群众心目中的威信就会大大提升，群众信任马克思主义理论的可能性也就会有所提升。在完全信任阶段，主要目的就在于让群众彻底信任马克思主义理论。这是整个群众理论信任度提升模型中最具难度的一个环节，在这个阶段中，需要群众多次验证马克思主义理论，直到意识到马克思主义理论具备顽强的生命力才能达到这一目的。这一艰难的验证过程，不仅要求理论家主体和群众具备相应的耐心，而且还要求他们能够携手合作、共同在实践中提升对马克思主义理论的信任程度。

需要说明的是，从初级信任走向完全信任的路程并不是一帆风顺的，而是伴随着各种困难，不同阶段的困难程度也有所不同，整体上呈现出"越来越难"的态势，这就是为何图6-5中会有一条由低级到高级阶段的弯曲线条OP。具体来说，在初级信任阶段的困难最小，因而信任程度的提升速度就越快。到了建立信任阶段，困难相对增多，因而信任程度的提升速度也就相对减慢。而到了完全信任阶段，面临的困难最多，信任程度的提升可谓困难重重。但是，只要理论家主体和群众能够坚持完善马克思主义理论，坚定马克思主义理论能够被认识理解的信念（对这个问题的理解，可以参照第三章图3-7），再加之运用正确的方法，就一定会在日积月累的过程中逐渐提升群众对马克思主义理论的信任程度。

（五）基于整体视域的马克思主义理论完善模型建构

应该看到，前面所建构的四个模型，只是依据影响马克思主义理论完善与否的各方面因素作为研究对象而得出的认识。为了更好地完善马克思主义理论，还需要尝试着把上述因素囊括到一起，建构一个整体视域意义上的理论完善模型。

作为提升马克思主义理论解释力的重要任务之一，完善马克思主义理论也与解释学有着千丝万缕的联系（特别是在探究解释马克思主义理论的问题上，与解释学更是不无关系）。正是因为这一思考，在这一部分，文章借鉴覆盖率经典解释模型①尝试着建构一个完整性的马克思主义理论完善模型。

前文（《绪论》国外研究现状部分）已经指出，为了科学地说明或解释现象，亨普尔提出了著名的覆盖率解释模型（又称D-N模型，图6-6所示）。

$$L_1,\ L_2,\ L_3,\ \cdots\cdots L_n（普遍规律）$$

解释项

$$C_1,\ C_2,\ C_3,\ \cdots\cdots C_n（先行条件）$$

_____

E   被解释项（现象）

图6-6　亨普尔的D-N模型图

图6-6显示，满足D-N模型的最基本条件有四：普遍规律（L）、先行条件（C）、被解释项（E）和说明语句（横线）。亨普尔将普遍规律解释为：将被说明项事件与在说明项中引用的特定前提相连接，并且赋予

_____

① 之所以借鉴覆盖率经典解释模型，原因有二：一方面，该模型承认客观规律，这一点与马克思主义是相通的，而一些其他的模型，如前文（《绪论》国外研究现状部分）所提到的因果关系模型否定客观规律；另一方面，该模型影响力较大，后世很多模型都是源自于这一模型，如前文（《绪论》国外研究现状部分）所提到的关联模型等。

后者相对于待说明现象以说明性因素的身份。[①]把先行条件解释为：所引证的说明性信息为我们相信被说明现象真的出现或曾经出现提供有力的根据。[②]被解释项就是已经出现的某些现象，说明语句则是运用说明语义、说明方法等相关问题。概括起来看，D-N模型主要目的在于说明现象，简单一点说，就是在一定规律范围内，依据现行条件出发，运用合理的说明语句去解释现象，它的显著特点在于通过演绎论证的方式来说明现象。

但是，亨普尔也意识到，D-N模型并不能适用于所有的现象、所有的学科，其中还存在着概率性的问题。面对这种情况，亨普尔又提出了I-S模型予以改进。这个模型是要表明，根据被解释项的先行条件所提供的信息，证明被解释项的发生具有很大的可能性，进而求得甚至提高被解释项的概率性（如图6-7所示）。

概率性　　　　$P(O/F)=r$

先行条件　　　Fi _____

使之可能

被解释项　　　Or

图6-7　亨普尔的I-S模型图

亨普尔将I-S模型简单地解释为：一个这种形式的说明论证以指出一个给定的单个事件i是F中的一例来说明i表现出特征O这个事实。[③]图6-7显示，i是F中的事件，i与F成正比。i也是表现出O的因素，i与O也成正比。影响概率P的主要因素仍然是先行条件和被解释项，这个概率值P只能小于1，最好接近1，越接近1越能证明概率高。但是，如果面对被解释项而不尝试着去分析先行条件，或者采取的方法措施不当的情况下，P也可能为

① Hempel Carl G.Explanation in Science and in History［A］, in Dray,William H. *Philosophical Analysis and History*［C］. New York: Harper & Row,1966: 99—100.

② Hempel Carl G. *Philosophy of Natural Science*［M］. NewJersey: Pearson Education Inc,1966: 48,52,59.

③ Hempel Carl G . *Aspects of Scientific Explanation*［M］. New York: Free Press, 1965: 390,390,382.

0，但是也绝对不会低于1。所以，P的值一定介于0和1之间，即$0 \leq P \leq 1$。根据这里的认识，就可以推出，在完善马克思主义理论这个视域中，出现的问题越多，被解释项或者提升解释力的任务就越重。如果不重视所出现的问题，或者不能采取正确得当的方法去解决问题，也就不可能完善马克思主义理论，又遑论提升马克思主义理论的解释力。

需要认识到，从某种程度上讲，之所以把D-N模型又称为覆盖率模型，原因就在于该模型具有较广的覆盖范围。但是在具体问题的解释和说明上，D-N模型则缺乏较强的针对性。尽管I-S模型发展了D-N模型，但是并不能完全解决被解释项中的所有问题，原因在于，事物总是不断向前发展的，现象之中一定又会有新现象，先行条件之中一定又会有更具体的先行条件，被解释项中一定也会出现新的内涵。所以，I-S模型之中肯定也会出现种种不同的"先行条件"，这样也一定会影响被解释项发生各种变化。但是，有一点需要引起注意，不管这些先行条件是如何发展如何延伸的，都仍然属于D-N模型的范畴。这也就是说，只要承认客观世界存在着一定的普遍规律，D-N模型一定会以无限的方式延伸下去，直到问题的圆满解决为止。根据这里的分析，便可以得出一个基本的结论（如图6-8所示），我们可以把这个模型称为D-N无限延伸模型。

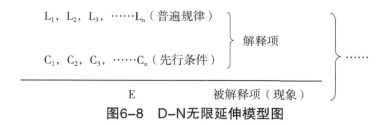

图6-8　D-N无限延伸模型图

在这里，对比分析亨普尔提出的D-N模型和I-S模型以及图6-8所建构的D-N无限延伸模型，就可以发现，亨普尔提出的I-S模型与这里所建构的D-N无限延伸模型具有相同之处，二者都是对D-N模型中具体问题的补充。同时，二者又有不同之处，I-S模型的前提条件仍然局限于D-N模型中的先行条件和被解释项，而D-N无限延伸模型则是对D-N模型中的具体要素展开的分析，先行条件和被解释项也会因为时代或环境的变化发生着某种变化。

综合这里的分析，再结合完善马克思主义理论的具体任务，便得出如下三个方面的结论：（1）在D-N无限延伸模型的运用上，必须要具备在一定规律范围内（包括可运用的经验、理性等），依据先行条件出发，运用合理的说明语句、方法去说明被解释项；（2）先行条件和被解释项是影响完善马克思主义理论效率的两个主要因素，必须准确把握二者之间的互动关系；（3）完善马克思主义理论所涉及的诸多影响要素会随着时代和环境等因素发生变化，因而也会促使D-N无限延伸模型的先行条件和被解释项发生诸多变化，必须要做到具体问题（依据先行条件和被解释项的变化来决定）具体分析。

需要指出，目前关于D-N模型的探索仍然局限于科技哲学视域，而鲜有成果将其置于马克思主义理论的视野中。从这种现实情况来看，尝试着把D-N模型与马克思主义理论相结合，便可以为完善马克思主义理论提供新的方法视域。但是，"科学说明不是靠表述一个正确的演绎论证来达到"①。图6-8所建构的D-N无限延伸模型并不是一劳永逸的，只是用发展的眼光，从整体视野中指出了被解释项（当然包括马克思主义理论完善中出现的诸多现象）存在着永续发展的可能性。尽管这种永续发展的可能性为进一步说明被解释项带来更多的难题和挑战。但是，我们更应该用积极乐观的眼光看到，这种永续发展的可能性又为解释说明现象之中的现象（特别是马克思主义理论完善中互相联系的不同现象）提供了新的方法视域。总之，图6-8所建构的D-N无限延伸模型图，为完善马克思主义理论中诸多不完善之处提供了一个全局性的方法指导。从这个意义上来看，也可以把D-N无限延伸模型称为整体视域中的马克思主义理论完善模型。

三、基于范式视域的马克思主义理论完善方法

"范式"（paradigm）一词最早由美国著名科学哲学家库恩提出，在

---

① ［美］约翰·洛西. 科学哲学历史导论［M］. 仁宗，译. 武汉：华中工学院出版社，1982：203.

1962年出版的《科学革命的结构》（The Structure of Scientific Revolutions）一书中，库恩集中阐述了他的范式理论。尽管库恩并没有明确界定"范式"的具体概念，①但是却提出了"范式"运用的多种方式。其中，学界关注较多的是库恩所提倡的："一方面，它代表着一个共同体的成员所共有的信念、价值、技术等构成的整体。另一方面，它指谓着那个整体的一种元素，即具体的谜题解答；把它们当做模型和范例，可以取代明确的规则以作为常规科学中其他谜题解答的基础。"②有学者根据库恩这一思想，提出了自己的观点，认为库恩的范式概念，从本质上讲是世界观；从功能上看是"眼光"的确立；从总体上看，是选择与预示的统一；从特征上看，具有"不可通约性"；从指向范围上讲，是科学共同体；从实现方式上看，是一种革命等。③还有学者认为，范式的确切含义有三个方面：共同体成员所共有的东西、共有范例、实用的工具。④可见，学界对范式概念的理解有所不同。对于这一点，库恩本人也曾经承认说，"对这个词已经失控"。⑤概括学界的观点，范式的概念大体上涵盖了共同体、范例、研究方法等一系列关键词。在这个意义上，就可以把完善马克思主义理论的范式看成是：把具有共同价值理念、共同世界观、共同目标、共同价值标准的人组织成一个共同体，进而运用共同的研究方法予以推进马克思主义理论更加完善的规范行为。

"范式"一词提出之后，受到各学科领域的青睐，并广泛应用其中。⑥人文社会科学的研究也不例外。迄今为止，国内外学界提出了诸如

---

① 也有学者认为库恩明确提出了"范式"的内涵。参见金吾伦. 范式概念及其在马克思主义哲学研究中的应用［J］. 中国特色社会主义研究，2009（06）：46—49. 但是大部分学者认为库恩并没有明确界定"范式"的内涵，只是给出了具体的运用指导，本书也持这一观点。

② ［美］托马斯·库恩. 科学革命的结构（第4版）［M］. 金吾伦，胡新和，译. 北京：北京大学出版社，2012：147.

③ 朱爱军. 论库恩的范式概念及其借用［J］. 学习与实践，2007（05）：49—52.

④ 金吾伦. 托马斯·库恩［M］. 台湾：远流出版公司出版，1994：65—69.

⑤ Kuhn T S .Reflections on My Critics[J].*in Criticism and the Growth of Knowledge, Volume4:Proceeding of the International Colloquium in the Philosophy of Science*,1970:272.

⑥ Barry Barnes.T.S. *Kuhn and Social Sciences*［M］. London：Macmillan，1982：65.

解释范式、批判范式、实证范式、实践范式等各种不同研究范式，这对于推进马克思主义理论的完善发挥了重要作用。但是，为了更好地完善马克思主义理论，还需要尝试着提出其他新的范式。应该建立什么样的范式？对此，可以从影响马克思主义理论完善的主要因素得出答案，即谁建构（主体）、建构什么（理论本身）、怎么建构（研究方法）、建构效果（目的或标准）等方面。需要注意到，怎么建构是关于完善马克思主义理论的方法路径，本章的讨论重点就在于这一问题，如此一来，前面所分析的理论整合、提升模型都可以看成一种研究范式。所以，在下面的分析中，将着重从谁建构、建构什么、建构效果三个方面展开讨论。在这种思路的指引下，基于范式视域的马克思主义理论完善就有了明确的指向。

（一）基于主体视域的马克思主义理论完善范式

基于主体视域的马克思主义理论完善范式，也可以称为主体完善范式。按照库恩所说的具有共同体的模型或规范，主体完善范式就是把那些有着共同知识基础、价值理念和目标追求的人组织在一起，对他们重新进行角色定位、能力提升，达到提升主体理论完善能力的目的，进而能够有效地投身于马克思主义理论完善工作中去。依据主体完善范式的内涵和完善马克思主义理论的主体分类，就可以具体分析出主体完善范式的主要内容。有人将马克思主义理论创新主体范式的结构逻辑划分为四个层次：中国共产党是领导核心主体、人民群众是首创主体、国内专家学者是学术创新主体、国外马克思主义理论家和专家学者是外部主体。[①]这种概括具有一定的科学性。但是，尽管有部分国外马克思主义理论家可能也会在完善马克思主义理论方面发挥着重要作用，但由于完善马克思主义理论的工作具有较强的意识形态色彩，所以也就存在着国外马克思主义理论家并不一定会认同马克思主义理论，甚至反对马克思主义理论的可能性。在这里，依据上述观点，就可以把主体范式再细分为领导完善范式、群众完善范式和学者完善范式等不同的主体视域中的理论完善范式。把这三个范式统一

---

① 储著源. 中国马克思主义理论创新范式的历史逻辑与当代建构［D］. 安徽大学博士学位论文，2014.

起来，就可以构成一个比较完整的主体视域马克思主义理论完善范式。接下来，我们尝试着去逐一分析这三个范式。

关于领导完善范式。《中国共产党章程》明确规定："中国共产党是中国工人阶级的先锋队，同时也是中国人民和中华民族的先锋队，是中国特色社会主义事业的领导核心。"[1]这一规定显然指明，中国共产党是推进马克思主义理论完善的引领主体。根据这种认识，我们就可以把这种依靠中国共产党推进马克思主义理论完善的范式称为"领导完善范式"或"中国共产党完善范式"。但是，具体来说，中国共产党内的主体又可以细致划分为中国马克思主义经典理论家、中国马克思主义理论家、其他党员干部。[2]这样，我们就可以更具体地把领导完善范式细分为"中国化马克思主义经典理论家完善范式""中国化马克思主义理论家完善范式""党员干部完善范式"。这里的每一个范式都是把那些具有共同知识基础、价值理念和目标追求的人组织在一起，以推进马克思主义理论完善的共同体。把这些范式组织在一起，就构成了完整意义上的领导完善范式。

关于群众完善范式。历史唯物主义认为，人民群众是历史进步的主要推动者，也是推动理论完善的主要力量。列宁曾经很明确地指出："千百万创造者的智慧却会创造出一种比最伟大的天才预见还要高明得多的东西。"[3]在这个意义上，从群众视角去建构一个马克思主义理论完善范式，也就成为理所当然之事。但是，由于群众的理解能力、知识水平、职位、岗位不同等原因，群众完善范式还需要依据群众的不同状况组成不同的完善范式。比如学生完善范式、农民完善范式、工人完善范式等。再细致一点，不仅可以把同类别的那些具有相同知识基础、价值理念和目标追求的群众组成一个完善范式［比如可以把学生（或者农民，或者工人）中的那些具有相同知识基础、价值理念和目标追求的群众组成一个新的群

---

① 中国共产党章程［M］．北京：人民出版社，2012：1.

② 储著源．中国马克思主义理论创新范式的历史逻辑与当代建构［D］．安徽大学博士学位论文，2014.

③ 列宁全集（第33卷）［M］．北京：人民出版社，1985：281.

众视域的完善范式］，而且还可以打破群众类别限制，把不同类别中的那些具有相同知识基础、价值理念和目标追求的群众组成一个完善范式（比如可以把学生、农民和工人中那些具有相同知识基础、价值理念和目标追求的群众组成一个新的群众视域的完善范式）。显然，从不同群众的视角可以建立不同的更具体的群众完善范式。只要把这些完善范式组织起来，就构成一个完整的群众完善范式。需要指出的是，正是因为群众含有不同的类别，在建立基于群众视域的马克思主义理论完善范式这个问题上，要尽量寻求群众理解、接受、运用马克思主义的经验规律，从而为更好地彰显群众完善范式的效果作用，更好地为推动马克思主义理论完善增添动力源泉。

关于学者完善范式。在中国革命、建设和改革的不同阶段，知识分子都发挥出不同程度的重要作用。新民主主义革命时期，毛泽东就曾指出："没有知识分子的参加，革命的胜利是不可能的。"[①]中国特色社会主义进入新时代以来，习近平总书记高度重视知识分子在党和国家事业中的重要地位与作用，他强调："知识分子工作是党的一项十分重要的工作。""全面建成小康社会，我国广大知识分子能够提供十分重要的人才支撑、智力支撑、创新支撑。"[②]在完善马克思主义理论这个问题上，也离不开知识分子的参与和支持，他们在推动马克思主义理论完善方面发挥着极其重要的作用。因而，建立一个促使学者增添工作动力、提高工作效率的完善范式自然就是推动马克思主义理论完善的题中应有之义。这个完善范式是把那些具有共同知识基础、价值理念、目标追求的学者组织在一起，通过重新分工，确定共有的研究方法，共同参与到完善马克思主义理论的工作之中。可见，这种完善范式不仅可以提升学者们的专业技术能力，而且还可以在互相协作中进一步推动马克思主义理论的完善。

在这里，需要指出两个方面的问题：一方面，要认识到，上述三个不同的主体完善范式，既存在着主动意义上的马克思主义理论完善问题，又

---

① 毛泽东选集（第2卷）［M］．北京：人民出版社，1991：618.

② 习近平．在知识分子、劳动模范、青年代表座谈会上的讲话［M］．北京：人民出版社，2016：3.

存在着被动意义上的马克思主义理论完善问题。从主动意义上来看，主体完善范式要肩负起完善马克思主义理论的重任，建立完善范式只是有效推动马克思主义理论完善的方法尝试。从被动意义上来看，由于主体完善范式也并非能百分之百地推动马克思主义理论的完善，也就是说，由于主体中可能有部分主体并不能肩负起完善马克思主义理论的任务，所以，这类主体的完善范式所涵盖的任务更加繁重。比如，党员是党员完善范式这种共同体中的一员，肩负着完善马克思主义理论的重任，但是也可能有部分党员对马克思主义理论不甚了解，无法完成完善马克思主义理论的任务。而为了更好地推动马克思主义理论的完善，就需要通过教育等方式使这部分党员具备完善马克思主义理论的能力，这样，就增加了这部分党员完善范式的重任。总之，主体完善范式需要在完善主体能力的基础上，不断为完善马克思主义理论增添主体动力。

另一方面，要准确认识到主体完善范式与完善主体范式之间的区别，不能错误理解二者之间的关系，更不能把二者当成一个问题。实际上，这是两个完全不同的问题。主体完善范式强调的是完善范式，关键词是"完善"，也就是说，这一问题重在如何才能更好地发挥出主体在完善马克思主义理论方面的作用，如何更好地完善马克思主义理论、提升其解释力，是在主体具备了完善马克思主义的能力之后的工作投入度、理论完善效果等。而完善主体范式强调的是主体范式，关键词是"主体"，这一问题重在强调完善主体的素质、提升主体的能力，为主体完善马克思主义理论、提升马克思主义理论解释力提供主体力量。当然，也应该看到，这两个问题也具有一定的相似性，二者同样都可以为推进马克思主义理论的进一步完善与发展，并提升马克思主义理论的解释力贡献力量。

（二）基于理论视域的马克思主义理论完善范式

美国学者夏夫利认为，一个优美的理论应该具备三个标准：简明性、预测准确性和重要性。[①]可以把这三个标准看成是一个比较完善的理论应

---

① ［美］W·菲利普斯·夏夫利．政治科学研究方法（第8版）［M］．郭继光等，译．上海：上海人民出版社，2012：18.

该要具备的基本特征。对应这三个标准，完善的理论就应该具有比较容易被人理解、有效预测未来、指导具体实践三个功能。在这个意义上，借助夏夫利的优美理论标准，就可以建立三种理论完善范式：简明性范式、预测性范式和实践指导性范式。应该指出，马克思主义理论本身已经基本具备了简明性、预测性和实践指导的特征。所以，这里所说的简明性范式、预测性范式和实践指导性范式，实际上指具有"提升"或"更加"之意的范式，也就是建立能够进一步完善马克思主义理论的简明性、预测性和实践指导性的范式。

简明性范式。所谓简明性提升范式，就是把马克思主义理论作为研究对象，把具有马克思主义理论学科知识素养的人组织在一起，构成的一个为推进马克思主义理论走向简明性的规范团体。这个团体成员互相合作，在共同目标、共同价值理念、共同研究方法的指引下，通过推进马克思主义理论的简明性而促进马克思主义理论的完善。夏夫利曾经指出理论简明性的两个作用："既让我们理解了它所解释的那些局部事物，又使我们对别的理论所研究的普遍事物有所认知。"①这两个方面的作用不仅是简明性范式应该要达到的具体目的，也是判断简明性范式是否达到效果的基本标准。在这一思想的指引下，就可以更具体地细化简明性范式的核心目的：一方面，促使马克思主义理论更加简单明了，更加容易让人理解、运用，这样就达到了"让我们理解了它所解释的那些局部事物"的目的；另一方面，又要在人们理解运用马克思主义理论的基础上，坚信马克思主义理论，学会运用马克思主义理论的基本原则、立场、观点去分析、解决其他问题，这样就达到了"对别的理论所研究的普遍事物有所认知"的目的。只要达到了上述这两个方面的目的，就可以认为，建构简明性范式可以完善马克思主义理论，并可以彰显出完善马克思主义理论的效果。

预测性范式。预测是理论的重要功能之一，推进理论更好地发挥出其预测功能是完善理论的题中应有之义。马克思主义理论是预测人类未来

---

① ［美］W·菲利普斯·夏夫利. 政治科学研究方法（第8版）［M］. 郭继光等，译. 上海：上海人民出版社，2012：19.

发展的科学，它为我们提供了一系列预测未来的科学方法，如历史唯物主义分析法、阶级分析法等思想。建构预测性范式具有两重意蕴：一方面在于增进人们对马克思主义理论关于未来预测的一系列思想观点的理解，更好地坚信马克思主义理论的未来发展前途；另一方面在于进一步增强马克思主义理论预测功能的准确性，进一步完善马克思主义理论。如果能够做到这两点，就可以把马克思主义理论的预测功能淋漓尽致地展现出来，证明这种预测性范式可以完善马克思主义理论，也能在基础理论层面彰显出马克思主义理论自身的解释力。需要指出，这里所提出的第二个结果的预测性范式，更倾向于用马克思主义理论关于未来发展的基本原理、方法去观照现实社会，寻求二者的紧密结合点，以便更好地预测未来发展，而绝对不是要求马克思主义理论对未来进行非常精确的预测。实际上，做到非常精准的预测具有相当大的难度。因为"如果一个理论的预测相当准确，要么是因为这个理论涉及的范围非常有限，要么是由于这个理论涉及众多变量而变得十分复杂"①。这就是说，一旦过于追求预测的准确性，不仅会缩小马克思主义理论的适用范围，丧失马克思主义理论的"普遍性"作用，而且还会使得马克思主义理论变得十分复杂，增加完善马克思主义理论的难度，消解马克思主义理论的解释力。也正是基于这一原因，这里所提出的预测性范式，其目的和功能更在于表现出第一个方面的作用。只要达到了这一点，就可以理解为这种预测性范式可以完善马克思主义理论。

实践指导提升范式。实践的观点是马克思主义认识论的首要观点和基本观点。在马克思主义理论完善范式建构的认识上，无法避开对实践问题的探索。当前，实践范式已成为学界广泛关注的研究焦点之一，甚至有人认为实践范式是开展马克思主义研究的一元指导范式。②马克思主义理论是指引人们实践的有效武器，为了更好地发挥出马克思主义理论的实践指导功能，有必要建构实践指导范式。从表面上来看，这种范式的主要任务

---

① ［美］W·菲利普斯·夏夫利. 政治科学研究方法（第8版）［M］. 郭继光等，译. 上海：上海人民出版社，2012：20.

② 陆剑杰. 对马克思哲学范式与其后裔诸范式的比较研究［J］. 学术研究，2013（05）：1—13.

在于如何更好地发挥出马克思主义理论的实践指导功能。但是，实质上，这种范式还可以有效地完善马克思主义理论。对于这一点，只要从马克思主义理论的实践指导功能就可以看出：一是通过实践运用，可以促进马克思主义理论更加完善。运用马克思主义指导具体实践的过程，既是改造世界的过程，又是完善马克思主义理论的过程。通过实践，可以验证马克思主义理论指导实践的具体效果，也可以验证马克思主义理论是否完善。如果效果不甚理想，则就意味着马克思主义理论或多或少还存有问题。为了更好地推动实践，就需要进一步考察分析马克思主义理论，这种考察分析马克思主义理论的过程，就是弥补并完善马克思主义理论的过程。二是通过实践运用，可以促使人们更好地理解、认可、运用马克思主义理论。需要注意到，运用马克思主义理论指导具体实践的过程，还是解决重大社会现实问题或者解决人们关心的重大热点问题的过程。马克思主义理论一旦解决了这类问题，其自身的实践指导价值便会得到淋漓尽致的展现，也就容易使人们信任马克思主义理论，同时也在某种程度上证明了马克思主义理论是完善的理论。可见，如果能够有效地建构实践指导范式，就可以在这种范式的指导下，更好地发挥出马克思主义理论指导实践的功能，最终在实践中推进马克思主义理论不断完善。

单纯从完善马克思主义理论的目的来看，简明性范式、预测性范式和实践指导性范式都可以单独发挥出完善马克思主义理论的功能。也就是说，只要这三个范式中的任何一个能够促进马克思主义理论有所完善，或者能够增强人们理解、接受马克思主义理论的可能性，都可以看成是达到了建构这些范式的目的。从完整的理论形态视角来看，只有在上述三类范式同时具备的情况下，才能更好地推动马克思主义理论趋于完善。原因在于，只有马克思主义同时具备了简明性、预测准确性和实践指导性，才能称之为夏立夫所说的"优美理论"，才能符合完善的马克思主义理论应该要具备的基本特征。

（三）基于目标视域的马克思主义理论完善范式

基于目标视域的马克思主义理论完善范式，又可以称为目标范式。这种范式指的是在完善马克思主义理论这一目标的指引下，围绕着如何促进马克思主义理论完善而开展的共同体研究活动。它具有两个方面的功能：一方面，可以在目标的指引下紧紧围绕完善马克思主义理论这一核心主题开展相应研究，确保在齐抓共管的氛围中推进马克思主义理论的完善；另一方面，可以检验马克思主义理论的具体完善效果，并依据这种效果适时地调整完善马克思主义理论的基本方法、注意事项等问题。可见，这种目标范式是一种既可以围绕核心主题，又可以形成良性循环的范式。具体地说，是以完善马克思主义理论为核心，通过对照完善效果验证马克思主义理论的范式。如果在效果验证后发现其中还存在问题，又会因为后续解决了这些问题，进而又继续推动着马克思主义理论的完善。这样，就形成了一个对照完善效果—发现问题—调整推进—对照完善效果的良性循环过程。正是在这种良性循环过程中，马克思主义理论的完善效果可得到反复对照、验证，并进而自觉或不自觉地推动着马克思主义理论走向完善。在这个意义上，目标范式便可划分为对照范式、问题范式和调整推进范式。

对照范式涵盖了一些具体的问题，即谁对照、为什么对照、对照什么、怎么对照等。如果对这几个问题认识不清晰，将会严重影响着后面的问题范式和调整范式。原因在于，如果在对照的过程中不能发现问题，那么问题范式也就不可能出现。没有问题，也就很难催生出适时调整的任务，调整推进范式也就丧失了存在的可能性。关于谁对照，这个问题比较简单，答案是主体，也就是完善马克思主义理论的人。如果对照主体根本不具备完善马克思主义理论的基本能力，也就无法发现其中的问题。所以说，在谁对照的主体选择上，一定要选择那些具备完善马克思主义理论能力的人。为什么对照强调的是对照的原因，完善马克思主义理论的效果如何，需要在对照中予以验证。如果缺乏了对照验证，就无法有力证明完善效果。对照什么强调的是考察马克思主义理论的完善程度或者完善效果怎么样，比如是否促进了理论形态的完善，或者是否能够促进人们理解、接受或运用马克思主义理论，又或者通过对照完善效果发现了马克思主义理论中存在着何种问题等。[①]怎么对照强调的是对照的方式方法或者对照的

---

① 对于"对照什么"的理解，可以更为具体地参照第三章第一部分的"建构效果如何"。

标准问题。如果上述几个问题的答案都是肯定的，也就是说，在主体能够运用正确的对照方法，并发现了完善马克思主义理论效果中存在的问题之后，就可以体现出对照范式发挥了自身的作用，这个时候，问题范式也就应该适时"出场"了。

问题范式指的是通过对照马克思主义理论的完善效果，并发现其中还存在问题之后，面临着如何分析并解决这些问题的境遇。问题范式的重点任务就是分析并回答这些存在的问题。但是在这些问题中，又有各种各样的问题，有首要问题、主要问题、具体问题、根本问题等。这正如邓小平所指出的那样："要向前看，就要及时地研究新情况和解决新问题，否则我们就不可能顺利前进。各方面的新情况都要研究，各方面的新问题都要解决。"①按照这种认识，问题范式又可以具体划分出首要问题范式、主要问题范式、具体问题范式、根本问题范式等不同的范式。不同意义上的问题范式也有不同的解决之道，绝对不能千篇一律，而是要做到具体范式具体分析。首要问题范式的解决，需要紧抓影响完善马克思主义理论的首要因素；主要问题范式的解决，需要紧紧抓住完善马克思主义理论的主题或主线；具体问题范式的解决，需要围绕着完善马克思主义理论中最直接最现实的问题；根本问题范式的解决，需要弄清影响马克思主义理论完善问题的根源性问题。概括到一点，问题范式的解决，必须在分析不同问题范式的基础上，依据现实问题，寻求不同的解决之道。

问题范式固然可以发现并解决客观存在于马克思主义理论完善过程中的问题，但是其功能只是属于对马克思主义理论完善的有效弥补，还谈不上从整体上推进马克思主义理论的完善。在这个意义上，就需要一种能够从整体上调整推进马克思主义理论完善的范式，这就是调整推进范式。这种范式指的是依据马克思主义理论的完善效果，反思或验证已有的完善方法、完善范式等是否可以完善马克思主义理论，并依据反思或验证的结果调整各种方法、范式，以便更好地促进马克思主义理论的完善。如果反思

①　中共中央文献研究室．改革开放三十年重要文献选编（上）［M］．北京：人民出版社，2008：7.

或验证的效果证明了原有的方法、范式可以进一步完善马克思主义理论，则意味着达到了目的。如果不可以或者完善效果不理想，则意味着还需要适时地调整诸多方法、范式。应该怎么调整呢？一是要紧紧围绕着"完善理论"，这是调整的核心指向。必须以是否可以完善马克思主义理论为检验标准。偏离了这一核心指向，各种方法、范式的建构便失去了正确的方向。二是要始终坚持马克思主义的理论学科地位和学科特色，这是调整的基本原则。马克思主义理论有自身的发展需求，其理论的完善必须符合自身学科的发展方向，特别是要准确把握意识形态的引领作用，绝对不能为了完善理论而忽略了这一点。三是要建立多种形式的调整范式，这是调整的动力。随着学科的发展，各种全新的调整范式可能会被应用于完善马克思主义理论的问题中，也正是在这个意义上，才会在前文分别从主体视域、理论视域、方法视域等提出了诸多范式。可以说，只要在坚持前面两个问题的前提上所提出的范式，都可以纳入完善马克思主义理论的视野中。这三个方面的调整要求相辅相成，互相促进，共同推进着马克思主义理论的完善。

由上分析可见，只要从影响马克思主义理论解释力提升的主要因素出发，即从谁建构（主体）、建构什么（理论本身）、建构效果（目标或标准）三个方面分别建立主体视域范式、理论视域范式和目标视域范式，就可以在范式视域中有效地推进马克思主义理论的完善。当然，我们也并不能完全肯定地宣称，建构了上述诸多范式，就意味着马克思主义理论完善问题的终结。须知，不管是在马克思主义理论完善的问题上，还是在范式建构的问题上，都会遗留种种尚未解决的问题。这正如库恩本人所指出的那样："这些成就又足以以无限地位重新组成的一批实践者留下有待解决的种种问题。"[1]

应该说，理论完善的方法很多，上述所运用的理论整合、提升模型和提升范式，只是各种理论完善方法中的冰山一角，并不能就此认为掌握了上述三种方法，就彻底地完成了完善马克思主义理论的任务。但是，这

① ［美］托马斯·库恩. 科学革命的结构（第4版）［M］. 金吾伦，胡新和，译. 北京：北京大学出版社，2012：8.

也不意味着上述三种方法毫无意义。最起码地，这三种理论完善方法为推动理论完善提供了一般的方法指引和经验总结，正是因为如此，在马克思主义理论完善的继续推动上，笔者尝试着总结出这样的认识：首先，这里所提出的三种完善范式可以在一定条件下互相借用，绝对不能割裂其中所蕴含的互相联系，也就是说，同一个理论可以运用不同的完善方法，同一种方法也可以运用于不同的理论中。不管是面对同一理论，还是面对同一种方法，绝对不能故步自封，自我阻碍推进理论完善。其次，在运用何种理论完善方法的选择上，需要依据不同理论研究对象与具体的方法来确定，尽量做到对象与方法的有机结合，才能起到最佳的理论完善效果。当然，需要注意到，不同的理论完善方法具有不同的完善效果，如果过度纠结于何种完善方法效果最佳的选择中，就会否定那种完善效果较差的方法，这样不仅会失去探索理论完善方法的实际意义，而且容易造成眼高手低的不良倾向，还会无法及时高效地推进理论完善（特别是新创造出来的理论）。只要秉持没有最好、只有更好的思想便可以为探究理论完善方法提供动力支持和思想指引。这也就是说，不管运用何种方法，或者说不管将来发展出了何种新的理论完善方法，只要能够推进理论有所完善，哪怕在某种有限的条件下推进了理论有所完善，便可以视为有效的理论完善方法。至于衡量何种理论完善的方法所具效果的标准问题，前文已经有所探究（见第三章"建构效果如何"部分）。第三，在马克思主义理论完善方法的探究上，绝对不能拘泥于一般见识，必须要开动脑筋、解放思想、积极探索，努力尝试着运用不同的方法予以推进理论完善。应该说，只要坚持上述三点所建立的基本认识，就可以在寻求科学完善方法的过程中，为推进马克思主义理论的进一步完善，提升马克思主义理论的解释力增添动力、指明方向。

第七章

马克思主义理论完善方法的案例验证

第六章已经分别从理论整合、提升模型和提升范式三个视角探讨了完善马克思主义理论的具体方法。这些方法可否达到完善马克思主义理论的效果？结合前文所提出的判断理论是否完善的标准：是否可以更好地指导实践、预测未来、解释世界，理论形态是否完整，能否更好地推进理论发展，是否推进了人们对理论的理解等，在这一部分，笔者选取中国特色社会主义理论体系、中国特色社会主义民主政治理论和"两个必然"理论为案例，予以验证评价所提出的理论完善方法，考察其是否能够真正推进理论完善进而提升理论的解释力。

一、中国特色社会主义理论体系的理论整合验证

改革开放以来，在推动中国特色社会主义建设的历程中，我国形成了中国特色社会主义理论体系，这一理论体系就是包括邓小平理论、"三个代表"重要思想、科学发展观和习近平新时代中国特色社会主义思想等重大战略思想在内的马克思主义中国化的理论成果。但是，一段时期以来，社会上有一部分人特别是那些对中国特色社会主义理论体系不甚理解的人存在着一定的疑虑：什么是中国特色？为何是中国特色？这个理论体系是从哪儿来的？以后又要往什么方向发展？这些问题成为影响人们宣传、运用中国特色社会主义理论体系的瓶颈，进而影响中国特色社会主义理论体系的解释力。应该怎么解决这些问题呢？用理论整合的方法去完善中国特色社会主义理论体系，便可以为解决上述问题提供方法指导。具体地说，就是运用理论整合的方法考察中国特色社会主义理论体系的理论形态、历史生成和现时样态，并从中析出可以为中国特色社会主义未来发展提供指导的因素。这种整合方法可以帮助人们扫除对中国特色社会主义理论体系的疑虑，进而提升中国特色社会主义理论体系的解释力。

第六章我们已经分析出理论整合的三种方法。在这里，仅选用形式维度的整合路径予以观照中国特色社会主义理论体系，验证这种方法是否可以完善中国特色社会主义理论体系，是否可以提升中国特色社会主义理论体系的解释力。

（一）中国特色社会主义理论体系的理论形态整合

理论形态的整合就是要促使理论从形式维度走向系统维度。根据理论整合的方法指引，一个完整的理论系统应该具备三个条件：理论系统内部各要素相互联系（包括相互制约与相互作用）、组成的理论系统应该是向前发展的、组成的理论系统应该是具有层次性的。只要用这三个判定条件观照中国特色社会主义理论体系，就可以发现这个理论体系就是一个完整意义上的理论系统。

第一，中国特色社会主义理论体系内部各要素互相联系。"中国特色社会主义理论体系是由一系列相互联系的基本观点构成的科学理论体系。"①从内容构成来看，中国特色社会主义理论体系内含了邓小平理论、"三个代表"重要思想、科学发展观和习近平新时代中国特色社会主义思想等一系列重大理论成果。这四个理论成果之间的关系就是互相联系的，一方面表现在，四个理论成果都是中国特色社会主义理论体系的重要组成部分，缺一不可，共同构成了中国特色社会主义理论体系。另一方面表现为，四者之间又互为依存、互相促进、共同发展。邓小平理论是中国特色社会主义理论体系的开篇之作，"三个代表"重要思想、科学发展观、习近平新时代中国特色社会主义都是对邓小平理论的继承和发展。从理论内容构成上来看，中国特色社会主义理论体系内含一系列关于经济、政治、文化、社会、生态文明、军事、党的建设等方面的理论。这些理论之间也是互相联系、互相影响的。从这里的分析就可以看出，中国特色社会主义理论体系内部诸多构成要素是互相联系的，这符合理论系统内部各要素互相联系的判定条件。

第二，中国特色社会主义理论体系是向前发展的。一个理论之所以具有较强生命力和解释力，在很大程度就是能够依据时代的发展变化而不断完善、扩充自己的内容体系。中国特色社会主义理论体系就具备了这种优良的理论品质，它就是不断完善、发展着的理论体系。从2007年党的十七大首提中国特色社会主义理论体系这一科学命题至今，短短的十几年时间

---

① 包心鉴. 马克思主义中国化的基本规律与当代走向［M］. 北京：人民出版社，2011：16.

222

里，中国特色社会主义理论体系就逐渐地趋于完善并向前发展。党的十七大确定了社会主义现代化建设事业的经济、政治、文化、社会"四位一体"的总体布局。随着认识的不断深化，2012年党的十八大把生态文明建设添加进来，中国特色社会主义建设的总体布局就由"四位一体"发展成为"五位一体"。又如，党的十七大通过的党章明确规定党的指导思想是马列主义、毛泽东思想、邓小平理论和"三个代表"重要思想，到了党的十八大，又把科学发展观作为党的指导思想添加进来，到了党的十九大，又增加了习近平新时代中国特色社会主义思想。再如，党的十七大确立了党的建设的一条主线是执政能力建设和先进性建设，党的十八大把纯洁性建设添加进来，使党的建设的一条主线发展成为党的执政能力建设、先进性建设和纯洁性建设。中国特色社会主义进入新时代，习近平总书记提出了一系列关于实现中华民族伟大复兴的中国梦的战略思想，是对中国特色社会主义理论体系的新发展。应该说，从中国特色社会主义理论体系提出以来至今，这一理论体系在不同方面都有着不同程度的完善和发展，"中国特色社会主义理论体系是不断发展的开放的理论体系，它与中国国情相结合、与时代发展同进步、与人民群众共命运，因此具有强大的生命力、创造力和感召力"①。由此就可以证明，中国特色社会主义理论体系的新发展符合理论系统是向前发展的这一判定条件。

第三，中国特色社会主义理论体系具有鲜明的层次性。学界普遍认同，中国特色社会主义理论体系具有鲜明的层次性。但由于学者们的认识分析视角不同，对中国特色社会主义理论体系层次的划分也就有着不同的认识，因而也就得出了不同的答案。有学者将中国特色社会主义理论体系的主题、主线和精髓划分为第一个层次，把围绕着这些主题、主线和精髓的理论划分为第二个层次。②有学者将中国特色社会主义理论体系划分为基本理论、具体理论和行动纲领三个层次。③有学者将中国特色社会

① 王伟光. 中国特色社会主义理论体系研究［M］. 北京：人民出版社，2012：82.
② 中央十八大党章学习小组编写. 十八大党章学习读本［M］. 北京：人民出版社，2012：54.
③ 张彬. 当代中国科学社会主义思想研究［M］. 北京：人民出版社，2005：29—30.

主义理论体系划分为基础层次、方法论层次、规律层次和行动层次四个层次。①还有学者对学界已有观点进行了总结，发现主要有二层次说、三层次说、四层次说、五层次说等不同观点。②应该看到，尽管学者们的观点不一，但是他们都始终承认中国特色社会主义理论体系具有鲜明的层次性，笔者也高度认同这一观点。这也就是说，中国特色社会主义理论体系具备了理论系统所具有的鲜明层次性这一判定条件。

综合上述分析可见，中国特色社会主义理论体系内部各要素互相联系、互相影响，是发展的理论学说，是具有鲜明层次性的理论学说。这样就可以证明，中国特色社会主义理论体系满足了判定理论系统三个具体条件的基本要求。在这个意义上，可以把中国特色社会主义理论体系看成为一个完整的理论系统。

但是，"有条件的相对的同一性和无条件的绝对的斗争性相结合，构成了一切事物的矛盾运动。"这就是说，事物的发生不是一成不变的，而是在不断发展的，中国特色社会主义理论体系也是如此。随着时代的发展和实践的深化，中国特色社会主义理论体系一定又会得到新发展、产生新变化，因此，继续运用理论整合的方式予以观照中国特色社会主义理论体系，特别是从中国特色社会主义理论体系的发展历程中总结出其历时样态，不仅可以达到进一步完善中国特色社会主义理论体系，提升中国特色社会主义理论体系解释力的目的，而且还可以为中国特色社会主义理论体系的发展提供历史经验，指明发展路径。

（二）中国特色社会主义理论体系的历时样态整合

中国特色社会主义理论体系的历时样态，强调的是这个理论体系是怎么生成的，其生成的经验是什么，为什么会生成这一理论体系等一系列问题。可以说，当前学界对这些问题已经有了公认的答案。中国特色社会主义理论体系是在推进中国特色社会主义的建设中形成的，是包括邓小平

---

① 唐家柱. 现代化进程中的中国特色社会主义理论体系研究 [M]. 北京：人民出版社，2008：62—82.

② 王明初. 马克思主义中国化研究 [M]. 北京：中国社会科学出版社，2011：161.

理论、"三个代表"重要思想、科学发展观、习近平新时代中国特色社会主义思想等一系列理论成果在内的理论体系。需要说明的是，在这里所要进行的中国特色社会主义理论体系的历时样态整合，绝对不是拾人牙慧的重复谈论，更不是掠人之美的高谈阔论，而是力求另辟蹊径，从全新的理论系统形成之道去探索中国特色社会主义理论体系这一理论系统的生成之道，从而为丰富中国特色社会主义理论体系的历史底蕴，进一步完善中国特色社会主义理论体系提供新的方法指导。

　　根据理论系统的三个判定条件可知，只要找出集促使中国特色社会主义理论体系各诸多要素发生互相联系，促使中国特色社会主义理论体系向前发展，促使中国特色社会主义理论体系具有鲜明的层次性三者于一身且发生紧密联系的因素，就能找到推进中国特色社会主义理论体系发生整合的根源。只要我们找到这一因素，用以去观照中国特色社会主义理论体系，就可以达到整合中国特色社会主义理论体系历时样态的目的。

　　唯物辩证法认为，认识事物必须在"事物的相互联系中理解事物，而不是孤立地理解事物"[1]。这就是说，我们必须认识到有某种因素促使事物发生着某种互相联系。什么因素促使事物发生着互相联系呢？恩格斯指出："每一门科学都是分析某一个别的运动形式或一系列互相关联和互相转化的运动形式的。"[2]列宁也曾指出："辩证法要求从发展中去全面研究某个社会现象，要求把外部的、表面的东西归结于基本的动力。"[3]依据恩格斯和列宁的观点，便可以得知，什么因素促使事物互相转化、发生外部联系，且具有共同的指向，什么因素就促使事物发生互相联系。什么因素促使事物向前发展呢？毛泽东曾经指出："矛盾着的对立面又统一，又斗争，由此推动事物的运动和变化。"[4]这就是说，矛盾促使事物的向前发展。什么因素促使事物具有鲜明的层次性呢？有学者认为："发生在不同的相互作用量等级的过程表现为不同的'最小时空单元'上的现

---

① 马克思恩格斯全集（第20卷）［M］北京：人民出版社，1971：609.

② 马克思恩格斯选集（第3卷）［M］．北京：人民出版社，2012：943.

③ 列宁选集（第2卷）［M］．北京：人民出版社，1995：465.

④ 毛泽东文集（第7卷）［M］．北京：人民出版社，1999：213.

象，这就导致了同一相互作用过程产生出不同时空尺度的客观现象世界，形成了相互作用的层次性。"①依据这种认识，这里所说的"同一相互作用过程产生出不同时空尺度的客观现象世界"就是促使事物具有层次性的缘由。

应该看到，中国特色社会主义建设是集上述三个条件于一身的因素。因此，中国特色社会主义建设就成为推动中国特色社会主义理论体系发生整合的缘由。

首先，中国特色社会主义事业的建设促使中国特色社会主义理论体系诸多要素发生互相联系。中国特色社会主义建设事业涉及经济建设、政治建设、文化建设、社会建设、生态文明建设、军事建设和党的建设等方方面面。因此，要推进中国特色社会主义的建设事业，不仅需要上述各方面理论的指导，而且还需要他们发生互相联系。比如，为了推进中国特色社会主义的经济建设，就需要运用中国特色社会主义经济理论的指引。但是，中国特色社会主义建设还包括政治建设、文化建设和社会建设等其他方面的建设，而为了搞好这几个方面的建设，也需要中国特色社会主义经济理论的指引。这样，为了推进中国特色社会主义的建设，就把各方面建设的理论紧紧地联系在了一起。反过来看，也就意味着各方面建设的理论共同所指就是中国特色社会主义的建设。需要注意到，为了今后更好地推动中国特色社会主义建设事业，还需要不断总结各方面建设的基本经验，并使之上升为中国特色社会主义建设的理论指导，成为继续推进中国特色社会主义建设事业的思想指引。从这里的分析可以看出，中国特色社会主义建设事业的具体实践，不仅促使中国特色社会主义理论体系得以生成，而且促使其内部各理论要素发生着紧密联系，还使得这些内部元素的共同指向就是中国特色社会主义建设事业本身。

其次，中国特色社会主义事业的建设促使中国特色社会主义理论体系不断向前发展。中国特色社会主义理论体系是向前发展的理论体系，在今后推进中国特色社会主义建设的进程中，这一理论体系仍然会不断发展。

① 鲁品越. 深层生成论：自然科学的新哲学境界［M］. 北京：人民出版社，2011：343.

为何中国特色社会主义理论体系会不断发展？发展为了什么？应该说，这两个问题的答案都倾向于推进中国特色社会主义建设。也就是说，一旦中国特色社会主义建设的向前推进与当时的理论指导不相适应之时，就产生了现实与理论的矛盾，必然也就会影响中国特色社会主义的建设事业。反过来看，为了更好地推进中国特色社会主义建设事业，必须通过发展中国特色社会主义理论体系的方式解决这一矛盾，才能做到理论与现实的有效契合，肩负起指引中国特色社会主义建设的重任。据此分析，中国特色社会主义建设事业的向前推进与中国特色社会主义理论体系的发展显然高度一致。这也印证了恩格斯所说的"历史从哪里开始，思想进程也应当从哪里开始"①。也正是在这种"高度一致"中，中国特色社会主义建设事业的发展历程催生着中国特色社会主义理论体系的丰富、完善和发展。

第三，中国特色社会主义建设事业促使中国特色社会主义理论体系产生了鲜明的层次性。根据前文分析，"同一相互作用过程产生出不同时空尺度的客观现象世界"就是促使事物具有层次性的缘由。具体来说，就可以把这种"客观现象世界"理解为理论的层次。那么，"同一相互作用"就是促使理论产生层次性的缘由。在中国特色社会主义建设的过程中，这种"现象世界"是什么，"同一相互作用"又是什么？应该看到，推动中国特色社会主义建设事业的过程，与中国特色社会主义理论体系形成的时间同步，在这一过程中还开辟了中国特色社会主义道路，形成了中国特色社会主义制度，发展了中国特色社会主义文化，可以说，正是在中国特色社会主义的建设实践这一"同一相互作用"过程中，才有了中国特色社会主义理论、道路、制度和文化这四个"不同时空尺度"又能够"相互作用"的"现实世界"。综合这里的分析可知，中国特色社会主义理论体系、中国特色社会主义道路、中国特色社会主义制度和中国特色社会主义文化就是这种"现象世界"（当然也包括它们其中更细致划分出来的"现象世界"），中国特色社会主义的建设就是"同一互相作用"。由此显然可以看出，中国特色社会主义的建设显然就是推动中国特色社会主义理论

---

① 马克思恩格斯选集（第2卷）[M]. 北京：人民出版社，2012：14.

体系产生鲜明层次性的动力。

综合中国特色社会主义理论体系历时样态的整合，就可以得出准确的结论：中国特色社会主义的建设催生着中国特色社会主义理论体系的发生整合，进而形成了完整意义上的理论系统。这种历时样态的整合为我们重新审视中国特色社会主义理论体系提供了中国特色社会主义建设这一新的视域，不仅彰显出中国特色社会主义理论体系的历史底蕴，而且还为完善中国特色社会主义理论体系提供了历史经验，这也因此进一步提升了中国特色社会主义理论体系的解释力。

（三）中国特色社会主义理论体系的未来样态整合

既然承认中国特色社会主义理论体系是发展的、开放的理论体系，就应该意识到，在未来的中国特色社会主义建设进程中，将会有新的理论充实到其中去。是不是所有新发展的理论都是可以归纳到中国特色社会主义理论范畴中？如果是，中国特色社会主义理论体系的发展前景可谓一帆风顺。如果不是，到底哪些新理论可以归纳入其中？应该看到，一旦我们能够理清中国特色社会主义理论体系未来样态发展中的难题，就会有助于我们为中国特色社会主义理论体系的未来发展净化空气，有利于发挥出中国特色社会主义理论体系的未来预测功能，完善其基本功能，提升其解释力。在这里，依据理论整合应该具备的三个判定条件，就会发现，凡是集促进中国特色社会主义理论体系的内部各要素互相联系、促使中国特色社会主义理论体系发展、促进中国特色社会主义理论体系具有层次性于一身的新理论都可以归纳到中国特色社会主义理论体系范畴中。这就是说，新发展出来的理论必须符合上述三个条件，缺一不可。

首先，新发展的理论要能够促进中国特色社会主义理论体系内部各要素互相联系，这是判定新发展的理论是否可以归纳到中国特色社会主义理论体系的基本要件。只有新发展的理论具备了这一最基本的要件，才有了将其划归到中国特色社会主义理论体系范畴的可能性和前提性。根据前文所判定的促使事物发生互相联系的因素，可以得知，具有共同指向是满足这一条件的基本需求。这就是说，新发展的理论必须与中国特色社会主义理论体系具有共同的指向，具体地说，就是新发展的理论必须始终围绕着推进和建设中国特色社会主义而产生、发展，才具备被归纳入中国特色社会主义理论体系范畴的这一要件。党的十八大以来，以习近平同志为核心的党中央，在领导全国人民奋力推进中国特色社会主义建设的过程中，总结形成了习近平新时代中国特色社会主义思想这一科学理论成果，其核心内容就是体现在"八个明确"和"十四个坚持"①上，分别对坚持和发展什么样的中国特色社会主义，怎么样坚持和发展中国特色社会主义等一系列问题进行了深刻回答。"八个明确"与"十四个坚持"协同发力，共同推进着中国特色社会主义建设向前发展，这样，习近平新时代中国特色社会主义思想就成为促进中国特色社会主义理论体系范畴的"内部要素互相联系"的要素，正是在这个意义上，党的十九大报告明确指出，习近平新时代中国特色社会主义思想"是中国特色社会主义理论体系的重要组成部分"②。

其次，新发展的理论要能够促进中国特色社会主义理论体系向前发展，这是判定新发展的理论是否可以归纳到中国特色社会主义理论体系范畴的本质规定。如果新发展的理论不能促进中国特色社会主义理论体系向前发展，那就不符合中国特色社会主义理论体系是发展的体系、开放的体系这一本质要求，也就不具备将其划归到中国特色社会主义理论体系范畴之内的可能性。根据前文分析，矛盾是促使事物向前发展的主要动力。只

---

① "八个明确"：明确中国特色社会主义事业总体布局是"五位一体"、战略布局是"四个全面"；明确全面深化改革总目标是完善和发展中国特色社会主义制度、推进国家治理体系和治理能力现代化；明确全面推进依法治国总目标是建设中国特色社会主义法治体系、建设社会主义法治国家；明确党在新时代的强军目标是建设一支听党指挥、能打胜仗、作风优良的人民军队，把人民军队建设成为世界一流军队；明确中国特色大国外交要推动构建新型国际关系，推动构建人类命运共同体；明确中国特色社会主义最本质的特征是中国共产党领导，中国特色社会主义制度的最大优势是中国共产党领导，党是最高政治领导力量，提出新时代党的建设总要求，突出政治建设在党的建设中的重要地位。"十四个坚持"：坚持党对一切工作的领导。坚持以人民为中心；坚持全面深化改革；坚持新发展理念；坚持人民当家作主；坚持全面依法治国；坚持社会主义核心价值体系；坚持在发展中保障和改善民生；坚持人与自然和谐共生；坚持总体国家安全观；坚持党对人民军队的绝对领导；坚持"一国两制"和推进祖国统一；坚持推动构建人类命运共同体；坚持全面从严治党。

② 中国共产党第十九次全国代表大会文件汇编［M］. 北京：人民出版社，2017：103.

要看新发展的理论是否是中国特色社会主义理论体系的内部矛盾就可以回答这个问题。实际上，这些新理论的产生，就是在推进中国特色社会主义建设的进程中，现实问题与理论需求之间的矛盾中而生发出来的。新理论的产生推进了现实问题的解决，进而又丰富完善了中国特色社会主义理论体系。可见，只要是满足这一意蕴的新发展出的理论，就具备促使中国特色社会主义理论体系向前发展的可能性，也就基本满足把它划分到中国特色社会主义理论体系范畴的判定条件之一。在这里，再来考察一下习近平新时代中国特色社会主义思想是不是具备了这一判定条件。习近平新时代中国特色社会主义思想内涵丰富，是党的十八大以来以习近平同志为核心的党中央根据国内外形势变化和我国各项事业发展要求提出来的新思想，它明确指出了新时代坚持和发展中国特色社会主义的总目标、总任务、总体布局、战略布局和发展方向、发展方式、发展动力、战略步骤、外部条件、政治保证等基本问题，并且要根据新的实践对经济、政治、法治、科技、文化、教育、民生、民族、宗教、社会、生态文明、国家安全、国防和军队、"一国两制"和祖国统一、统一战线、外交、党的建设等各方面作出理论分析和政策指导。^①对于更好坚持和发展中国特色社会主义指明了正确的方向，可见，习近平新时代中国特色社会主义就是促使中国特色社会主义理论体系向前发展的新理论。

再次，新发展的理论要能够促进中国特色社会主义理论体系更具层次性，这是判定新发展的理论是否可以被划分到中国特色社会主义理论体系范畴中的必要条件。根据前文可知，"同一相互作用过程产生出不同时空尺度的客观现象世界，形成了相互作用的层次性"，并得出结论，认为中国特色社会主义就是促使事物具有层次性的缘由。但是应该看到，为了进一步推进中国特色社会主义的建设（"同一相互作用"），必然需要不断发展出新理论。既然这些新理论是为了推进中国特色社会主义建设而产生的，理应将他们归纳到中国特色社会主义理论体系（"客观现象世界"）的范畴。如此一来，新发展出来的理论就与"同一相互作用"发生了关

---

① 中国共产党第十九次全国代表大会文件汇编［M］. 北京：人民出版社，2017：15.

联。也就是说，在一定程度上，也可以更具体地理解为，新发展出来的理论能够促使中国特色社会主义理论体系更具层次性。尽管学术界对习近平新时代中国特色社会主义思想的层次结构划分不同①，但都一致认为，这一思想是一个层次分明的思想。可以说，正是因为习近平新时代中国特色社会主义思想具备了这种鲜明的层次结构，从而又进一步完善和发展了中国特色主义理论体系，促使中国特色社会主义理论体系具备了更为深刻的层次性特征，同时也就为更好地推进中国特色社会主义建设指明了具体方向。

总之，新发展的理论必须满足上述三个基本条件才能划归到中国特色社会主义理论体系范畴之内。有了这一依据，就可以帮助我们扫除中国特色社会主义理论体系未来样态发展的障碍，增添中国特色社会主义理论体系未来发展的新思想、新理论。习近平新时代中国特色社会主义思想满足了上述三个基本条件，因而可以肯定地说，习近平新时代中国特色社会主义思想就是中国特色社会主义理论体系的新发展，是中国特色社会主义重大思想理论成果。

二、中国特色社会主义民主政治理论的提升模型验证

第六章提出了通过建构提升模型予以完善理论的方法，到底这种方法完善理论的效果如何？在这一部分里，以中国特色社会主义民主政治理论为案例，选取理论视域的提升模型，尝试着验证这类模型在完善中国特色社会主义民主政治理论中的效果。

---

① 邸乘光认为，可划分为基本思想理论、基本方针方略和具体理论政策三个层面。参见邸乘光．论习近平新时代中国特色社会主义思想［J］．新疆师范大学学报（哲学社会科学版）．2018（2）：7-21．贺新春认为，可以划分为历史逻辑、现实逻辑、理论逻辑和实践逻辑四个层次。参见贺新春．论习近平新时代中国特色社会主义思想的逻辑向度［J］．马克思主义研究．2018（5）：28-35．王立胜认为，可划分为价值层；理念层；方法论层；制度实践层四个逻辑层次。参见王立胜．论习近平新时代中国特色社会主义思想的层次结构［J］．开放时代．2020（2）：12-23．

改革开放以来，在推进中国特色社会主义建设的历程中，我国走出了一条具有中国特色的社会主义民主政治发展道路，形成了中国特色社会主义民主政治理论。这一理论的内涵丰富，主要包括中国特色社会主义人民民主专政理论、依法治国理论、政治改革理论、政治文明建设理论、基本政治制度理论等事关中国特色社会主义民主政治建设的各方面理论、制度。①在中国特色社会主义民主政治理论的指导下，我国民主政治建设取得了巨大成就，也成为继续推动中国特色社会主义建设的强大动力。然而当前，仍有极个别人提出所谓的"宪政""人权大于主权"等各种混淆是非的观点，使得小部分民众对中国特色社会主义民主政治理论产生了疑虑，消解了中国特色社会主义民主政治理论的解释力。面对这种挑战，采取措施予以完善中国特色社会主义民主政治理论，并提升其解释力，进而破解这些不实言论，增强人们对中国特色社会主义民主政治理论的信任就成为迫在眉睫之事。

根据前文所建构的马克思主义理论完善模型得知，这一提升模型包含了四个组成部分：历史生成、人文关怀、辩证推进和实践验证。四者不仅可以单独发挥出完善理论的功能，而且还可以在相辅相成、互相促进中共同推进理论趋于完善。应该指出，由于很难具体确定经由上述验证之后，群众主体（被动接受者）的理解能力如何、对理论的认同程度如何，以及理论的发展或完善程度如何等问题，所以，这里的验证，是具有"比较"意义上的验证。也就是说，能够促进群众相对理解理论，能够促进理论有所发展或完善等，都可以视之为推动了理论完善、提升了理论的解释力。根据这种认识，下面逐一分析这四个因素，验证一下是否可以达到上述目的。

---

① 这种概括是依据中国特色社会主义民主政治发展道路与中国特色社会主义民主政治建设的基本内涵得出的结论，是社会政治理论的范畴。除此之外，也有学者认为，党内政治理论也是中国特色社会主义民主政治理论的重要组成部分。具体参见虞崇胜. 提升中国特色社会主义政治发展道路的新境界［J］. 武汉大学学报（哲学社会科学版），2013（02）：5—10；张浩. 中国特色社会主义政治发展道路的科学内涵［N］. 南方日报，2013-01-07（001版）.

（一）中国特色社会主义民主政治理论的历史生成验证

中国特色社会主义民主政治理论的历史生成验证，指的是通过审视中国特色社会主义民主政治理论的生成历史，总结这一理论生成的基本经验，并把其中的抽象理论转化为相对比较具体的或完备的理论形态，以便使人们更好地理解、认同或运用中国特色社会主义民主政治理论。在这个意义上，就可以把中国特色社会主义民主政治理论的历史生成验证分为三步：第一，理清中国特色社会主义民主政治理论的历史演进脉络，使人们对这一理论有基本的了解；第二步，总结中国特色社会主义民主政治理论的生成经验，让人们进一步理解这一理论；第三步，把中国特色社会主义民主政治理论生成的基本经验上升为理论形态，增强人们达到对这一理论的信任程度。

第一步，理清中国特色社会主义民主政治理论的历史演进脉络。中国特色社会主义民主政治理论是把马克思主义民主政治理论与中国具体实际相结合而产生的理论智慧成果，是在改革开放之后，在推进中国特色社会主义民主政治建设的过程中形成的。不容忽略的是，改革开放前的社会主义民主政治建设探索为这一理论的形成奠定了基础。中华人民共和国成立之后，以毛泽东为代表的中国共产党人结合中国建设社会主义的具体实际，提出了关于社会主义政治建设的一系列思想理论，如在党内民主的实现形式上，提倡党代会常任制、党内监督制、民主集中制、党员权利制；在人民民主的实现形式上，确立民主选举、民主参与、民主协商、民主决策、民主监督、舆论监督等；在政治体系改革上，提出处理好中央与地方的关系、干部人事制度改革、精兵简政等。[①]正是在这些思想理论的支撑下，改革开放后才形成了比较完整的中国特色社会主义民主政治理论。所以说，对待中国特色社会主义民主政治理论的历史生成问题，要全面地看到改革开放前后两个不同时期的探索。绝对"不能用改革开放后的历史时期否定改革开放前的历史时期，也不能用改革开放前的历史时期否定改

---

① 张炳兰. 毛泽东社会主义民主政治建设思想再思考 [J]. 人民论坛，2013（11）：206—208.

革开放后的历史时期"①。应该说，弄清楚了中国特色社会主义民主政治理论的基本发展脉络，也就有益于人们对中国特色社会主义民主政治理论的历史底蕴有比较清晰的了解，从而也就可以帮助人们进一步理解、认同和运用中国特色社会主义民主政治理论，为彰显其解释力提供必要的基础前提。

第二步，总结中国特色社会主义民主政治理论的生成经验。为了更好地完善中国特色社会主义民主政治理论，并提升其解释力，绝对不能仅仅停留在梳理中国特色社会主义民主政治理论的演进脉络上，而应依据这一理论的演进脉络去总结理论生成的基本经验。"中国特色社会主义民主政治是人类民主政治发展史上前无古人的创造，没有现成经验可循，发展也非一帆风顺。"②正是在重重困难的艰难磨砺中，中国共产党人创造性地发展出了这一理论体系，形成了宝贵的中国特色社会主义民主政治建设的基本经验。概括起来主要有：坚持马克思主义民主政治理论与本国实际相结合；坚持批判与继承人类社会优秀的民主政治理论成果相结合；坚持国际民主政治理论与国内民主政治实际相结合；坚持民主政治理论创新与民主政治理论运用相结合；坚持社会主义民主政治建设正反两方面经验教训相结合；坚持其他理论建设与民主政治理论建设相结合；坚持党的领导；坚持马克思主义的意识形态指导等各方面的生成经验；等等。应该说，让人们认识到这些经验总结，有利于人们更清晰了解中国特色社会主义民主政治理论的艰难生长历程，为增进对中国特色社会主义民主政治理论的信任夯实经验根基，为完善中国特色社会主义民主政治理论提供经验总结。

第三步，把中国特色社会主义民主政治理论生成的基本经验上升为理论形态。应该说，"经验是一回事，理论又是一回事"③，经验并不能使得人们信任理论，只有把经验上升为理论，才能更好地推进人们理解、

① 任仲文. 深入学习习近平总书记重要讲话精神：人民日报重要文章选［M］. 北京：人民日报出版社，2014：113.

② 李庄，袁昭. 聚焦中南海：党和国家发展大局至关重要若干问题解析［M］. 北京：人民出版社，2011：5.

③ 黄宗智. 连接经验与理论——建立中国的现代学术［J］. 开放时代，2007（04）：5—25.

信任和运用理论。这就是说，还需要把中国特色社会主义民主政治理论的生成经验转化为理论形态的东西。①应该怎么转化呢？依据基本经验上升为理论形态的方法路径，一方面，用中国特色社会主义民主政治理论本身观照其生成经验，也就是说，考察已经生成的理论是否符合生成经验的特性。如果符合，就意味着这一理论确实是由经验转化而来的，如果不符合，只能证明这一理论还不完善，就需要继续完善之，使其更加符合理论的生成经验。另一方面，用中国特色社会主义民主政治理论的生成经验或已生成的民主政治理论去预测未来，考察这一经验或已有理论是否有利于形成新的理论形态，这是经验和理论具有预测性功能的有效体现。如果能够促成新理论形态的生成，经验就转化为了理论，或者原有的理论形态有所更新，抑或在原有理论形态的基础上产生了新的理论形态。经过这样一个过程，经验转化成了理论（其中也包括理性这个环节，参见本书第五章第一部分），易于人们观察到中国特色社会主义民主政治理论的生命力，相对增强人们对中国特色社会主义民主政治理论的理解，同时还相对完善了中国特色社会主义民主政治理论，彰显出中国特色社会主义民主政治理论是具有解释力的理论。

从上述分析可以看出，依据中国特色社会主义民主政治理论的演进逻辑，可以总结出这一理论生成的基本经验，并把这些经验上升为理论形态，这样也就促使具体的经验转化为抽象的理论，不仅发展了中国特色社会主义民主政治理论，而且还有效地推进着对人们中国特色社会主义民主政治理论的理解和信任。这就是说，做到了在考察事物的历史中分析事物，同时又推进着事物发展的科学方法。这与列宁所说的"对于用科学眼光分析这个问题来说是最重要的，那就是不要忘记基本的历史联系，考察每个问题都要看某种现象在历史上怎样产生、在发展中经过了哪些主要阶段，并根据它的这种发展去考察这一事物现在是怎样的"②这一观点不谋而

---

① 需要指出，实践也是把经验上升为理论的方法，这一点已经在第五章有所说明。但这一部分是分析中国特色社会主义政治理论的历史生成验证，所以我们暂时避开实践问题。下文的"实践验证"环节再专门讨论这个问题。

② 列宁选集（第4卷）[M]．北京：人民出版社，2012：26．

合。由此也就可以认为，通过历史生成的方式来考察中国特色社会主义民主政治理论，不仅可以进一步完善这一理论，而且还可以提升其解释力。

（二）中国特色社会主义民主政治理论的人文关怀验证

中国特色社会主义民主政治理论的人文关怀验证，主要体现在两个方面：一是中国特色社会主义民主政治理论本身所具有的人文关怀意蕴；二是在提升中国特色社会主义民主政治理论解释力的过程中凸显人文关怀。只要这两个方面能够体现出人文关怀，就意味着中国特色社会主义民主政治理论是一个具有人文关怀品质的理论。达到了这一点，就可以在一定程度上表明，人文关怀的优良品质促使中国特色社会主义民主政治理论更加趋于完善，同时也可以表明中国特色社会主义民主政治理论是具有解释力的理论。应该注意到，上述所说的两个方面的人文关怀，第一个方面侧重于理论形态的人文关怀，第二个方面则侧重于具体显现的人文关怀，是基于第一个方面得出的结论。只要发挥出第一个方面的作用，就可以有效推进第二个方面的工作。如果理论本身根本不具备人文关怀的品质，理论的解释力就丧失了自身理论基础。如果只有理论形态上的人文关怀，而缺失了现实中的具体显现或运用，人文关怀也只能是纸上谈兵，理论的解释力也就无法真正体现。所以说，在中国特色社会主义民主政治理论的人文关怀验证这个问题上，上述两个方面是相辅相成、不可分割的。

关于中国特色社会主义民主政治理论的人文关怀。中国特色社会主义民主政治理论是否内含着人文关怀？答案是肯定的。"人是政治实践的最高目的，人本政治是人类政治实践的发展趋势。"[①]马克思主义是关于无产阶级和全人类解放的学说，是实现人的自由全面发展的学说。作为其中重要的组成部分，马克思主义民主政治理论也肩负着这一重任。中国特色社会主义民主政治理论是马克思主义民主政治理论与中国具体实际相结合的产物。中国特色社会主义民主政治理论的形成、发展、完善，乃至成熟都必须始终坚持马克思主义民主政治理论的基本原则。在这个意义上，中国特色社会主义民主政治理论也自然应该蕴含着人文关怀。

---

① 刘吉发.政治实践论——基于马克思主义的广义视角[M].北京：人民出版社，2010：126.

但是，社会存在决定社会意识，认识到了的东西，并不等于现实存在。这也就是说，即便认识到中国特色社会主义民主政治理论蕴含着人文关怀，并不等于这种人文关怀就已经作用于"人"。只要我们改善这种境遇，就可以有所增进人们对中国特色社会主义民主政治理论的理解与信任。怎么样改善这种境遇？应该把目光集中于中国特色社会主义民主政治理论上，理清这一理论到底有哪些方面内容可以带来人文关怀，然后用这些理论内容观照人，就可以逐步地达到目标。

从一定程度上讲，中国特色社会主义民主政治理论所涵盖的各方面理论都蕴含着人文关怀。比如人民民主专政理论：对人民实行民主和对敌人实行专政都蕴含着人文关怀。对人民实行民主可以体现出为人民服务的特性，对敌人实行专政本身就是为了保护人民的根本利益。再如政治改革理论：推进政治改革的目的在于调整那些不适应生产力发展的生产关系、上层建筑，进而促进生产力的发展、推进社会进步，以便为民生建设提供强有力的物质支持。其实，只要仔细思辨就可以发现，中国特色社会主义民主政治理论所蕴含的其他方面理论也内含着浓厚的人文关怀，甚至可以说是无处不在。但是，由于"在整个社会中，政治是个无所不在的整体"①，所以，中国特色社会主义民主政治理论所蕴含的人文关怀也就广泛地存在于整个社会中。

怎么用中国特色社会主义民主政治理论中的人文关怀去观照人呢？马克思主义是关于实现人的自由全面发展的学说，所以说，用中国特色社会主义民主政治理论引领人的自由全面发展就可以达到观照人的目的。马克思主义关于人的自由全面发展思想内涵丰富，概括各种零星观点，其内涵主要包括个人和整体两个层面，个人层面包括满足需求、提升能力、社会关系等方面；整体层面集中体现在群众推动社会进步中的能力、作用等方面。②但是由于马克思高度关注个人的自由全面发展，就需要依据马克

---

① ［匈］捷尔吉·卢卡奇. 卢卡奇文选［M］. 李鹏程译，北京：人民出版社，2008：390.

② 李玉中，李英. 马克思主义人的全面发展理论研究之现状与反思［J］. 中州学刊，2014（12）：121—127.

思的思想，把关注点集中于中国特色社会主义民主政治理论是如何关注个人自由全面发展的。具体地说，主要包括：依据中国特色社会主义民主政治理论去满足人的政治需求，比如满足人的选举权、被选举权、民主权、知情权，满足人的精神需求等各方面的政治权利；用中国特色社会主义民主政治理论提升人的能力，比如提升人的劳动能力、政治运用能力、知识文化水平、精神品质、道德情操等各方面的能力；还可以用中国特色社会主义民主政治理论推进人的社会关系向前发展，比如在提升了人的能力之后，人就有扩大社交范围、巩固社会关系的可能性等。应该看到，如果中国特色社会主义民主政治理论切实地满足人的各方面需求，人也就会意识到中国特色社会主义民主政治理论确实是可以观照他们的利益的理论，[①]因而，人理解、信任或运用中国特色社会主义民主政治理论也就有了可能性。这样，中国特色社会主义民主政治理论的人文关怀意蕴也就真正地在现实境遇中彰显了出来，也凸显出了中国特色社会主义民主政治理论的解释力。

（三）中国特色社会主义民主政治理论的辩证推进验证

中国特色社会主义民主政治理论的辩证推进，意指在看待中国特色社会主义民主政治理论的发展问题上，只能在辩证中求发展、求进步，既看到中国特色社会主义民主政治理论的相对性，也看到它的绝对性，坚决不能以绝对完美的标准去苛求中国特色社会主义民主政治理论解决一切问题。

从理论形态上来看，每一个理论都有自身发展的过程，都可以在其逐渐发展的过程中弥补其不足之处，进而趋于完善。中国特色社会主义民主政治理论亦是如此。虽然改革开放以来我国在中国特色社会主义民主政治理论创新、完善方面取得了突出的成绩，但是，仍然还存有一些不完善之处。可不可以因为中国特色社会主义民主政治理论还存在不足之处就否定它？当然不可以。应该看到，中国特色社会主义民主政治理论是在改革开

---

① 需要指出的是，从一定意义上讲，把中国特色社会主义政治理论应用于具体实践也是观照人的一种方式。但由于这一部分的分析视角是人文关怀，所以也暂时避开实践问题。

放之后，我国推进中国特色社会主义建设的进程中逐渐形成的，迄今为止仅有40余年的时间。在今后推进中国特色社会主义建设的过程中，中国特色社会主义民主政治理论还将会以各种全新的形式得以发展和完善。这正如习近平所指出的那样："我们通过守正创新形成了中国特色社会主义理论体系，守正就不能偏离马克思主义、社会主义，但不是刻舟求剑，还要往前发展、与时俱进，否则就是僵化的、陈旧的、过时的。"①因此，我们绝对不能苛求中国特色社会主义民主政治理论趋于完美。但是从当前的情况来看，个别人却以中国特色社会主义民主政治理论的某些不足之处为由，试图否定整个理论体系，进而否定当代中国的政治制度，甚至还有人以一些经不起推敲的荒谬言论得出观点，认为我国政治模式是错误的。可见，这些错误的思想行为不仅低级无趣，而且极其危险。如果不能尽快澄清这些错误思想和不实言论，就会负面影响人们对中国特色社会主义民主政治理论的认识，而且还会直接消弭中国特色社会主义民主政治理论的解释力。

有学者对青年对中国特色社会主义的认同进行了分析，认为青年还存在着对中国特色社会主义的优越性认同不足、真切感受不足、信心不足、价值理念不清晰等诸多问题。②也有学者对大学生中国特色社会主义理想信念的现状进行了总结，认为大学生存在着理想信念缺失、自信不足、价值观念不明等方面的问题。③青年或大学生都是群众的重要组成部分，他们对中国特色社会主义的认同现状也就在某种程度上反映出群众的认同现状。群众对中国特色社会主义的认同现状就折射出，我们需要把认识到的中国特色社会主义民主政治理论的辩证推进策略放置于群众的视野中去，这是帮助群众澄清错误思想言论的主要方法。具体来说，一方面，使人们认识到中国特色社会主义民主政治理论的发展性，教育人们用长远眼光观察中国政治实际，而不是用教条式的观点看待现实问题。从某种程度

---

① 习近平. 思政课是落实立德树人根本任务的关键课程 [M]. 北京：人民出版社，2020：9.

② 夏文贵. 论当代中国青年的中国特色社会主义认同 [J]. 思想战线，2014（06）：94—97.

③ 张瑜，杨增岽. 大学生中国特色社会主义理想信念教育的研究现状、问题与对策 [J]. 思想教育研究，2009（02）：37—40.

上讲，只要看到中国特色社会主义民主政治理论能够有发展、有前进，只要能够根据中国特色社会主义的建设实际而产生出新思想、新内涵，就可以把中国特色社会主义民主政治理论看成是发展的理论。另一方面，使人们学会辩证的分析方法，既要看到中国特色社会主义民主政治理论的发展性，又要看到其前进的曲折性；既要用宽容的眼光来对待中国特色社会主义民主政治理论，又要积极增强自身对中国特色社会主义民主政治理论的理解与认同。特别是要让广大群众看到党和政府对进一步完善中国特色社会主义民主政治理论所付出的艰辛努力与接力探索。实事求是地说，一旦把这两个方面紧密结合起来，就会使人民群众具备理解中国特色社会主义民主政治理论的良好心态，有助于人们正确地看待中国特色社会主义民主政治理论，那么，中国特色社会主义民主政治理论的解释力便有力地彰显了出来。同时，这种彰显实际上就表明中国特色社会主义民主政治理论是具备解释力的理论。

（四）中国特色社会主义民主政治理论的实践验证

实践是检验真理的唯一标准，在实践中验证中国特色社会主义民主政治理论的解释力，是无法回避的重大问题，也是凸显中国特色社会主义民主政治理论解释力的最有效的方式。从这个意义来看，这也是把实践验证放置于马克思主义理论解释力提升模型中的重要缘由。

根据前文所述得知，实践验证在马克思主义理论解释力提升模型中发挥着动力作用，人应该在实践中证明自己思维的真理性。到底应该怎么样做到这一点，或者应该在什么样的实践中才能证明提升中国特色社会主义民主政治理论解释力的真理性呢？习近平总书记指出："要加强对马克思主义哲学的学习和运用，提高运用马克思主义立场、观点、方法分析和解决问题的能力。"[①]这就是说，要运用解决实际问题这种实践，进而再检验这种实践的解决现实问题的效果如何，可以体现出中国特色社会主义民主政治理论解释力的提升效果。

---

① 中央文献研究室. 习近平关于全面建成小康社会论述摘编［M］. 北京：中央文献出版社，2016：192.

怎么运用解决实际问题的方法来验证中国特色社会主义民主政治理论的解释力？对于这个问题，只要考察这一方法是否可以提升中国特色社会主义民主政治理论的解释力就可以解答。解决实际问题的验证方法主要具有两层意蕴：一是看是否在实践中推进了中国特色社会主义民主政治理论。如果通过实践，促使中国特色社会主义民主政治理论获取一定程度的发展，这就证明中国特色社会主义民主政治理论是发展的理论，是具有解释力的理论，也容易得到人民群众的理解与认可。这就表明，实践的方式完善了中国特色社会主义民主政治理论，其解释力也因实践而得到了一定程度的提升。从中国特色社会主义民主政治理论的演进逻辑可以看出，在不同时期，中国特色社会主义民主政治理论都有一定程度的发展。社会主义建设道路的初步探索时期为这一理论的形成奠定了基础。改革开放后的新形势，又为这一理论增添了许多新内涵。对于这一点，可以从历次党代会专门论及其发展的成果显现出来。比如党的十七大报告提出坚定不移发展社会主义民主政治，党的十八大报告不仅明确提出坚持走中国特色社会主义政治发展道路和推进政治体制改革，而且还提出了健全社会主义协商民主制度。再如，2012年党的十八大首次把中国特色社会主义制度这个提法写入党的报告，2013年召开的党的十八届三中全会就明确提出要推进国家治理体系现代化和治理能力现代化，其目标就是要进一步完善中国特色社会主义制度。可以肯定地说，在今后中国特色社会主义建设的过程中，中国特色社会主义民主政治理论仍然会继续发展、推进。由此也就可以表明，中国特色社会主义民主政治理论是发展的理论。二是看中国特色社会主义民主政治理论是否可以解决具体现实问题，特别是人民群众关心的重大现实问题。改革开放以来，在中国特色社会主义民主政治理论的指导下，我国民主法制建设等各方面取得重大进步。这些成绩的取得，就足以证明中国特色社会主义民主政治理论能够指导具体实践、解决现实问题。当中国特色社会主义民主政治理论确实能够解决群众关心的重大问题时，群众对中国特色社会主义民主政治理论的认可程度就会得以提升。这样，中国特色社会主义民主政治理论就会在解决群众重点关心的问题中获取自我完善的条件与机遇，其解释力也便在群众那里得到显现。

但是，需要注意到，上述所分析的解决问题的实践具有普遍性，由于事物是普遍性与特殊性的统一。所以，除了运用解决问题的实践这种方式之外，还需要考虑到事物的特殊性。也就是说，还需要从特殊性视角去验证实践在完善中国特色社会主义民主政治理论和提升其解释力中的效果。这种特殊性是什么？习近平总书记指出："实践证明，抓什么样的典型，就能体现什么样的导向，就会收到什么样的效果。"[①]由此可见，抓典型就是从特殊性视角验证实践效果的有效方法。

到底要抓什么样的典型才能验证实践在完善中国特色社会主义民主政治理论和提升其解释力中的效果呢？一方面，从中国特色社会主义民主政治理论着手，寻找那些极易被人们误解的理论，要么通过在实践中完善和发展这类理论的方式，要么通过运用这类理论解决群众关心的重大问题的方式，来验证这类理论的解释力。另一方面，从典型的群众代表入手，特别是要找那些对中国特色社会主义民主政治理论抱有个人偏见的群众，运用上述我们所提出的验证方法，尝试着让这类群众去理解、认同、运用中国特色社会主义民主政治理论。一旦中国特色社会主义民主政治能够解决这类群众所关心的重大现实问题，或者纠正了这类群众的错误思想，就可以增强这类群众对中国特色社会主义民主政治理论的信任，还可以通过这类群众影响到其他群众对中国特色社会主义民主政治理论的信任。

从上文的分析可以看出，历史生成、人文关怀、辩证推进和实践验证四者都可以发挥出提升中国特色社会主义民主政治理论解释力的作用。但是，在某种特殊情况下（比如有些群众难以说服，或者并不能完全促进中国特色社会主义民主政治理论得到完善或发展的情况），上述四者的作用可能并不明显。一旦出现这种情况，为了更好地验证中国特色社会主义民主政治理论的解释力，就可以把上述四者有机统一起来，共同作用于中国特色社会主义民主政治理论，那么，中国特色社会主义民主政治理论便会得到更好的完善，其解释力也一定会得到有效提升。

---

① 习近平. 之江新语 [M]. 杭州：浙江人民出版社，2007：212.

三、"两个必然"理论的提升范式验证

马克思在分析资本主义社会生产资料私有制与社会化大生产之间存在矛盾的基础上，发现资本主义"必然地产生出把私有制同样地加以否定并把它重新变为公有制的要求"①，并得出结论认为"资产阶级的灭亡和无产阶级的胜利是同样不可避免的"②。这就是"两个必然"理论。在国际共产主义运动史上，"两个必然"理论是推动无产阶级和全人类解放的思想武器。在当代中国，"两个必然"理论则是推动中国特色社会主义建设的思想动力。应该说，"两个必然"理论是在分析人类历史发展演进规律的基础上得出的科学结论。然而当前，却有一部分人对这个理论存在一定的误解，一方面，混淆了"两个必然"和"两个绝不会"之间的关系，有些人"企图用马克思在这里所讲的'两个''决不会'来冲淡和稀释'两个''必然'，或者说'两个''不可避免'"③。另一方面，对"两个必然"理论产生了质疑。有部分人认为当代资本主义发生了新变化，资本主义社会是人类的最后社会形态，"两个必然"理论已经丧失了解释力。④面对这种形势，必须采取措施，以促使人们进一步理解和接受"两个必然"理论。应该采取何种措施？应该看到，"两个必然"理论是马克思对未来社会的一种设想、预测，还并未成为活生生的现实。从这一点上来看，一般意义上的那种立足于现实、或者重在解决现实问题的理论提升范式很难促使人们意识到"两个必然"理论的科学性。所以，这就要求在验证"两个必然"理论的问题上，转变思维、另辟蹊径，在遵循马克思关于"两个必然"理论实现道路的设想上，运用预测范式来验证它们的解释力。

马克思关于实现"两个必然"理论的两个设想是：发达资本主义走到尽头情况下的社会主义代替资本主义和社会主义革命首先在东方落后国家

---

① 马克思恩格斯选集（第3卷）[M]．北京：人民出版社，2012：517.

② 马克思恩格斯选集（第1卷）[M]．北京：人民出版社，2012：413.

③ 陈学明．永远的马克思[M]．北京：人民出版社，2006：64.

④ 李青宜．当代资本主义的新变化与马克思的"两个必然"思想[J]．当代世界与社会主义，2006（02）：36—40.

胜利。①依据马克思的这两个设想，要验证"两个必然"理论的科学性，就需要用一定的方法来预测出为什么一定会实现这两个设想。马克思"两个必然"的理论结论，就是在分析资本主义社会固有的基本矛盾的基础上得出的答案，即矛盾分析预测法，也就是说，马克思运用矛盾分析预测法得出了"两个必然"理论。因此，马克思的这种分析方法，就提供了预测上述两个设想的思路。但是，为了更好地验证"两个必然"理论，绝对不能再次单纯地运用马克思的矛盾分析预测法了。否则，就会局限于对马克思观点再次梳理的范畴，"两个必然"理论解释力的提升程度或提升效果就会非常有限。因此，需要运用其他预测方法去验证"两个必然"理论的解释力。根据当前已有的研究成果，在预测学视域中，国内外提出的预测方法共计有200多种之多，大部分还处于试验阶段，而得到广泛应用的只有少数十几种。②其中，定性预测法、时间序列分析预测法等预测方法的运用较为广泛。③依据这两种预测方法，就可以把预测范式更具体地设定为定性预测范式、时间序列分析预测范式。在这里，笔者尝试着运用这两种预测范式来验证"两个必然"理论。

（一）"两个必然"理论定性预测范式验证

所谓定性预测法，指的是预测者依靠业务知识，丰富经验和综合分析能力，掌握历史资料或直观材料，对事物的未来发展作出判断的方法。④这种预测法又包含了多种不同预测方法，由于学者们的分析视角不同等原因，他们划分出的具体方法也就有所不同。有学者认为，定性预测方法包括专家预测法、特尔斐预测法、主观概率预测法、交叉概率预测法等多种方法。⑤还有学者认为定性预测法包括一般调查预测法、集体意见预测法、特尔斐预测法、情景分析预测法、推断预测法、交叉影响分析预测

---

① 王辉霆．马克思关于社会主义取代资本主义的两种设想［J］．河南大学学报（教育科学版），2002（6）：111—112.

② 齐小华，高福安．预测理论与方法［M］．北京：北京广播学院出版社，1994：24.

③ 齐小华，高福安．预测理论与方法［M］．北京：北京广播学院出版社，1994：55.

④ 郎茂祥．预测理论与方法［M］．北京：清华大学出版社，2011：28.

⑤ 齐小华，高福安．预测理论与方法［M］．北京：北京广播学院出版社，1994：57—110.

等多种预测方法。①学者们所提出的定性预测方法为我们理清定性预测方法（范式）提供了具体指引。简单地说，定性预测范式就是依据定性预测方法而开展的研究规范。但由于学者们在分析上述各种定性预测方法时，遵循了准确性逐次递增的原则。所以，相比较而言，交叉概率预测法（交叉影响预测法）的准确性最高，也最具有解释力。在这个意义上，我们就应该选用交叉概率预测范式来验证"两个必然"理论，才能更好地彰显出其解释力。

交叉概率预测法20世纪60年代产生于美国，是在特尔斐预测法等其他预测方法的基础上发展而来的预测方法，这种方法主要是"主观估计每种新事物在未来出现的概率，以及新事物之间相互影响的概率，对事物发展前景进行预测的方法"②。概言之，交叉概念预测是用来确定一系列事件及其概率之间相互关系的预测方法，其中的一系列事件也互相影响，进而影响着整个事件的发展。在具体应用上，这种方法步骤有四：（1）确定影响关系；（2）确定影响程度；（3）计算影响值；（4）得出结论。在这里，遵循着这四个步骤，并把它们尝试着应用于"两个必然"理论的验证分析中，就可以验证出这一理论在未来出现的概率。

首先，确定交叉影响关系。这一步骤的主要任务是弄清影响事物的主要因素（Element）有哪些。这些因素之间可以互相影响，也可以没有任何影响。可以分别用E_1、E_2、E_3……E_n来代替这些影响因素，用P_1、P_2、P_3……P_n代表影响效率（影响效果）。如果Pn=100%，En一定会发生。根据这种要求，就可以来验证一下"两个必然"理论的解释力。从马克思所分析的"两个必然"理论的具体内容可以看出，影响"两个必然"理论能否实现或者出现概率的因素主要包括：资本主义生产力的下降（含停滞不前）、无产阶级力量的不断壮大、资产阶级统治腐朽、社会主义国家的影响、资本主义内部的社会主义因素等。为了简单明了地分析不同要素之间

① 郎茂祥. 预测理论与方法［M］. 北京：清华大学出版社，2011：28—54.

② Changwoo Choi, Seungkyum Kim, Yongtae Park. A patent- based cross impact analysis for quantitative estimation of technological impact: The case of information and communication technology［J］. *echnological Forecasting and Social Change*, 2007(74): 1296—1314.

的交叉影响，经过简化后，我们把主要影响因素确定为三个：资本主义生产力下降（E_1）、无产阶级壮大（E_2）和社会主义国家的影响（E_3）。三者之间的相互交叉影响关系如表7-1所示。

表7-1 主要影响因素之间相互交叉作用表

主要影响因素	对其他影响因素之间的作用		
	E_1	E_2	E_3
E_1	无影响	正影响	正影响
E_2	正影响	无影响	正影响
E_3	正影响	正影响	无影响

表7-1显示，如果资本主义生产力下降（E_1）这种事情发生，无产阶级就会意识到资本主义不能促进生产力的发展，为了推动社会进步或推翻资产阶级的统治，无产阶级可能就会壮大（E_2），那么，E_2的概率就会上升。资本主义生产力下降（E_1）虽然并不能直接增强社会主义国家的影响（E_3），但是随着资本主义生产力下滑，社会主义国家蒸蒸日上的情势下，就会促使无产阶级在相比较之中意识到社会主义比资本主义优越，因而，资本主义生产力下降（E_1）也会促使社会主义国家的影响力增强（E_3），还会在一定程度上刺激无产阶级选择社会主义，进而有了无产阶级壮大（E_2）的可能性。如果无产阶级壮大（E_2）这种事件发生，表明可能是因为资本主义生产力下降导致的（E_1），在这种情况下，无产阶级壮大（E_2）便并不能影响到资本主义生产力下降（E_1）。但是，需要注意到，无产阶级的壮大（E_2）还可以促使无产阶级意识到自身的被压迫性，因而不愿意再为资产阶级服务，因而也会影响到资本主义生产力的下降（E_1）。如果无产阶级壮大（E_2），可以表明是社会主义国家的影响（E_3），可能进一步增强着社会主义国家的影响力（E_3）。如果社会主义国家的影响（E_3）这种事实发生，就会影响到资本主义国家，他们会意识到社会主义国家发展迅速，因而可能会向往社会主义政权，故促使资本主义生产力下降。也可能由于社会主义国家的积极影响（E_3），使无产阶级

意识到社会主义国家的先进性，因而也会促使无产阶级壮大实力（E_2）。

其次，确定交叉影响程度。交叉概率预测法规定，在确定具体影响程度以前，应该先对交叉影响程度进行分档，其次确定交叉影响的程度，最后再计算出交叉影响概率。根据这一要求，先对交叉影响程度进行分档。在这里，把"两个必然"理论解释力的提升程度划分为无（不能提升）、弱（基本提升）、强（较能提升）、很强（极其提升）四个档次如表7-2。需要注意的是，不管是单独的每一个影响因素还是所有的影响因素集中在一起，它们对"两个必然"理论解释力的影响程度都不会超过100%，所以，影响概率大约处于0—1之间。

表7-2　主要影响因素影响程度分档表

序号	影响程度	影响概率	影响效果
1	无（不能提升）	0	0
2	弱（基本提升）	40%	负影响
3	强（较能提升）	80%	正影响
4	很强（极其提升）	100%	正+影响

再来看一下主要影响因素之间的交叉影响程度。比如，资产主义生产力未下降前，无产阶级壮大（E_2）的概率P=80%，而资产阶级生产力下降（E_1）后，无产阶级壮大（E_2）的概率肯定大于80%，如果资本主义生产力急速下降，且无法改变这一状况，无产阶级壮大（E_2）的概率可能就会达到100%的顶峰，但不会超过100%。反之，如果资产阶级的生产力大大提升，无产阶级壮大的可能性也就小于80%（这种认识是基于资本主义生产力得到发展的情况下，通过阶级矛盾的调和，隐藏了资本家剥削工人的实质。当然，也不能完全排除无产阶级壮大的可能性有所上升，但是这种情况出现的可能性较小，可以忽略不计）。现假设资本主义生产力未下降前，无产阶级壮大的概率为P=80%，那么资本主义生产力下降后，无产阶级壮大的概率P_1是多少？交叉概率法研究的主要内容就是资本主义生产力下降前后，无产阶级壮大量的变化。有学者将这一变化量表述为：$P_1 = P \pm$

［P（1-p）］①。在这个公式里，由于不管无产阶级壮大的概率是多少，都不会低于0，也不会超过1，所以$0 \leqslant P_1 \leqslant 1$。

第三，计算影响值。根据上述公式，在这里便可以计算出交叉影响概率范围。在计算之前，首先假设请了5位专家对E_1、E_2、E_3三者之间的互相影响程度进行了调研，结果如表7-3所示：

表7-3　基于专家调查的主要影响因素互相影响程度模拟表

专家编号	E_1事件发生前		E_2事件发生前		E_3事件发生前	
	对E_2影响	对E_3影响	对E_1影响	对E_3影响	对E_1影响	对E_2影响
1	0.8	0.1	0.4	0.5	0.3	0.6
2	0.6	0.3	0.6	0.4	0.4	0.2
3	0.5	0.3	0.2	0.2	0.5	0.6
4	0.2	0.6	0.3	0.5	0.8	0.5
5	0.4	0.5	0.4	0.6	0.4	0.3
平均值P	P_1=0.5	P_2=0.36	P_3=0.38	P_2=0.44	P_3=0.48	P_1=0.44

选取表7-3中的平均值，再结合上述所提到的变化概率计算公式：$P_1 = P \pm$［P（1-p）］，就可以分别计算出，资本主义生产力下降（E_1）、无产阶级壮大（E_2）和社会主义国家的影响（E_3）交叉影响概率范围。

表7-3显示，资本主义生产力下降（E_1）事件发生前，无产阶级壮大（E_2）事件发生的概率P_1=0.5，社会主义国家影响力（E_3）提升的概率P_2=0.36。那么，资本主义生产力下降（E_1）事件发生后，无产阶级壮大（E_2）事件发生的概率范围为$0.5 \pm$［0.5（1-0.5）］，值就处于0.25—0.75之间。那么，对社会主义国家的影响的概率范围为$0.36 \pm$［0.36（1-0.36）］，值就处于0.1296—0.5904之间。依次类推，我们也可以计算出无产阶级壮大（E_2）事件发生后，对资本主义生产力下降（E_1）事件发生的影响概率范围为$0.38 \pm$［0.38（1-0.38）］，处于0.1444—0.6156之

① 齐小华，高福安.预测理论与方法［M］.北京：北京广播学院出版社，1994：106.

间；对社会主义国家的影响的概率范围为0.44 ± [0.44（1-0.44）]，处于0.1936—0.684之间。当社会主义国家的影响（E_3）这种事件发生后，对资本主义生产力下降（E_1）事件发生的影响概率范围为0.48 ± [0.48（1-0.48）]，处于0.2304—0.7296之间；对无产阶级壮大（E_2）事件发生的影响概率范围为0.44 ± [0.44（1-0.44）]，处于0.1936—0.684之间。把这些数据汇成表格，如表7-4所示：

表7-4　主要影响因素互相交叉影响概率范围表

E_1事件发生后		E_2事件发生后		E_3事件发生后	
对E_2影响	对E_3影响	对E_1影响	对E_3影响	对E_1影响	对E_2影响
0.25—0.75	0.1296—0.5904	0.1444—0.6156	0.1936—0.684	0.2304—0.7296	0.1936—0.684

表7-4便可以让我们得出结论，为了增加"两个必然"理论从理论走向现实的可能性，或者为了提升"两个必然"理论的解释力，就需要让这种正影响走向最高值，形成三者的合力。根据这种认识，我们来计算一下彼此之间影响的最高值：对E_1的影响是（0.6156+0.7269）/2=0.67125，对E_2的影响是（0.75+0.684）/2=0.717，对E_3的影响是（0.5904+0.684）/2=0.6372。三个主要因素在"两个必然"理论中的共同作用概率是（0.67125+0.717+0.6372）/3=0.67515。

应该看到，上述计算是基于比较理想状态下所取得的概率，为了公允起见，我们分别计算一下他们的平均值：对E_1的影响是（0.5+0.44）/2=0.47，对E_2的影响是（0.36+0.44）/2=0.4，对E_3的影响是（0.38+0.48）/2=0.43。三个主要因素在"两个必然"理论中的共同作用概率是（0.47+0.4+0.43）/3=0.43333。

需要注意，由于这里的数据是随机选取的，选取的数值大小直接影响着上述计算结果。这里的数据只是要说明：当资本主义生产力下降、无产阶级壮大和社会主义国家的影响三者的可能性越大时，或者三者同时互相交叉影响的可能性较大时，"两个必然"理论成为现实的可能性就越大。为了达到这种效果，就需要提高表7-3中每一影响因素对其他事件的影响比例。而要做到这一点，又需要人们理解并认同上述三个影响"两个必然"理论主要因素的相互交叉影响程度。"两个必然"理论的验证案例告诉我们，马克思主义理论解释力的提升，其重要的源头之一就在于理论家主体、领袖主体能够深刻认同、重视马克思主义理论，并帮助其他人（特别是那些对马克思主义理论不甚了解，甚至反对马克思主义理论的人）认同马克思主义理论，才能在整体上提升马克思主义理论的解释力。否则，提升马克思主义理论解释力的任务将会失去主体动力。概括到一点，就是领导（一般指领袖群体和理论家主体）必须首先重视马克思主义理论解释力提升的相关问题，进而有效地带动全社会形成提升马克思主义理论解释力的良好氛围，才能最终提升马克思主义理论的解释力。

在这里，再回到"两个必然"理论的视域中来，从上述所分析的相互交叉影响关系来看，要提升"两个必然"理论的解释力，还需要帮助人们理清当前资本主义生产力发展现状、无产阶级队伍状况以及社会主义国家的影响状况这三者之间的交叉影响程度。如果三者交叉影响程度较深，或者三者都成为了事实，那么，就说明"两个必然"理论具备了从理论走向现实的可能性，更加印证了"两个必然"在理论形态上的科学性。

近年来，虽然世界上主要资本主义国家的生产力持续发展。但由于资本主义固有的基本矛盾无法调和，又促使资本主义的生产发展产生诸多问题。尽管资产阶级使出浑身解数予以相对调和阶级矛盾，但其功能只是暂时的。各主要的资本主义国家之间也仍然存在着严重的发展不平衡性、腐朽与寄生性日益明显等特征，又负面影响着资本主义的生产力发展。[①]与此同时，资本主义生产关系还引起了阶级关系的分化，"目前发达资本主义国家工人阶级的数量已占就业人口的五分之四左右，这不仅说明无产阶级队伍在逐渐壮大，也表明了无产阶级化的过程"[②]。当前，社会主义国家在世界上的影响力越来越大，展示出了强大的生命力。近年来，中国经济的高速发展不仅对其他社会主义国家政治、经济、文化等方面产生深

---

① 张宇等. 危机与当代资本主义历史走向——中国政治经济学年度发展报告（2012年）（上）[J]. 政治经济学评论，2013（02）：3—58.

② 孙寿涛. 20世纪70年代以来发达资本主义国家工人阶级的数量增长与构成变动[J]. 马克思主义研究，2012（06）：385—398.

远影响，①而且还在全球范围内深刻地影响到了资本主义国家。有学者指出："现代社会主义肯定已经不再仅仅是一种思想潮流、政治运动或社会'试验'，而已成为对世界上的社会、经济和政治进程起决定性影响的物质力量和经济、社会、文化因素，它也促使资本主义国家中工人阶级社会影响的加强。"②

当今社会资本主义生产力下降、无产阶级壮大和社会主义国家影响三者呈现出的互相交叉影响样态表明，当前的社会状态已经产生了促使"两个必然"从理论走向现实的可能性因素，也能有力地解释客观现实及其背后的社会发展规律。也正因为如此，两个必然"理论的解释力便有力地彰显了出来。如此可见，前文提出的定性预测范式可以提升"两个必然"理论的解释力。

（二）"两个必然"理论时间序列预测范式验证

时间序列预测法指的是将不同时间所观察到的对象的具体结果，按照时间先后顺序排列出来，构成一个时间序列，进而总结其中的规律，得出相应的结论。这种预测方法有两个关键因素：（1）研究对象所属的时间；（2）所属时间上的观察值。③根据这种预测方法，时间序列预测范式就是基于时间预测法而形成的研究规范，它是基于时间（包括历史）总结得出的结论，是具有一定科学性的理论预测范式。这正如有学者所指出的那样："专门根据已往推测未来，这门学科的科学性质现在恐怕已无多少人怀疑了。"④但是，时间序列预测范式也有一些明显的不足之处，该方法比较适应短期预测，对于长期预测而言，由于较难收集更多的资料等原因，该方法并不适合。对于"两个必然"理论而言，需要贯穿一个较长的历史过程，这样看来，把时间序列预测范式应用于"两个必然"理论中去就有些不太适合。尽管如此，这并不意味着时间序列预测范式对验证"两

---

① 张振平.中国和平崛起对社会主义国家的影响力［J］.党政干部论坛，2009（03）：15—18.

② ［南］斯·斯托扬诺维奇.南斯拉夫共产主义者联盟历史［M］.北京：人民出版社，1989：564.

③ 齐小华，高福安.预测理论与方法［M］.北京：北京广播学院出版社，1994：106.

④ 邢贲思.哲学前沿问题述要［M］.北京：人民出版社，1993：161.

个必然"理论毫无指导价值。该范式提供了验证视角，即把历史中的若干阶段当成一个特定的时间序列，而不是仅仅简单地以较多的琐碎时间为序列。简单一点说，就是从历史角度出发，依据不同的历史阶段，去透视"两个必然"理论是否具备转变为现实的可能性。

"两个必然"理论是关于社会主义取代资本主义的理论，是预测未来社会形态的理论。在这里，依据马克思所划分的人类历史所经历过的不同社会形态①，并以此作为研究对象，考察其具体的变迁历程，便可以得出初步结论（如表7-5所示）。

表7-5　社会形态演进时间表②

社会形态 时间	原始社会	奴隶社会	封建社会	资本主义社会	？
时间范围	约前300万年至前2600年	前2600年至前476年	476年至1453年	1500年前后开始	
历时年限	约299万年	约3000年	约1000年	？	

分析表7-5，可以得出两个方面的启示：（1）资本主义社会灭亡是

---

① 马克思依据生产力变化，把人类历史划分为原始社会、奴隶社会、封建社会、资本主义社会、共产主义社会。

② 马克思虽然对人类社会历史划分了五个不同阶段，但是未能具体指明每一个社会阶段的起止时间。在这里，结合国内外学术界已有研究成果，从世界史的视角把五个阶段的起止时间界定如下：原始社会是起点是从旧石器时代算起的，因为从这个时期起，人类开始运用工具，进入物质文明发展阶段，终点为约前2600年左右的克里特文明（说法不一，有约6000年、前2850年、前1900等说法，这里采用大多数学者的观点），这一时期，人类开始进入青铜器时代，同时，这也标志着奴隶社会的开端，直到公元476年西罗马帝国灭亡，奴隶社会结束。从476年西罗马帝国灭亡到1500年前后新航路开辟这段历史，被西方史学家称为"中世纪"，其中从10世纪开始到14世纪为止约400年被看作是严格意义上的封建社会。新航路的开辟，标志着资本主义时代的到来。当然，除"1500年前后新航路开辟"这种观点外，还有"尼德兰资产阶级革命"说、"1640年英国资产阶级革命"说、"1453年君士坦丁堡陷落"说等，认为是资本主义的起点。本书采用的是"1500年前后新航路开辟"说，是依据马克思在《共产党宣言》中所说的"指南针打开了世界市场并建立了殖民地"（马克思恩格斯文集［M］. 北京：人民出版社，2009：338.），即以资本主义开始了侵略和扩张为标志。

历史发展的必然趋势。人类社会至今已经经历了原始社会、奴隶社会、封建社会、资本主义社会等不同的社会阶段。已出现的前三个社会形态都已会被其他社会形态所取代，这是人类社会发展的历史潮流和必然趋向。按照这种推断，在一定条件下，资本主义社会也摆脱不了这种历史宿命，也必将被其他社会形态所取代。（2）资本主义的灭亡是一个极其漫长的过程；每一个社会形态的更替都需要长期的历史发展，其中历经时间最长的是原始社会。相对于原始社会而言，奴隶社会和封建社会经历的时间较短，但也经历了一千年左右。对于资本主义社会而言，从1500年前后至今，仅有500多年的发展时间，相对于其他任何社会阶段，这一时间历程是较短暂的。所以说，资本主义的灭亡必将经历一个漫长的历史过程。但由于资本主义社会不可调和的生产社会化同私人占有之间的矛盾天然存在着，就在本质上决定了资本主义一定会灭亡，恰如习近平总书记所指出的那样："事实一再告诉我们，马克思、恩格斯关于资本主义社会基本矛盾的分析没有过时，关于资本主义必然消亡、社会主义必然胜利的历史唯物主义观点也没有过时。这是社会历史发展不可逆转的总趋势，但道路是曲折的。资本主义最终消亡、社会主义最终胜利，必然是一个很长的历史过程。"① 由此看来，"两个必然"理论中的"资本主义灭亡是无法避免的"的观点，指的是资本主义还没有发展到灭亡的阶段。由于任何事物都会走向消亡，所以，资本主义灭亡必然也就会走向灭亡，因而这就相对证明"两个必然"理论是比较科学的，这样就意味着"无论哪一个社会形态，在它们所能容纳的全部生产力发挥出来以前，是决不会灭亡的"是科学的理论。

上述结论是基于已知社会历史形态得出的认识，如果说这种分析数据不详实或者已掌握的现象材料不丰富，并不能完全意义上验证"资本主义灭亡是无法避免的"解释力的话，马克思的分析可谓入木三分。马克思认为，历史与逻辑是辩证统一的，这种辩证统一沟通了历史与未来的联

---

① 中央文献研究室编．十八大以来重要文献选编（上）[M]．北京：中央文献出版社，2014：117．

系，映射出资本主义必然走向灭亡的趋势。首先，从方法论上看，历史与未来既是相对的，又是互相转化的。恩格斯指出："在历史方面的情形也没有两样。一切文明民族都是从土地公有制开始的。……经历了或短或长的中间阶段之后转变为私有制。……私有制又反过来成为生产的桎梏……因此就必然地产生出把私有制同样地加以否定并把它重新变为公有制的要求。"①很显然，私有制必然会发展成为公有制。这也就证明，资本主义必然会逐渐地走向消亡。其次，从对社会现实的分析上来看，马克思主义关注现实问题，从事实中预测未来发展趋势。恩格斯指出："一种新的、富有生命力的现实的东西就会代替正在衰亡的现实的东西。"②这就是说，当资本主义社会成为"正在衰亡的现实的东西"时，就会出现"新的、富有生命力的现实的东西"来代替它。再次，马克思主义并不仅仅局限于对现实问题的探讨，而是从中析出决定性要素，这就是社会生产力。因为"人们所达到的生产力的总和决定着社会状况，因而，始终必须把'人类的历史'同工业和交换的历史联系起来研究和探讨"③。换言之，生产力总和的不断增长，必然要求资本主义社会与之相适应，而当资本主义社会不能适应时，就必然走向灭亡。

尽管以上分析已经揭示出资本主义必然灭亡的前途命运，但是并没有指明将会是何种社会形态取代资本主义社会。在这个问题的刺激下，就还需要分析资本主义灭亡后的社会形态发展走向。这个问题的答案，直接验证着"两个必然"理论中的"社会主义必然胜利"是否具有解释力。

人们向往美好社会的思想由来已久，中国《尚书·周官》有云："以公灭私、民其允怀。"④孔子也说"和为贵"。孟子强调"老吾老以及人之老，幼吾幼以及人之幼"⑤。《左传》中也说："礼，人之干

① 马克思恩格斯选集（第3卷）[M]. 北京：人民出版社，2012：517.
② 马克思恩格斯文集（第4卷）[M]. 北京：人民出版社，2009：269.
③ 马克思恩格斯选集（第1卷）[M]. 北京：人民出版社，2012：160.
④ 《尚书·周官》.
⑤ 《孟子·梁惠王上》.

也。无礼，无以立。"①古希腊哲学家毕达哥拉斯强调"美德乃是一种和谐"②。这里所说的人们对美好社会向往的思想与马克思所指出的"代替那存在着阶级和阶级对立的资产阶级旧社会的，将是这样一个联合体，在那里，每个人的自由发展是一切人的自由发展的条件"③。"人们第一次成为自然界的自觉的和真正的主人，因为他们已经成为自身的社会结合的主人了。"④关于未来社会状态的描述大同小异。只是马克思以深邃的眼光发现了人类历史的演进规律，并把那种美好的社会形态命名为共产主义社会。⑤马克思的这一发现是古人所不能比拟的。这就是说，马克思所说的共产主义社会一定会取代那种"存在着阶级和阶级对立的旧社会"，不仅符合人们对美好社会向往的理念追求，而且还符合社会历史发展的基本规律。只是由于"资产阶级在它的不到一百年的阶级统治中所创造的生产力，比过去一切世代创造的全部生产力还要多，还要大"这种社会化大生产的原因为实现共产主义提供了前提条件，而其他社会形态还不具备这种前提条件。所以说，当资本主义社会的生产力发展到一定程度时，必然蕴含着共产主义的某种因素。那么，久而久之，共产主义取代资本主义便就成为历史发展（资本主义生产力发展）的必然结果。

这里的分析显然验证了"两个必然"理论中的"无产阶级的胜利是同样不可避免的"是科学性的结论，再加之前文所分析的"资本主义灭亡是无法避免的"正确性，也就证明了"两个必然"理论是科学的理论，是具有解释力的理论。认识到了这一点，就可以依据上述我们所分析的路径

① 《左传·昭公七年》.

② 北京大学哲学系教研室编. 古希腊罗马哲学［M］. 北京：生活·读书·新知三联书店，1957：36.

③ 马克思恩格斯文集（第2卷）［M］. 北京：人民出版社，2009：53.

④ 马克思恩格斯全集（第25卷）［M］. 北京：人民出版社，2001：412.

⑤ 这是遵循马克思原意上的表述。马克思认为，共产主义分为两个阶段：第一阶段（低级阶段）和第二阶段（高级阶段）。资本主义社会灭亡后，就进入共产主义第一阶段（低级阶段）。列宁把共产主义第一阶段（低级阶段）称为社会主义社会，把共产主义第二阶段（高级阶段）表述为共产主义社会。所以，严格来说，这里的"共产主义"，应该理解为共产主义第一阶段（低级阶段）或社会主义。下文所出现的"共产主义"一词也具有这个意义。

尝试着让人们理解它、认识它，进而接受它、运用它。这样就会更好地发挥出"两个必然"理论在推动中国特色社会主义建设和武装人们思想中的作用。但是，还需要注意，理论的预测是一项极其艰难、复杂的工作，所涉及的方法也很多，从这一点上来看，我们也不可能穷尽所有方法去验证"两个必然"理论，只能指出大概的验证方向或方法。这正像毛泽东评价马克思主义时所指出的那样："马克思主义者不是算命先生，未来的发展和变化，只应该也只能说出个大的方向，不应该也不可能机械地规定时日。"①

综合本章的分析发现，第六章所提出的理论整合、完善模型和完善范式三种核心方法都可以在一定程度上推进理论走向完善，因而可以认为，这三种方法都可以提升马克思主义理论的解释力，这也就达到了我们验证这些核心方法的目的，同时也就很好地验证了第六章所建立的基本共识。诚如在理论完善方面所推理出的认识所指出的那样，理论整合、完善模型和完善范式这三种方法并不是孤立的，并不是只可以运用于上述所列举的理论案例中，而是彼此之间可以互相借用，甚至还可以运用于提升其他理论解释力的尝试中。正是在这个意义上，更好地理清不同的理论完善方法之间的联系，从中抽出基本的共同因素，并使之成为继续推动理论完善的有力武器便成为一项具有重大而又有意义的工作。

毋庸置疑，理论完善每推进一步，理论解释力提升的可能性就会大大增加一步。但是，必须意识到，相对于提升马克思主义理论解释力所涉及的诸多内容而言，即便是做到了推进马克思主义的理论完善，也仅仅是开启了提升马克思主义理论解释力的第一步，因为后续还有进一步创新、解释、宣传、理解、接受、运用马克思主义理论等诸多问题。这就需要我们进一步开拓进取，集中力量解决它们中的每一个问题，才能更好地提升马克思主义理论的解释力，更好地解决马克思主义理论解释力提升体系的任务所指，更好地继续推进马克思主义理论解释力提升体系的完善与发展。正是基于这种思考，回顾本书关于理论完善的相关分析，在理论完善视域

① 毛泽东选集（第1卷）［M］．北京：人民出版社，1991：106.

中建构马克思主义理论解释力提升体系，并尝试着从理论完善视角开启解决马克思主义理论解释力体系中诸多任务的第一步，带来诸多深刻的启示，同时也能够推动建立如下关于解决马克思主义理论解释力提升体系其他诸多问题的基本共识。

第一，尝试解决马克思主义理论解释力提升体系所涵盖的任何具体内容，都必须牢牢把握住建构马克思主义理论解释力提升体系所必须遵循的基本原则、方法指引、哲学基石、影响要素等诸多内容。只有在理清这些基本问题的前提下，才能为解决马克思主义理论解释力提升体系中诸多内容保驾护航。第二，理论完善视域所提出的三种理论完善范式告诉我们，在一定条件下，不同的方法互相借用，绝对不能割裂其中所蕴含的互相联系。对于整个马克思主义理论解释力提升体系而言，其中涉及的内容较广较多，不同问题的解决方法，既可以相同，也可以有所不同。到底选用何种方法予以解决，要具体问题具体分析，绝对不能拘泥于固有方法的牢笼，要积极尝试运用各种方法推动问题的解决。第三，马克思主义理论解释力提升体系中每一具体问题的解决，必须明确目标指引和核心导向。在这两个问题的牵引下，不管采用何种方法，都要始终坚持这两点基本的导向。否则，就会失去问题解决的前进方向，不仅无法达到既定目的，反而还会滋生出其他问题，不利于马克思主义理论解释力的提升，更不利于马克思主义理论解释力提升体系的建构乃至后续完善。第四，马克思主义理论解释力提升体系中每解决一个问题，经验总结就应跟上一步，理论武装也就应该前进一步。在具体问题的解决过程中，不仅可以依据不同的研究对象总结各自问题的解决经验，也可以把不同的研究对象汇集在一起，努力寻求它们之间的共通之处，从而更好地总结问题解决的基本经验，并使这些经验上升为理论，形成在整体视域中共同推动马克思主义理论解释力提升体系建构的强大合力，更好地提升马克思主义理论解释力。第五，马克思主义理论解释力提升体系中每一具体问题的解决，都应有自身明确的着力点，即是说，解释力的"力"要重点放在什么问题上。不同问题的解决，其"力"的着力点也应该有所不同。本书所探究的理论完善的着力点，重在依据客观现实完善理论，一方面，在理论功能的发挥上，运用更加完善的理论去解释客观规律、指导具体实践和预测未来。另一方面，对于没有被完善之前的理论，考察其理论形态是否有所完善、有所发展。对于其他问题的着力点，就需要依据现实状况具体分析，才能得出正确的关于"力"的着力点的结论。第六，马克思主义理论解释力提升体系中每一问题的解决，都需要经历长时间的磨砺过程，绝对不是一蹴而就的，需要主体具有坚强的意志、耐力和恒心。在判定问题解决的效果上，不能过快过急，也不能完全苛责任何一种方法，更不能因为其中有所失误便否定问题的整个解决进程，而要本着一种科学求知的精神，将能够促进问题解决的方法视为正确的路径和方法。有了这种认识，马克思主义理论解释力提升体系中具体问题的解决，便可以在前进性与曲折性相统一的过程中向前推进。

应该说，沿着上述六点基本共识的指引，马克思主义理论解释力提升体系中诸多问题的解决，就有了明确的指向，再加上对具体问题的科学分析，就能够在提升马克思主义理论解释力的过程中，更好地完善与发展马克思主义理论解释力提升体系，更好地为当代中国的理论自信提供源源不竭的理论动力，也更好地为当代中国的进步与发展提供宝贵的经验总结和理论指引。

微信扫码
掌握基础原理
记录书中要点

第八章
马克思主义理论解释力
提升体系的继续推进

马克思主义是发展的理论，在未来中国特色社会主义的具体实践中，会有许多新思想、新内容增添进去，将会促使马克思主义理论解释力提升体系出现新发展、新变化。为了更好地推进马克思主义理论解释力提升体系面向未来，就需要依据时代变化，适时地对其作出调整推进。本章尝试继续探究推进马克思主义理论解释力提升体系应该要注意的基础理论问题和实践问题。

一、马克思主义理论解释力提升体系继续推进的基本理论问题

马克思主义理论解释力提升体系的核心内容在于提升马克思主义理论的解释力，具体地说，就是在于发展马克思主义理论、传播马克思主义理论和实践马克思主义理论。在这个核心内容的指引下，前文已经建构了马克思主义理论解释力提升体系。但是需要注意到，仅仅抓住了马克思主义理论解释力提升体系核心问题，也只是抓住了其中的关键环节，并不等同就完全抓住了贯穿于马克思主义理论解释力提升体系继续推进中的其他基础性理论问题。因此，有必要理清马克思主义理论解释力提升体系继续推进中的基本理论问题。

（一）准确把握马克思主义理论解释力提升体系的实质

何为实质？《现代汉语规范词典》将其解释为："实质就是本质，也指事物、论点或问题的实在内容。"[1]列宁也曾经指出："成为对象的不是事物，而是事物的实质。"[2]概括起来，实质是事物之所以成为事物的根源，某一事物本身固有的东西。毛泽东曾经指出："我们看事情必须要看它的实质，而把它的现象只看作入门的向导，一进了门就要抓住它的实质，这才是可靠的科学的分析方法。"[3]在这个意义上，只要把握住了马克思主义理论解释力提升体系的实质，就等于抓住了继续推进这一提升体

① 李行健. 现代汉语规范词典［M］. 北京：外语教学与研究出版社、语文出版社，2004：1184.

② 列宁全集（第55卷）［M］. 北京：人民出版社，1990：78.

③ 毛泽东选集（第1卷）［M］. 北京：人民出版社，1991：99.

系的根源。

如何才能抓住事物的实质或者本质呢？列宁指出："规律和本质是表示人对现象、对世界等等的认识深化的同一类的（同一序列的）概念，或者说得更确切些，是同等程度的概念。"①即，规律和实质是同等概念，它们都来源于对现象、世界的认识，而规律又是"客观事物的内部联系，即规律性"②。综合这里的观点，便可以得出结论：实质并不是人对现象、对世界的表面认识，而是事物内部关系的规律，是诸如一般"概念"性的简单的东西，是"对现象、对世界等等的认识深化"得出的因素，这一如马克思曾经指出的那样："如果现象形态和事物的实质是直接合而为一的，一切科学就成为多余的了。"③

马克思主义理论解释力提升体系内部要素之间的关系是什么？从前文所分析的马克思主义理论解释力提升体系内涵等方面的内容来看，这一提升体系的主要内涵就在于怎么样发展马克思主义理论、传播马克思主义理论、实践马克思主义理论。三者互相促进、互相联系、缺一不可、不可分割，共同提升马克思主义理论的解释力。其中发展马克思主义理论是基础，传播马克思主义理论是中介、是方法，实践马克思主义理论是目的，就是马克思主义理论解释力提升体系内部要素之间的关系。在这个意义上，便可以认为，发展、传播和实践马克思主义理论具备了判定马克思主义理论解释力提升体系实质这一要件。但是需要注意到，一方面，根据列宁所说的实质是一般的"概念"来看，发展、传播并实践马克思主义理论还达不到这种"概念"的要求。另一方面，这三个问题仍然局限于对马克思主义理论解释力提升体系一般现象或一般关系的认识中，还需要透过这种现象认识到是什么因素促使这三者发生互相联系，才能更具体地抓住马克思主义理论解释力的实质。所以说，还不能把发展、传播并实践马克思主义理论作为马克思主义理论解释力提升体系的实质，而应该从中抽出

① 列宁全集（第55卷）[M]. 北京：人民出版社，1990：127.

② 毛泽东选集（第3卷）[M]. 北京：人民出版社，1991：801.

③ 转引自艾思奇. 辩证唯物主义纲要[M]. 北京：人民出版社，1978：254.

三者最本质的因素，或者弄清促使这三者之间发生互相联系、互相促进的因素。根据这一认识，也就可以把判定马克思主义理论解释力提升体系的第一个要件更加明确是表示为：什么因素促使马克思主义理论解释力提升体系内部各要素互相联系、互相促进，什么因素则是马克思主义理论解释力提升体系的实质。综合上述分析，马克思主义理论解释力提升体系实质的判定便有了明确的三个基本条件：什么因素促使马克思主义理论解释力提升体系内部各要素互相联系；什么因素是简单的"概念"；什么因素是对现象、世界的认识深化而得出的。只有同时满足了这三个基本条件的因素，才是马克思主义理论解释力提升体系的实质。

马克思主义的理论自信是促使马克思主义理论解释力提升体系内部各要素互相联系、互相促进的因素，它具备了基本"概念"的这一特征，它是对马克思主义理论解释力提升体系内部各要素这种"现象、世界"的深化分析得出的答案。因此可以说，马克思主义的理论自信便是马克思主义理论解释力提升体系的实质。

马克思主义理论解释力提升体系的目的在于提升马克思主义理论的解释力，为何要提升马克思主义理论的解释力？其主要原因就在于增进马克思主义的理论自信。从马克思主义理论解释力提升体系的内涵可以看出，不管是发展马克思主义理论、还是传播马克思主义理论，抑或是实践马克思主义理论，只要做到了其中一点，都有助于增强马克思主义的理论自信。首先，通过发展马克思主义理论，在理论形态上，马克思主义理论便可能是完善的理论，或是优美的理论，更接近真理形态的理论。因此，从理论层面上来看，马克思主义理论便更容易得到人们的认同，也就自然有利于推进马克思主义的理论自信。其次，通过运用简单明了的话语解释宣传马克思主义理论，使得人们更加清晰地了解马克思主义理论的基本内容，这有助于人们理解、接受马克思主义理论，也有利于增强对马克思主义理论的认同。再次，通过实践马克思主义理论，解决了人们关注的重大问题，马克思主义理论的现实解释力便会得到有效彰显，人们便会认同马克思主义理论，也就相应地推动了马克思主义的理论自信。这由是说，马克思主义的理论自信把发展马克思主义理论、传播马克思主义理论和实践马克思主义理论紧密地结合了起来，三者都围绕着如何进一步推进马克思主义的理论自信而发挥着各自的作用。

上述分析说明，第一，马克思主义的理论自信促进马克思主义理论解释力提升体系内部各要素发生着互相联系。正是在马克思主义理论自信的引领下，发展、传播和实践马克思主义理论彼此之间发生着相互联系，它们互相促进，共同提升着马克思主义理论解释力，进而推动着马克思主义的理论自信。第二，马克思主义的理论自信就是简单的"概念"，容易使人们清晰地了解发展、传播和实践马克思主义理论的最终指向。第三，马克思主义的理论自信是经由对发展、传播和实践马克思主义理论这种马克思主义理论解释力提升体系的"现象、世界"加以深化分析基础上得出的答案。由此可见，马克思主义的理论自信具备了判定马克思主义理论解释力提升体系实质的三个基本条件，是集三个基本条件于一身的主要因素。在这个意义上，就足以证明，马克思主义的理论自信就是马克思主义理论解释力提升体系的实质。

（二）科学理顺马克思主义理论解释力提升体系与马克思主义理论之间的关系

马克思主义理论是完整的理论体系，是具有丰富内涵的理论体系，对马克思主义理论解释力提升体系的继续推进发挥着重要的理论指导作用。但是需要意识到，除了马克思主义理论自身之外，其他学科也蕴含着丰富的理论指导和基础方法。在马克思主义理论解释力提升体系的继续推进中，为了更好地提升马克思主义理论的解释力，必将会运用到其他学科的基本方法或理论指导。那么，如何处理马克思主义理论解释力提升体系继续推进中所运用的其他学科方法与马克思主义理论之间的关系就成为一道必须面对的重大问题。理清这一问题，有助于为马克思主义理论解释力提升体系的继续推进增添色彩和动力。

首先，必须牢牢抓住出马克思主义理论的基础指导地位。在马克思主义理论解释力提升体系的继续推进中，为何要牢牢抓住马克思主义理论的基础指导地位？主要原因有二：一是马克思主义理论是发展的理论，是完整的理论体系，其中蕴含着丰富的理论学说，为马克思主义理论解释力提升体系的继续推进提供了可以借鉴的基本立场、观点和方法。脱离了马克思主义理论的指导，马克思主义理论解释力提升体系的继续推进就犹如盲人摸象、找不到方向和出路。"坚持马克思主义，最重要的是坚持马克思主义基本原理和贯穿其中的立场、观点、方法。这是马克思主义的精髓和活的灵魂。"①也是党总结出来的宝贵经验，也是继续推进马克思主义理论解释力提升体系必须要坚持的基本原则。二是马克思主义是推进当前中国特色社会主义意识形态建设的指导工具。马克思主义理论解释力提升体系的建构，乃至继续推进都具有极强的意识形态性。为了更好地推进马克思主义理论解释力提升体系，必须要坚持马克思主义理论的意识形态引领作用。忽略了这一点，就会失去马克思主义理论解释力提升体系继续推进的政治方向。那么，在马克思主义理论解释力提升体系的继续推进中，应该如何强化马克思主义理论的基础指导地位呢？一方面，要用发展的马克思主义理论来促进马克思主义理论解释力提升体系的继续推进。特别是要用马克思主义中国化的最新理论成果来武装马克思主义理论解释力提升体系，用以教育广大人民坚持发展、传播和实践马克思主义理论。另一方面，密切关注马克思主义理论的基础理论问题，在马克思主义理论解释力提升体系的继续推进中，要始终坚持马克思主义理论的基本原则、立场和观点，绝对不能歪曲马克思主义理论的基本观点。总结到一点，马克思主义理论解释力提升体系的继续推进，必须要牢牢掌握马克思主义理论的基础指导地位，即运用马克思主义理论推进马克思主义理论提升体系完善的基础性问题和原则性问题，这是必须要注意的重大问题。

其次，积极借鉴各种学科的先进方法。当今世界科学技术的迅猛发展，带给人文社会科学研究前所未有的新变化，各种新思想、新观点、新方法都被广泛地运用于人文社会科学研究中去。马克思主义理论固然能够为马克思主义理论解释力提升体系的继续推进提供一系列正确的立场、观点和方法。但是需要注意到，如果仅仅沉迷于马克思主义理论研究方法，或者紧紧固守在马克思主义理论意识形态的阵地中，而缺乏应该有的开阔

---

① 习近平. 在哲学社会科学工作座谈会上的讲话［M］. 北京：人民出版社，2016：13.

视野，就有可能会丧失马克思主义理论的发展契机，遮蔽住马克思主义理论的真正魅力。这正如英国学者特里·伊格尔顿（Terry Eagleton）所言："我们的某些言语行为效果或意图是对世界的某些部分予以遮蔽、神秘化、合理化、自然化、普遍化或合理化，这样的一组言语行为就是传统所称的意识形态。"① 为了避免这种问题的出现，就需要注意，马克思主义理论解释力提升体系的继续推进，不仅需要运用马克思主义理论的立场、观点和方法，还需要进一步开拓思维，积极借鉴各种学科的先进方法。比如，可以借鉴语义学的研究方法，进一步清晰地解释马克思主义理论，从而推进人们理解马克思主义理论，也可以借用传播学的方法去有效地宣传马克思主义理论等。总之，只要有利于发展马克思主义理论、传播马克思主义理论和实践马克思主义理论的一切学科方法，都可以拿来为我所用，使之成为促进马克思主义理论解释力提升体系继续推进的动力。

第三，马克思主义理论解释力提升体系与马克思主义理论之间的关系是互相促进、相辅相成的。前面的分析已经得出结论，马克思主义理论解释力提升体系的继续推进需要在坚守马克思主义理论的基础上，积极借鉴其他学科的先进方法。基于这种认识，便可以总结出马克思主义理论解释力提升体系与马克思主义理论之间的关系：一方面，马克思主义理论是基础，马克思主义理论解释力提升体系的继续推进离不开马克思主义理论自身的支持；另一方面，马克思主义理论解释力提升体系的继续推进不仅蕴含着马克思主义理论的立场、观点和方法，还蕴含着其他学科的方法理论。概括起来，马克思主义理论解释力提升体系与马克思主义理论是互相促进、相辅相成的。马克思主义理论可以为马克思主义理论解释力提升体系继续推进提供理论指导。马克思主义理论解释力提升体系的继续推进又为马克思主义理论的发展提供了其他学科的新思想、新借鉴。

（三）紧紧围绕马克思主义理论解释力提升体系的主题

主题是贯穿于事物中的中心思想，一个事物可以有一个主题，也可以

---

① Terry Eagleton. "text Ideology, Realism" , in *Literature and Society*, exlied by Edwanl W. Said, Baltimore and London: the Johns Hopkins University Press, 1990: 152.

有多个不同的主题。马克思主义理论解释力提升体系继续推进的核心内容在于提升马克思主义理论的解释力。随着时代的变化，马克思主义理论会发生一定形式的发展变化，也因此会带来马克思主义理论解释力提升体系的新发展、新变化。从这一点上来看，马克思主义理论解释力提升体系的主题就应该具有时代主题和理论主题，这也是更好地促进马克思主义理论解释力提升体系继续推进需要注意的重大基础理论问题。

关于马克思主义理论解释力提升体系的时代主题。马克思曾经指出："一切划时代的体系的真正的内容都是由于产生这些体系的那个时期的需要而形成起来的。"①这就是说，正是由于时代主题的需要，才催生了理论体系的诞生。回顾中国化马克思主义的演进史，正是具备了马克思所说的与"那个时期的需要而形成起来的"这一条件，才为中国化马克思主义的生成提供了现实条件。毛泽东思想是在帝国主义战争和无产阶级革命的时代主题中，在马克思主义的指导下，密切关注中国当时的现实问题才诞生的。邓小平理论是在和平与发展的时代主题条件下，坚持社会主义的基本原则，深刻回答什么是社会主义、怎样建设社会主义等一系列关于中国现实问题的基础上而发展出的理论体系。当前马克思主义理论解释力提升体系建构乃至后续完善也是具备了时代需要而催生出来的新事物。当前，理论自信的呼声一浪高过一浪，理论自信的紧迫性也成为全社会共识。这正如习近平总书记所指出的："必须高度重视理论的作用，增强理论自信和战略定力，对经过反复实践和比较得出的正确理论，要坚定不移坚持。要根据时代变化和实践发展，不断深化认识，不断总结经验，不断实现理论创新和实践创新良性互动，在这种统一和互动中发展21世纪中国的马克思主义。"②但是也应该注意到，随着时代的发展，将会有许多新思想、新方法充实到马克思主义理论解释力提升体系中，这就意味着马克思主义理论解释力提升体系将会面临着未来时代主题的挑战。为了有效地应对

① 马克思恩格斯全集（第3卷）［M］. 北京：人民出版社，1960：544.
② 习近平. 坚持运用辩证唯物主义世界观方法论 提高解决我国改革发展基本问题本领［N］. 人民日报，2015-01-24.

未来时代主题的挑战，更好地促进马克思主义理论解释力提升体系的继续推进，一方面必须要继续以高度理论自信发展、传播和实践马克思主义理论，更好地提升马克思主义理论的解释力。另一方面又要必须紧紧把握时代主题的发展与变化，继续丰富马克思主义理论解释力提升体系的内涵。

关于马克思主义理论解释力提升体系的理论主题。"每个理论形态都对应一个理论主题，一个理论形态解决一个理论主题。"①这就是说，理论形态的发展催促着理论主题的解决，又进而促进着理论形态的发展，二者互相促进、辩证统一。中国特色社会主义理论体系的完善发展过程就体现了这种辩证统一。党的十二大首提这一问题时，将其表述为"有中国特色"的理论，直到党的十七大，才把它明确地表述为"中国特色社会主义理论体系"，并将邓小平理论、"三个代表"重要思想和科学发展观等一系列重大理论成果归纳到其中，到了党的十九大，又把习近平新时代中国特色社会主义思想纳入中国特色社会主义理论体系的范畴。从中国特色社会主义理论体系的演进历程可以看出，其理论形态的演进催生着理论主题的解决，才回答了事关中国特色社会主义建设的"什么是社会主义、怎样建设社会主义""建设什么样的党、怎样建设党""实现什么样的发展、怎样发展""坚持和发展什么样的中国特色社会主义、怎样坚持和发展中国特色社会主义"等一系列重大理论主题。马克思主义理论解释力提升体系也有自身的理论主题，其理论主题是什么呢？有学者认为，理论创新是马克思主义的永恒主题，②当然，这种观点有一定道理，但是，实践是理论创新的源泉，因此，没有实践也就没有理论创新，理论创新也就根本不可能。因此，实践才应该是马克思主义的理论主题。所以说，在判断马克思主义理论解释力提升体系继续推进的理论主题这个问题上，绝对不能简单地停留在理论创新或实践这两个问题上，否则就会陷入"问题源头"的找寻上，无法抓住关键环节。因此，应该把主要焦点放在具体问题的解决

---

① 王秀阁，杨仁忠.马克思主义理论学科前沿问题研究［M］.北京：人民出版社，2010：71.
② 盛秀英.理论创新是马克思主义的永恒主题［J］.中央社会主义学院学报，2012（02）：55—58.

上。也就是说，要具体解决马克思主义理论解释力提升体系所涉及的诸多核心内容。但是，本书所探究的马克思主义理论解释力提升体系建构乃至后续完善的视域中，围绕着的理论主题就只有一个，就是如何促使马克思主义理论形态更加完善的问题。不管是当前，还是未来，马克思主义理论解释力提升体系的理论主题都是这一问题。究其原因在于，只有具备趋于完善的马克思主义理论形态，才具备提升马克思主义理论解释力的基础和前提，才能更好地推动马克思主义理论解释力提升体系获取新的发展，从而推进马克思主义理论解释力提升体系其他内容的发展与进步，解决未来中国特色社会主义建设所出现的新理论问题。

（四）正确认识马克思主义理论解释力提升体系后续推进的理论价值

马克思主义理论解释力提升体系的后续推进有其自身的特色理论价值，主要体现在宏观上的强化意识形态理论建设，中观上的推进马克思主义理论的发展（也包括理论完善与创新等），微观上的增强具体理论问题的解决力度。只有深刻认识到这些重大理论价值，才会在今后继续推进马克思主义理论解释力提升体系的问题上越走越宽，也才会形成进一步凝聚继续推进马克思主义理论解释力提升体系的精神动力和理论源泉。

从宏观层面上来看，马克思主义理论解释力提升体系的继续推进，有助于为加强社会主义意识形态建设提供源源不竭的精神动力和理论资源。在社会主义建设的历程中，随着历史和时代的变化，将会形成许多新思想新理论，这就意味着马克思主义理论会得到某种程度的新发展，相应地赋予了继续推进马克思主义理论解释力提升体系的新内涵、新任务，而这些新的思想理论本身就是马克思主义理论解释力提升体系后续推进的重要内容。从这一点来看，马克思主义理论解释力提升体系的后续推进又进一步完善、发展，甚至创新了马克思主义理论，进一步完善了马克思主义的意识形态建设理论。认识到了这一点，就意识到了马克思主义理论解释力提升体系继续推进所带来的宏观理论价值，从而为社会主义意识形态的理论完善提供源源不竭的精神动力和理论资源。做到了这一点，就可以从顶层设计层面为党的社会主义建设事业提供科学的理论指导。

从中观层面上来看，马克思主义理论解释力提升体系的继续推进，有助于为发展、传播和实践马克思主义理论提供新的理论方法。在马克思主义理论解释力提升体系的具体任务中，发展、传播和实践马克思主义理论所涉及的诸多内容是所要研究的重点内容。为了更好地推进马克思主义理论解释力提升体系的完善与发展，又将会集中精力解决其中每一个方面的具体内容。通过各个击破，逐渐解决马克思主义理论解释力提升体系中的所有问题，最终推动马克思主义理论解释力提升体系的继续完善与发展。比如，在研究传播马克思主义理论这个问题时，将会对认同马克思主义理论进行研究，这里就会涉及认同的动力是什么、怎么样才能认同、认同的标准是什么等一系列问题。解决了认同马克思主义理论，也就可以为后续的理解、解释、接受、运用马克思主义理论奠定基础和前提。应该注意到，在这种由各个击破转向整体解决的具体过程中，将会形成许多关于发展、传播和实践马克思主义理论的经验总结，只要把这些经验总结上升为理论方法，便又使这些理论方法成为推动马克思主义理论解释力提升体系完善的有效理论动力。

　　从微观层面上来看，马克思主义理论解释力提升体系的继续推进，有助于为实践中的具体问题提供解决策略。马克思主义理论解释力提升体系后续推进的最终目的在于解决实践中的具体问题。意识不到这一点，就等同失去了马克思主义理论解释力提升体系继续推进的重大理论价值，甚至也会失去马克思主义理论的现实指导意义。之所以说继续推进马克思主义理论解释力提升体系有助于为具体实践提供解决策略，是因为可以解决群众关心的重大现实问题。随着时代的变化与发展，可能会出现制约马克思主义理论解释力的诸多因素，影响人们对马克思主义理论的信念。从这一点上来看，必须促使群众坚定对马克思主义理论的信念，才能从源头上扫除负面影响马克思主义理论的因素。而继续推进马克思主义理论解释力提升体系的完善与发展，其中要面对的首要问题就是对各种负面影响进行积极反击，并进而采取措施促使人们理解、认同并坚定对马克思主义理论的信念，从而在源头上帮助人们革除各种错误思潮的影响，运用正确的马克思主义世界观和方法论去解决重大现实问题。

综上，马克思主义理论解释力提升体系的实质问题、马克思主义理论解释力提升体系与马克思主义理论之间的关系问题、马克思主义理论解释力提升体系的主题问题及其后续推进的理论价值问题等是关乎马克思主义理论解释力提升体系能够顺利推进的基础性理论问题，只有准确地把握住这些基础理论问题，才能在马克思主义理论解释力提升体系继续推进的道路上越走越宽。

二、马克思主义理论解释力提升体系继续推进的具体实践策略

马克思主义理论解释力提升体系的继续推进，不能停留于基础性问题的探讨中，更重要的是要开阔视野，采取关键的具体实践予以推动。正是这个意义上，必须重视马克思主义理论解释力提升体系的具体实践策略。前文以理论完善为例，紧紧围绕着提升马克思主义理论解释力这一目标，对理论完善的基本路径、基本方法和具体验证进行了探究。需要意识到，这些基本路径和方法都是基于主体能够发挥出其作用的前提下进行的。这就是说，如果缺乏了主体作用的发挥，前文所探讨的各种路径、方法策略都只能是空谈，甚至会陷入绝境。由于"思想要得到实现，就要有使用实践力量的人"，因而必须采取措施促使主体在具体实践中发挥出其应有的作用。这就表明，必须采取措施促使主体在具体实践中发挥出其应有的作用，这是马克思主义理论解释力提升体系后续推进必须要重视的重大实践问题。

主体是最活跃的因素，只有将主体的能力和积极性充分发挥出来，才能抓住马克思主义理论解释力提升体系的核心问题，为更好地推进马克思主义理论解释力提升体系提供最活跃的主体动力因素。正是基于这一思考，建设一支高素质的马克思主义理论解释力提升体系继续推进的主体队伍，促使这支主体队伍发挥出应有的作用，便是马克思主义理论解释力提升体系继续推进的实践策略。由于马克思主义理论解释力提升体系继续推进的主体主要包括领袖主体、党员主体、理论家主体、群众等不同类别的主体，因此，马克思主义理论解释力提升体系继续推进的具体实践，就需

要分别从不同的主体视角出发，采取相应的措施。

（一）继续发挥出领袖主体的重要作用

领袖主体是重要事件的组织者、发动者、经历者，有着比较丰富的理论实践经验和能力，他们能够从整体上把握住理论发展的趋势和方向，也能够很好地推动马克思主义理论的发展、宣传和运用。因此，马克思主义理论解释力提升体系的继续推进，离不开领袖主体的继续参与。

如何促使领袖主体更好地发挥出推动马克思主义理论解释力提升体系继续推进的作用？中国共产党自成立之日起，就把马克思主义基本原理与中国具体实际相结合，经过中国革命、建设和改革的不同阶段，先后形成了毛泽东思想、邓小平理论、"三个代表"重要思想、科学发展观和习近平新时代中国特色社会主义思想等一系列重大思想理论成果。这些成果的取得，领袖主体都作出了重要贡献或起到了重要作用。之所以如此，主要原因在于：建立了比较完善的党内学习制度，为领袖群体创新马克思主义理论，提升马克思主义理论解释力奠定了基础。党内学习制度是确保领袖群体具备扎实的理论素养，并进而发展马克思主义理论的保障。早在新民主主义革命时期，中国共产党就非常重视领导学习制度建设。延安时期，为了推进党内领导的理论水平，党中央先后颁布了《延安在职干部教育暂行计划》《关于干部学习的指示》《关于在职干部教育的指示》《关于高级学习组的决定》《关于延安在职干部学习的规定》等一系列制度规定。《关于延安在职干部学习的规定》指出："干部业务学习的成绩，应作为考察工作与考察干部品质的重要标准之一。"①经过几十年的探索，中国共产党已经建立了比较齐全的领导学习制度。江泽民曾经做过这方面的总结，他说："我们在学习方面已经初步建立了一套领导干部脱产进修制度、党委（党组）中心组理论学习制度、领导干部在职自学制度，领导干部理论学习考核制度。"②党的十八大以来，以习近平同志为核心的党中

---

① 徐颂陶.《国家公务员暂行条例》释义［M］.北京：人民出版社，1993：166.

② 江泽民同志重要论述研究编写组.江泽民同志重要论述研究［M］.北京：人民出版社，2002：251.

央结合新时代中国特色社会主义建设的现实需求，认真贯彻落实《中国共产党党委（党组）理论学习中心组学习规则》，完善了中心组学习制度，制定了实施细则，对党委（党组）理论学习中心组学习的性质定位原则、内容形式要求、组织管理考核等方面作出明确规定。①马克思主义理论解释力提升体系的继续推进，仍然需要在继续坚持原有学习制度的基础上，结合实际工作，创新出新的学习制度，从而为提升领袖群体的理论素养提供制度保障。

第二，提升领袖主体的理论创新能力，也是确保领袖主体能够创新马克思主义理论，提升马克思主义理论解释力的重要缘由。一部中国化马克思主义的思想史，就是一部不断创新马克思主义理论的历史。以毛泽东同志为主要代表的中国共产党人，积极总结中国革命和建设的基本经验，丰富了马克思主义的理论学说，创新性地发展出中国化的马克思主义——毛泽东思想。以邓小平同志为主要代表的中国共产党人，在总结正反两方面社会主义建设的经验和教训的基础上，深刻回答了什么是社会主义、怎样建设社会主义等一系列问题，有力地坚持了马克思主义基本原理，并创造性的发展出邓小平理论。以江泽民同志为主要代表的中国共产党人，在深刻总结20世纪90年代世界总体局势的基础上，着重回答了建设什么样的党、怎样建设党等一系列问题，创造性地发展出"三个代表"重要思想的理论成果。以胡锦涛同志为主要代表的中国共产党人，在深刻总结新时期我国经济发展和国际形势的基础上，对实现什么样的发展、怎样发展等一系列问题做出了深刻回答，形成了科学发展观的理论成果。中国特色社会主义进入新时代，以习近平同志为主要代表的中国共产党人深刻总结了近代以来中华民族孜孜不求接力探索的基本经验，深刻回答了实现中华民族伟大复兴中国梦的具体路径，特别是深刻回答了新时代坚持和发展什么样的中国特色社会主义，怎么样坚持和发展中国特色社会主义这一核心问题，形成了习近平新时代中国特色社会主义思想，进一步发展了中国特色社会主义理论体系，丰富了中国化马克思主义。可见，只要促使领袖主体

① 《十八大以来治国理政新成就》编写组.十八大以来治国理政新成就（上册）[M].北京：人民出版社，2017：350.

更好地发挥出他们自身的理论创新能力，就能够更好地为马克思主义理论解释力提升体系的继续推进提供源源不竭的动力。

第三，不断推进马克思主义中国化，也是确保领袖主体能够创新马克思主义理论，提升马克思主义理论解释力的主要原因。一部马克思主义中国化的历史，就是一部中国共产党人把马克思主义基本原理与中国具体实际相结合的历史，也是一部把马克思主义基本原理赋予中国鲜明特色的历史。在这个历程中，中国共产党人特别是党的领袖主体怎么样更好地运用马克思主义基本原理指导中国的具体实践？早在马克思主义刚刚传入中国之时，一批先进的知识分子就意识到这个问题。1919年，李大钊发表的《多研究些问题，少谈些"主义"》就曾经闪现出这一思想光华，他指出："一个社会主义者，为使他的主义在世界上发生一些影响，必须要研究怎么可以把他的理想尽量应用于环绕着他的实境。"[①]毛泽东在总结中国革命胜利和失败的经验教训的基础上，在党的六届六中全会上明确提出了"马克思主义中国化"这一科学命题，并具体地解释道："使马克思主义在中国具体化，使之在其每一表现中带着必须有的中国的特性，即是说，按照中国的特点去应用它。"[②]改革开放以后，中国共产党又创造性地加以推进马克思主义中国化。在具体的实践中，在推动中国特色社会主义建设的进程中，不断地把马克思主义基本原理赋予中国鲜明的时代特色、理论特色、实践特色和民族特色，最终开辟了中国特色社会主义道路，形成了中国特色社会主义理论体系，确立了中国特色社会主义制度，发展了中国特色社会主义文化，为我国今后继续推进中国特色社会主义伟大实践奠定了坚实的基础。在这个意义上，只要我们深刻总结中国共产党人把马克思主义基本原理与中国具体实际相结合的这一历史进程，就不难发现，党和国家事业的每一点滴进步，都离不开马克思主义中国化。这一结论说明，不断推进马克思主义中国化，特别是把马克思主义基本原理赋予鲜明的中国特色，就是今后不断推进马克思主义理论解释力提升体系完

---

① 李大钊文集（第3卷）［M］. 北京：人民出版社，1999：3.

② 毛泽东选集（第2卷）［M］. 北京：人民出版社，1991：534.

善与发展的重要实践策略。当然，应该注意到，在一定条件下，由于领袖主体具备了全局视角把握马克思主义中国化的可能性，因而可以说，不断推进马克思中国化则又为领袖主体的理论创新提供了前提条件。

（二）建设党员主体的理论队伍

党员是党的细胞、是党的战斗力的基础、党的事业需要千千万万的党员，因而广大党员也是提升马克思主义理论解释力的主体力量。邓小平曾经指出："中国要出问题，还是出在共产党内部。对这个问题要清醒，要注意培养人。"①按照邓小平的观点，如果马克思主义理论解释力提升体系的继续推进出现问题，其主要原因还在于共产党内部，还在于广大党员。这由是说，必须充分发挥出广大党员主体在马克思主义理论解释力提升体系继续推进中的重要作用。从当前党内实际情况来看，2019年中国共产党党内统计公报显示，截至2019年12月31日，中国共产党党员总数为9191.4万名。根据这一党内现实境况，如何发挥出这些党员在马克思主义理论解释力提升体系继续推进中的作用，是一个无法回避的重大问题。

建设一支高素质的党员队伍，可以为党员发挥出马克思主义理论解释力提升体系继续推进中的作用增添动力。

到底应该怎么样才能提升党员主体的综合素质呢？一方面，继续加强党员马克思主义理论教育，建立健全党的学习机制。中国共产党一贯重视党的教育问题，特别是注重提升党员的理论水平。毛泽东指出："提高他们，这就是给以学习的机会，教育他们，使他们在理论上在工作能力上提高一步。"②习近平总书记指出："在每一个重大转折时期，面对新形势新任务，我们党总是号召全党同志加强学习；而每次这样的学习热潮，都能推动党和人民事业实现大发展大进步。"③由于对党员理论水平的高度重视，当前中国共产党已经建立了比较齐全的党员理论学习机制，主要有党委（党组）理论学习中心组学习制度、集中轮训制度、完善党员领导

---

① 邓小平文选（第3卷）［M］．北京：人民出版社，1993：380．
② 毛泽东选集（第2卷）［M］．北京：人民出版社，1991：527．
③ 习近平谈治国理政（第一卷）［M］．北京：外文出版社，2018：401．

干部讲党课制度、党内集中教育学习机制、坚持集中教育和经常性教育相结合，把理论素养和学习能力作为选拔任用领导干部的重要依据等各项党员学习机制。应该说，这对于进一步提升党员的理论水平发挥了重大的作用。为了更好地发挥出党员在马克思主义理论解释力提升体系继续推进中的作用，必须进一步建立健全党员学习机制，并在此基础上结合党员实际情况创新党员学习方式，从而确保提高党员的学习质量，提升党员的马克思主义理论水平。

另一方面，要充分发挥党员在马克思主义理论解释力提升体系继续推进中的主体地位作用。党员主体地位肯定了广大党员在党的活动中的主体作用，指的是在党的具体活动中党员所具有的积极性、主动性、创造性、自主性的地位。党员一旦具备了这种主体地位，更确切地说，党员一旦意识到了自身的主体地位，便为发挥出自身的重要作用提供了思想条件。对于马克思主义理论解释力提升体系的继续推进而言，也需要党员这种主体地位。那么，到底应该怎么样才能做到这一点呢？首先，要加强对党员的思想教育。党员主体地位要基于党员的主体意识，这种主体意识不是无中生有的，而是需要党组织培训教育，特别是要教育党员认识到自身在马克思主义理论解释力提升体系继续推进中的地位和作用，从而促使党员自身具备强烈的主体意识，为马克思主义理论解释力提升体系的继续推进提供思想动力。其次，要增强党员自身的理论水平。党员的理论水平不仅要靠党组织的教育获取提升，更重要的是靠党员自我提升，特别是提升马克思主义理论研究水平。党员的马克思主义理论水平一旦得以提升，也就意味着可以为马克思主义理论解释力提升体系的后续推进提供科学的理论指导。再次，党组织要维护党员的主体地位。党组织不仅要积极鼓励党员自我发挥出主体地位作用，而且还要给予那些有较高理论水平，且能够为提升马克思主义理论解释力作出一定贡献的党员一定的奖励。特别是领导干部要带头自觉践行马克思主义理论解释力提升体系继续推进的实践工作。第四，建立健全相应的制度机制。制度是保障党员发挥出自身主体地位的可靠保障。对此，可以根据马克思主义理论解释力提升体系所涉及的诸多内容，建立不同的制度机制。比如，针对发展马克思主义理论的问题，可以建立党员理论研究工作机制、理论创新奖励机制、理论队伍管理机制。针对传播马克思主义理论的问题，可以建立党员宣传管理机制、宣传动力机制等。针对实践马克思主义理论的问题，可以建立调研机制、反馈机制等各方面的制度机制。总之，要调动一切积极因素确保党员主体地位的发挥，切实"保障党员主体地位和民主权利。进一步提高党员对党内事务的参与度，充分发挥党员在党内生活中的作用"①，从而更好地发挥出党员在马克思主义理论解释力提升体系后续推进中的重要作用。

（三）建设理论家主体的理论队伍

理论家主体队伍的构成，主要是以知识分子为主。马克思主义传入中国之后，正是因为知识分子的广泛宣传，才大大推进了马克思主义在中国这块大地上生根发芽的历史进程，也正是因为知识分子认真研究和运用马克思主义理论，才为马克思主义中国化提供了更多的可能性。毛泽东就曾经明确指出："马克思列宁主义思想在中国的广大的传播和接受，首先也是在知识分子和青年学生中。"②他甚至在1939年，也就是中国革命还没有完全成功的时候就明确断言："没有知识分子参加，革命的胜利是不可能的。"③同理，没有以知识分子为主体构成的理论主体队伍的参与，马克思主义理论解释力提升体系继续推进也会缺乏一个重要动力。因此，必须采取相应措施引导广大知识分子深入研究马克思主义理论，使之发挥出继续推进马克思主义理论解释力提升体系完善与发展的重要作用。到底怎么样才能发挥出理论家主体的作用呢？需要建设一支高素质的理论家主体队伍，通过建设高素质的理论家主体队伍，不仅有利于提升理论家主体个人的能力，提升他们的理论研究能力，而且还有利于形成理论家主体的合力，进而更好地推动马克思主义解释力的继续完善和发展。具体来说，理论家主体队伍的建设，主要从思想上重视与行动上落实两个视角予以展开。

---

① 中共中央文献研究室．十七大以来重要文献选编（中）［M］．北京：中央文献出版社，2011：149.

② 毛泽东选集（第2卷）［M］．北京：人民出版社，1991：641.

③ 毛泽东选集（第2卷）［M］．北京：人民出版社，1991：618.

一方面，思想上要高度重视理论家主体队伍的建设。思想是行动的指南，思想先行一步，行为才能推动一步。必须首先在思想上重视理论家主体的理论解释力提升队伍建设，才能为后续行为提供思想指引。应该看到，当前我国非常重视理论家主体在推动理论发展、理论创新等方面的重要作用，中央及各地都相继出台了一系列相关的政策法律，建设了一批理论研究中心，为理论家主体队伍的建设搭建了良好的平台。但是也应该看到，社会上仍然有少部分人否定人文社会科学研究队伍的建设，这种思想对于进一步推进理论家主体队伍的建设产生了消极影响。面对这种情况，必须尽量扫除这些不良思想的影响，并及时正本清源，使广大人民意识到人文社会科学研究（当然也包括马克思主义理论的研究）的重要性，才能为理论家主体队伍的建设净化空气。

另一方面，要采取各种措施提升理论家主体的理论研究能力。理论家主体的理论研究能力是继续推进马克思主义理论解释力提升体系的基础。具体来说，一是大力培育马克思主义理论学科专业研究人员。不仅要注重从数量上培养一批坚定的马克思主义者，而且还要通过各种形式的教育、培训等方式提升他们的理论研究能力。二是要特别注重培养青年马克思主义学者。青年是祖国的未来，是马克思主义理论解释力提升体系继续推进的后备力量，加强对青年马克思主义学者的培养意义重大。对此，一方面要采取各种措施积极鼓励青年学者参与到马克思主义理论的研究中去。另一方面还要给青年学者提供各种有利的理论研究条件，从而确保青年学者愿意将自己的满腔热情和青春年华投入到马克思主义理论解释力提升体系的后续推进中。三是重视理论研究人员实践能力的培育。积极为理论家主体提供较多的实践机遇，从而提升理论家主体理论与实际相结合的基本能力，更好地为马克思主义理论解释力提升体系的后续推进提供有效指导。四是优化学术生态，为理论家主体的能力提升提供良好的学术环境、较高的学术平台和公平的学术竞争氛围，确保理论家主体发挥出自身的理论研究作用，同时也可以为马克思主义理论解释力提升体系的后续推进净化学术空气。五是建立健全理论家主体研究队伍的保障机制。良好的制度机制是确保理论家主体发挥出自身作用的保障。马克思主义理论解释力的继续推进，还必须重视建立健全相应的制度机制，用以更好地鼓励理论家主体。比如可以从物质、精神、财力等各方面出发，为理论家主体的理论研究提供较好的研究条件，从而较大地刺激理论家主体积极投身于理论研究工作中。当然，除了上述措施之外，还需要意识到，理论家主体自身的努力对其理论研究能力也有重要影响，需要使理论家主体意识到自身的使命，并采取各种措施积极培育理论研究能力。

（四）发挥群众主体的重要作用

群众在马克思主义理论解释力提升体系的后续推进中也发挥着重要的作用，一方面表现在，群众是继续推进效果的检验者；另一方面表现在，群众也有可能通过各种努力转变为继续推进的推动者。因此，分别从这两个视角分析群众在继续推动马克思主义理论解释力提升体系中的作用就必不可少。

之所以说群众是马克思主义理论解释力提升体系继续推进效果的验证者，其主要原因就在于，马克思主义理论解释力提升体系及其继续推进的诸多内容，都需要群众去检验，既要看群众是否能够理解、接受、运用马克思主义理论，又要看通过对马克思主义理论解释力提升体系的继续完善、创新、解释、宣传之后，马克思主义理论又能否发挥出为群众服务的功能等。实际上，这也高度符合中国共产党党员一贯倡导的群众路线的工作方法，即"总是时刻关注最广大人民的利益和愿望，把'人民拥护不拥护''人民赞成不赞成''人民高兴不高兴''人民答应不答应'作为制定各项方针政策的出发点和归宿"①。群众一旦理解马克思主义理论、接受马克思主义理论，或者能够运用马克思主义理论，就意味着马克思主义理论解释力的提升起到了一定的效果，马克思主义理论解释力提升体系的后续推进也就起到了一定的功效，同时也就反映出其带给群众的实际价值。如果群众不能理解、接受或者运用马克思主义理论，一方面，可能意味着马克思主义理论解释力的提升效果或者其提升体系继续推进的效果不

---

① 中共中央宣传部. 毛泽东 邓小平 江泽民论弘扬和培育民族精神［M］. 北京：学习出版社，2003：212.

太明显，另一方面也可能意味着群众因自身的原因并不能理解、接受和运用马克思主义理论。对于第一种情况，就需要更换方法再次提升理论的解释力或者再次推进马克思主义理论解释力提升体系的完善与发展，直到群众能够真正理解、接受和运用马克思主义理论。对于第二种情况，要继续推进马克思主义理论解释力提升体系，进而通过群众去更好地验证理论的解释力，需要解决群众关心的重大问题，提升群众的理解水平，让群众坚定对马克思主义理论的信念。

怎样才能促使马克思主义理论发挥出解决群众关心的重大问题功能？最主要的方法就是促使理论与实践相结合，也就是说，促使马克思主义理论与群众关心的重大问题相结合。一旦做到了这种结合，就等同于做到了马克思主义理论与群众具体实践的双向互动：一方面，马克思主义理论指导着群众的具体实践，推进着群众实践中的具体问题的解决；另一方面，群众的实践又验证着马克思主义理论，促使马克思主义理论不断趋于完善和发展。正是在马克思主义理论与群众关心的重大问题的双向互动中，展现出了马克思主义理论的指导实践功能，通过实践的反作用进一步推进了马克思主义理论的发展。这样，就可以促使群众意识到马克思主义理论是正确的，是可以解决重大问题的，马克思主义的理论形态和理论内涵也是可以理解的。群众一旦意识到这一点，也就意味着理论的解释力可以得到提升，马克思主义理论解释力提升体系后续推进的效果也就得到了彰显。毛泽东在批评党员干部自以为是的现象时曾指出："我们的干部中，自以为是的人很不少。其原因之一，是不懂马克思主义的认识论。因此，不厌其烦地宣传这种认识论，是非常必要的。简单地说，就是从群众中来，到群众中去。下决心长期下去蹲点，就能听到群众的呼声，就能从实践中逐步地认识客观真理，变为主观真理，然后再回到实践中去，看是不是行得通。如果行不通，则必须重新向群众的实践请教。"[①]

除了通过理论与实践的方法予以解决群众关心的重大问题之外，还需要意识到一个影响全局的重大问题，也就是群众的理解水平问题。群众

---

① 毛泽东文集（第8卷）［M］. 北京：人民出版社，1999：324.

的理解水平高了，才有可能更好地理解马克思主义理论，也才能更好地理解马克思主义理论解释力提升体系后续推进所涉及的诸多问题。①那么，应该怎么样才能提升群众的理解水平呢？首先应该看到，当前我国非常重视群众知识文化水平的提升，采取了各种方法提升群众知识文化水平。中央及地方相继出台了一些关于提升农民、农民工等群体的教育培训制度。这对于群众知识水平的提升起到了良好的效果。但是也应该看到，要想让群众更好地发挥出在马克思主义理论解释力提升体系继续推进中的作用，还需要加大对群众的教育培训力度。具体来说，一方面，要根据不同群众采取不同的教育培训方法。由于不同的群众具有不同的理解能力和接受能力，所以，要有针对性地对群众加强培训，特别是要对那些知识文化水平较低的群众。另一方面，从具体的教育培训内容来看，主要是对群众进行马克思主义理论的教育培训，特别是要教会群众掌握马克思主义理论的立场、观点和方法，教会群众正确地运用马克思主义理论解决他们的实际问题。当然，除了对群众进行马克思主义理论的教育培训之外，还要加强群众对其他方面知识的学习，以便更好地提高群众的理解能力和接受能力。

须知，理论家主体来源于群众，有些优秀的群众通过后续学习等方式也可以转化成理论家主体、党员主体，甚至可以转化成为领袖主体。所以，在群众能力提升上还需要意识到这个问题。在发挥群众重要作用的视域中，这个问题既是对群众加强教育培训的重要目的，又是加强其他主体队伍建设不可或缺的重要举措。从这个意义上来看，加强对群众的教育培训，不仅可以满足促使群众理解、接受和运用马克思主义理论，推动马克思主义理论发展，验证马克思主义理论解释力提升体系后续推进效果的基本目的，而且还可以为其他主体队伍的建设提供源源不竭的群众基础和群众动力。

综合这里的分析，把领袖主体、党员主体、理论家主体和群众主体共同组织起来，就可以组成一支高素质的马克思主义理论解释力提升体系后

---

① 对于这个问题的产生过程及其具体理解，请参照本文第六章第二部分中的"基于群众视域的马克思主义理论完善模型建构"。

续推进的主体队伍，特别是把这些主体中的优秀成员组织起来，这支队伍的素质便会在整体上得到更高程度的提升。当然，还需要注意到，这里所说的不同主体并不是彼此割裂的，而是互相促进，互相联系的。每一个主体既发生着内部联系，又发生着外部联系。从内部联系上来看，每一个主体中既有马克思主义理论解释力提升体系的继续推进者，又有这一提升体系继续推进效果的验证者。在某种程度上，甚至可以说，每一个主体中的某些成员既可以是马克思主义理论解释力提升体系的继续推进者，又可以是这一提升体系继续推进的验证者。比如，群众主体中知识文化水平较高的群众，他们就可能既是马克思主义理论解释力提升体系的继续推进者，又是这一体系继续推进效果的验证者。总结起来看，就是在这种推进—验证—推进循环往复的过程中，马克思主义理论解释力提升主体的能力将会得到更好的发挥，从而促使马克思主义理论解释力提升体系继续推进。从外部联系上来看，不同主体之间存在着一定的必然联系，不能割裂。有些优秀的群众也可以通过后续努力转变成理论家主体、党员主体，甚至领袖主体。所以，绝对不能割裂这几个主体之间的联系，而是应该充分发挥出不同主体之间的共同作用，形成不同主体之间的共同合力，才能更好地建设一支高素质的马克思主义理论解释力提升体系后续推进的队伍，从而为今后马克思主义理论解释力提升体系的继续推进提供源源不竭的主体动力。

微信扫码
掌握基础原理
记录书中要点

结　论

　　如何更好地提升马克思主义理论的解释力，是马克思主义理论研究的基础问题，同时也是当前马克思主义理论自信的现实需求，这又进一步催生了提升马克思主义理论解释力的重要性和紧迫性。马克思主义理论是否具有解释力，有其自身的验证条件，主要有马克思主义的理论形态是不是完整的、科学的，能不能发挥出其在现实实践中的指导作用，能不能有效地解释客观世界，能不能有效地预测未来等。参照这些验证条件，也就催生出马克思主义理论解释力提升的具体内容，主要涉及如何进一步完善马克思主义理论、如何创新马克思主义理论、如何解释马克思主义理论、如何宣传马克思主义理论、如何正确理解马克思主义理论、如何接受马克思主义理论、如何运用马克思主义理论等一系列问题。应该说，在当代中国，学术界对上述问题都有一定程度的研究。但是，已有的研究成果较为重视其中某一或某几方面的探索，却鲜有成果从整体上探究马克思主义理论解释力提升的相关问题。从这点上来看，本书把影响到马克思主义理论解释力的诸多问题廓入到一个完整的提升体系之中去，尝试着建构马克思主义理论解释力提升体系，不仅具有一定的创新性，而且还具有重大的理论意义和现实意义。

　　马克思主义理论解释力提升体系的核心内容在于如何更好地提升马克思主义理论的解释力，其中涉及的内容较多、范围较广。严格意义上来说，只有全部解决这些问题，才能称之为比较完全意义上的提升体系建构。但是，由于篇幅有限，也不可能穷尽其中所有的因素进行一一探究。正是基于这种思考，本书仅就理论完善问题进行了分析。具体来说，在总结马克思主义关于理论完善基本理论的基础上，提出了从理论生成路径、理论整合、完善模型和提升范式的视域完善马克思主义理论的思想方法，其中理论生成路径是一般路径，理论整合、完善模型和提升范式是方法指引。在分析这些问题的基础上，又对文章所提出的方法指引进行了理论完善的效果验证，考察其是否能够促进马克思主义理论解释力的提升。经由验证之后，本文不仅得出了推进理论完善并提升理论解释力的基本结论，而且还尝试着建立了解决马克思主义理论解释力提升体系诸多问题的基本共识。

应该看到，从理论完善视角去探究马克思主义理论解释力提升之道，也只是"万里长征走完第一步"，仅开启了解决马克思主义理论解释力提升体系诸多内容的宝贵第一步。尽管如此，本书所探究的理论完善之道，仍然可以为马克思主义理论解释力提升体系所涉及的其他诸多内容提供借鉴参考，一方面表现在，每一个问题的推进、解决，都需要首先把目光集中于理论本身，只有理论本身是相对完善的，才能具备"打铁还需自身硬"的理论品质，才能为后续诸多内容奠定基础和前提；另一方面表现在，理论完善所提出的理论整合、完善模型和提升范式的方法，可以在一定条件下运用于马克思主义理论解释力提升所涉及的其他诸多内容中。

随着时代的变化和理论的发展，马克思主义理论解释力提升体系的调整是时常发生的事情。对于这一问题，本书提出了两点关于进一步继续推进马克思主义理论解释力提升体系的具体策略：一方面，在基础理论层面上，准确把握马克思主义理论解释力提升体系的实质，科学理顺马克思主义理论解释力提升体系与马克思主义理论之间的关系，紧紧围绕马克思主义理论解释力提升体系的主题，正确认识马克思主义理论解释力提升体系后续推进的理论价值；另一方面，在具体实践层面上，马克思主义理论解释力提升体系所涉及的诸多内容都需要主体运用一定的方法作用于理论。这样看来，就有主体、方法和理论三个视角的具体实践策略。但是，方法和理论两个视角都离不开主体能力的提升及其工作投入等。因此，主体就是马克思主义理论解释力提升体系继续推进中最活跃的因素。这就是说，只要抓住了主体这一因素，就等于抓住了继续推进马克思主义理论解释力提升体系的关键要素。正是这个意义上，本书聚焦人这一主体提出了具体

结论

实践策略。具体地说，就是分别提升领袖主体、党员主体、专家学者主体以及群众主体的理论解释力提升能力，进而在推进—验证—推进的循环过程中，不断提升马克思主义理论解释力，最终继续推进着马克思主义理论解释力提升体系的完善与发展。概括起来，理论层面与实践层面的具体策略不仅紧密地围绕着马克思主义理论解释力提升体系的核心内容，而且还把涉及这一问题的基础理论问题与具体实践问题糅合到一起，从而也就有利于为马克思主义理论解释力提升体系的继续推进提供源源不竭的动力。

马克思主义理论解释力提升体系涉及内容较多、范围较广，必须解决其中的每一个问题，才能从整体上提升马克思主义理论的解释力，也只有解决了其中的每一个问题，才能算得上是真正意义上为继续推进马克思主义理论解释力提升体系增添动力。从这一点上来看，马克思主义理论解释力提升体系的继续推进只有进行时，没有完成时。今后对于这一问题的研究，需要注意两个方面的基本原则：一方面，注重协同推进。马克思主义理论解释力提升体系是一个整体，绝对不能割裂其中各个重要组成部分之间的联系。每一个重要组成部分向前发展了，都可以继续推进马克思主义理论解释力提升体系的完善与发展。因此，绝对不能忽略其中的任一个内容。另一方面，重视重点突破。重视协同突破并不等同不分主次地抓住所有问题，而是要依据时代或主题的变化适时地重点抓住其中的重要问题。解决了这类重点问题，不仅可以更好地彰显出建构并推进马克思主义理论解释力提升体系的重大现实意义，而且还可以为解决其他方面的问题提供可靠的经验借鉴。

概括起来，当代中国理论自信的现实境遇催生了马克思主义理论解释力提升体系的建构，是为本书的研究起点兼及问题的出场。在问题的刺激下，提升马克思主义理论解释力就成为问题的核心内容兼及逻辑中介，对这个问题的追踪探索又衍生出对不同问题的分别考察，最终得出了关于马克思主义理论解释力提升体系继续推进的逻辑终点，即涉及其中的基础理论问题和具体实践问题。就是在这种理论自信（起点，问题出场）—提升解释力（中介，具体任务）—基础理论和具体实践（终点，更好地推进理论自信）的往复循环中，在始终围绕着提升马克思主义理论解释力这个核心导向的过程中，马克思主义理论解释力提升体系所涉及的诸多内容就形成了一个互相促进、前后映照和验证反馈的良性循环，从而又为今后马克思主义理论解释力提升体系的继续推进提供了严密的逻辑支撑和源源不竭的动力保障。

结论

参考文献

一、经典原著类

［1］马克思恩格斯全集（第1、3、20、23、39、40卷）［M］. 北京：人民出版社，第1版，1956—1982.

［2］马克思恩格斯全集（第1、3、10、19、25、30、32、34、44、46卷）［M］. 北京：人民出版社，第2版，1995—2008.

［3］马克思恩格斯选集（第1—4卷）［M］. 北京：人民出版社，2012.

［4］马克思恩格斯选集（第1、2、4卷）［M］. 北京：人民出版社，1995.

［5］马克思恩格斯文集（第1—10卷）［M］. 北京：人民出版社，2009.

［6］马克思恩格斯文集资料汇编［M］. 北京：人民出版社，2011.

［7］列宁全集（第33、35卷）［M］. 北京：人民出版社，1985.

［8］列宁全集（第47、55卷）［M］. 北京：人民出版社，1990.

［9］列宁选集（第1—4卷）［M］. 北京：人民出版社，2012.

二、党内文献类

［1］毛泽东选集（第1—4卷）［M］. 北京：人民出版社，1991.

［2］毛泽东文集（第2、7、8卷）［M］. 北京：人民出版社，1993.

［3］中华人民共和国外交部，中共中央文献研究院. 毛泽东外交文

选［M］. 北京：中央文献出版社、世界知识出版社，1994.

　　［4］邓小平文选（第1、2卷）［M］. 北京：人民出版社，1994.

　　［5］江泽民文选（第1、3卷）［M］. 北京：人民出版社，2006.

　　［6］刘少奇选集（上卷）［M］. 北京：人民出版社，1981.

　　［7］刘少奇选集（下卷）［M］. 北京：人民出版社，1985.

　　［8］周恩来选集［M］. 北京：人民出版社，1984.

　　［9］李大钊文集（下卷）［M］. 北京：人民出版社，1984.

　　［10］瞿秋白选集［M］. 北京：人民出版社，1985.

　　［11］胡乔木文集（第2卷）［M］. 北京：人民出版社，2012.

　　［12］中共中央文献研究室. 毛泽东著作专题摘编（上）［M］. 北京：中央文献出版社，2003.

　　［13］中共中央宣传部. 毛泽东邓小平江泽民论弘扬和培育民族精神［M］. 北京：学习出版社，2003.

　　［14］江泽民. 论"三个代表"［M］. 北京：人民出版社，2002.

　　［15］江泽民. 在庆祝中国共产党成立八十周年大会上的讲话［M］. 北京：人民出版社，2001.

　　［16］中共中央政策研究室，中共中央文献研究室. 江泽民论加强和改进执政党建设（专题摘编）［M］. 北京：中央文献出版、研究出版社，2004.

　　［17］胡锦涛. 论构建社会主义和谐社会［M］. 北京：人民出版社，中央文献出版社，2013.

　　［18］胡锦涛. 坚定不移沿着中国特色社会主义道路前进，为全面建成小康社会而奋斗——在中国共产党第十八次全国代表大会上的报告［M］. 北京：人民出版社，2012.

　　［19］习近平. 之江新语［M］. 杭州：浙江人民出版社，2007.

　　［20］习近平. 习近平谈治国理政（第一卷）［M］. 北京：外文出版社，2018.

　　［21］中共中央文献研究室，中央党的群众路线教育实践活动领导小组办公室. 习近平关于党的群众路线教育实践活动论述摘编［M］. 北

京：中央文献出版社，2014.

[22]中共中央党校（国家行政学院）．习近平新时代中国特色社会主义思想基本问题［M］．北京：人民出版社、中共中央党校出版社，2020.

[23]中共中央文献研究室．习近平关于社会主义政治建设论述摘编［M］．北京：中央文献出版社，2017.

[24]中共中央文献研究室．十三大以来重要文献选编（中）［M］．北京：人民出版社，1991.

[25]中共中央文献研究室．十五大以来重要文献选编（下）［M］．北京：人民出版社，2003.

[26]中共中央文献研究室．十六大以来重要文献选编（中）［M］．北京：中央文献出版社，2006.

[27]中共中央文献研究室．十七大以来重要文献选编（上）［M］．北京：中央文献出版社，2009.

[28]中共中央文献研究室．十七大以来重要文献选编（中）［M］．北京：中央文献出版社，2011.

[29]中共中央文献研究室．改革开放三十年重要文献选编（上、下）［M］．北京：中央文献出版社，2008.

三、国内著作类

[1]曹志平．理解与科学解释——解释学视野中的科学解释研究［M］．北京：社会科学文献出版社，2005.

[2]李合亮．解析与建构：当代中国思想政治教育的哲学反思［M］．北京：人民出版社，2010.

[3]梁民愫．马克思主义理论与实践：霍布斯鲍姆的史学研究［M］．北京：社会科学文献出版社，2009.

[4]李昆明．马克思主义基本原理研究报告（2010—2012）［M］．北京：人民出版社，2013.

　　〔5〕肖前，李秀林，汪永祥. 辩证唯物主义原理（修订本）〔M〕. 北京：人民出版社，1991.

　　〔6〕张铭. 政治价值体系建构：理论、历史和方法〔M〕. 北京：社会科学文献出版社，2012.

　　〔7〕阎建琪，高屹. 《邓小平关于建设有中国特色社会主义的论述专题摘编》学习讲座〔M〕. 北京：人民出版社，1993.

　　〔8〕张彬，刘绥虎、廖作斌. 当代中国科学社会主义思想研究〔M〕. 北京：人民出版社，2005.

　　〔9〕陈兆德，周明生. 马克思主义著作选读和辅导〔M〕. 北京：人民出版社，1999.

　　〔10〕朱传棨. 面向新世纪的马克思主义哲学〔M〕. 武汉：湖北人民出版社，2006.

　　〔11〕艾思奇. 辩证唯物主义纲要〔M〕. 北京：人民出版社，1978.

　　〔12〕谭培文，陈新夏，吕世荣. 马克思主义经典著作选编与导读〔M〕. 北京：人民出版社，2005.

　　〔13〕丰子义. 发展的反思与探索：马克思社会发展理论的当代阐释〔M〕. 北京：中国人民大学出版社，2006.

　　〔14〕侯焕闳. 回忆列宁（第5卷）〔M〕. 北京：人民出版社，1982.

　　〔15〕复旦大学国外马克思主义与国外思潮研究国家创新基地，复旦大学当代国外马克思主义研究中心，复旦大学哲学学院. 国外马克思主义研究报告（2009）〔M〕. 北京：人民出版社，2009.

　　〔16〕王永贵. 马克思主义意识形态理论与当代中国实践研究〔M〕. 北京：人民出版社，2013.

　　〔17〕王修智，岳增瑞. 马克思恩格斯列宁领导理论研究〔M〕. 北京：人民出版社，2008.

　　〔18〕韦定广. 后革命时代的文化主题——列宁文化思想研究〔M〕. 北京：人民出版社，2011.

　　〔19〕雍涛. 马克思主义哲学中国化的历史进程〔M〕. 武汉：武汉

大学出版社，2006.

［20］杜任之．现代西方著名哲学家述评（续集）［M］．北京：生活·读书·新知三联书店，1980.

［21］王培火．国家品牌生产力［M］．北京：人民出版社，2012.

［22］田鹏颖．马克思与社会工程哲学［M］．北京：人民出版社，2012.

［23］王克孝，彭燕韩，张在滋．辩证法研究［M］．北京：人民出版社，1993.

［24］《科学社会主义》杂志社．中国特色社会主义若干重大理论与现实问题研究［M］．北京：人民出版社，2010.

［25］中共中央党校马克思主义理论教研部，中国马克思主义研究基金会．马克思主义中国化研究［M］．北京：人民出版社，2011.

［26］王秀阁，杨仁忠．马克思主义理论学科前沿问题研究［M］．北京：人民出版社，2010.

［27］沈壮海．思想政治教育的文化视野［M］．北京：人民出版社，2005.

［28］李政涛．教育学科与相关学科的"对话"——从知识、科学、信仰和人的角度［M］．上海：上海教育出版社，2001.

［29］王峰．意义诠释与未来时间维度：探索一种意义诠释学［M］．上海：上海人民出版社，2007.

［30］孙显元．马克思主义科学方法论［M］．北京：人民出版社，1993.

［31］金吾伦．托马斯·库恩［M］．台北：远流出版公司，1994.

［32］包心鉴．马克思主义中国化的基本规律与当代走向［M］．北京：人民出版社，2011.

［33］王伟光．中国特色社会主义理论体系研究［M］．北京：人民出版社，2012.

［34］张彬．当代中国科学社会主义思想研究［M］．北京：人民出版社，2005.

［35］唐家柱．现代化进程中的中国特色社会主义理论体系研究［M］．北京：人民出版社，2008.

［36］王明初．马克思主义中国化研究［M］．北京：中国社会科学出版社，2011.

［37］鲁品越．深层生成论：自然科学的新哲学境界［M］．北京：人民出版社，2011.

［38］徐素华．马克思主义哲学在中国：传播、应用、形态、前景［M］．北京：北京出版社，2002.

［39］任仲文．深入学习习近平总书记重要讲话精神：人民日报重要文章选［M］．北京：人民日报出版社，2014.

［40］李庄、袁昭．聚焦中南海：党和国家发展大局至关重要若干问题解析［M］．北京：人民出版社，2011.

［41］刘吉发．政治实践论——基于马克思主义的广义视角［M］．北京：人民出版社，2010.

［42］陈学明．永远的马克思［M］．北京：人民出版社，2006.

［43］齐小华、高福安．预测理论与方法［M］．北京：北京广播学院出版社，1994.

［44］郎茂祥．预测理论与方法［M］．北京：清华大学出版社，2011.

［45］邢贲思．哲学前沿问题述要［M］．北京：人民出版社，1993.

［46］李行健．现代汉语规范词典［M］．北京：外语教学与研究出版社、语文出版社，2004.

［47］徐颂陶．《国家公务员暂行条例》释义［M］．北京：人民出版社，1993.

［48］胡潇．马克思的解释［M］．北京：中国社会科学出版社，2008.

［49］宋雅萍．论主体间性［C］．马克思主义哲学研究［M］，武汉：湖北人民出版社，2008.

［50］袁继红．社会科学解释研究——规律/规范、原因/理由与社会

科学解释［M］. 北京：中国社会科学出版社，2009.

［51］任建明，杜治洲. 腐败与反腐败：理论、模型和方法［M］. 北京：清华大学出版社，2009.

［52］陈先达. 处在夹缝中的哲学——走向21世纪的马克思主义哲学［M］. 北京：北京师范大学出版社，2004.

［53］王克孝. 辩证法研究［M］. 北京：人民出版社，1993.

［54］黄枬森. 马克思主义哲学体系的当代构建（下册）［M］. 北京：人民出版社，2011.

［55］《胡锦涛在庆祝中国共产党成立90周年大会上的讲话学习读本》编写组. 胡锦涛总书记在庆祝中国共产党成立90周年大会上的讲话学习读本［M］. 北京：人民出版社，2011.

［56］人民日报社理论部. 深入学习习近平同志系列讲话精神［M］. 北京：人民出版社，2013.

［57］人民日报社理论部. 深入学习习近平同志重要论述［M］. 北京：人民出版社，2013.

［58］《习近平总书记系列重要讲话精神学习读本》编写组. 习近平总书记系列重要讲话精神学习读本［M］. 北京：中国方正出版社，2014.

［59］本书编写组. 十八大党章学习读本［M］. 北京：人民出版社，2012.

四、国外译著类

［1］［美］约翰·洛西. 科学哲学历史导论［M］. 邱仁宗，译. 武汉：华中工学院出版社，1982.

［2］［美］W·菲利普斯·夏夫利. 政治科学研究方法（第8版）.［M］. 郭继光等，译. 上海：上海人民出版社，2012.

［3］［奥］约瑟夫·熊彼特. 资本主义、社会主义和民主主义［M］. 绛枫（顾准），译. 北京：商务印书馆，1979.

［4］［英］安东尼·吉登斯. 社会学方法的新规则：一种对解释社

会学的建设性批判［M］．田佑中，刘江涛，译．北京：社会科学文献出版社，2003.

　　［5］［苏］阿·乌依波．马克思恩格斯在《德意志意识形态》这一著作中对于历史唯物主义的一些问题的探讨［C］．马克思早期思想研究（内部发行）［M］．秦水等，译．北京：生活·读书·新知三联书店，1963.

　　［6］［法］热拉尔·热奈特．叙事话语　新叙述话语［M］．王文融译．北京：中国社会科学出版社，1990.

　　［7］［美］约翰·杜威．民主主义与教育［M］．王承绪，译．北京：人民教育出版社，1990.

　　［8］［英］罗吉·福勒．现代西方文学批判术语词典［M］．袁德成，译．成都：四川人民出版社，1987.

　　［9］现代西方历史哲学译文集［M］．张文杰等，编译．上海：上海译文出版社，1984.

　　［10］［法］罗兰·巴特．叙事作品结构分析导论［M］．张寅德，译．《叙述学研究》，北京：中国社会科学出版社，1989.

　　［11］［英］斯蒂芬·威廉·霍金．万有理论：宇宙的起源与归宿［M］．郑亦明，葛凯乐，译．海南：海南出版社、三环出版社，2004.

　　［12］［苏］鲍·米·凯德洛夫．列宁《哲学笔记》研究［M］．王先睿，译．北京：生活·读书·新知三联书店，1964.

　　［13］［美］伊曼纽·华勒斯坦等．学科·知识·权力［M］．刘健芝等，编译．北京：生活·读书·新知三联书店，1999.

　　［14］［德］恩斯特·布洛赫．希望的原理（第1卷）［M］．梦海，译．上海：上海译文出版社，2012.

　　［15］十八世纪法国哲学［M］．北京大学哲学系，外国哲学史教研室，编译．北京：商务印书馆，1979.

　　［16］古希腊罗马哲学［M］．北京大学哲学系，外国哲学史教研室，编译．北京：生活·读书·新知三联书店，1957.

　　［17］［美］托马斯·库恩．科学革命的结构（第4版）［M］．金

吾伦，胡新和，译．北京：北京大学出版社，2012.

[18][匈]捷尔吉·卢卡奇．卢卡奇文选[M].李鹏程，译．北京：人民出版社，2008.

[19][南]斯·斯托扬诺维奇．南斯拉夫共产主义者联盟历史[M].杨元恪等，译．北京：人民出版社，1989.

[20][法]雅克·德里达．马克思的幽灵：债务国家、哀悼活动和新国际[M].何一，译．北京：中国人民大学出版社，1999.

[21][德]汉斯−格奥尔格·伽达默尔．诠释学II：真理与方法[M].洪汉鼎，译．北京：商务印书馆，2013.

[22][德]萨维尼．法律冲突与法律规则的地域和时间范围[M].李双元等，译．北京：法律出版社，1999.

[23][法]埃米尔·杜尔凯姆．社会学方法的规则[M].许德珩，译．上海：商务印书馆，1992.

[24][德]马克斯·韦伯．经济与社会[M].阎克文，译．上海：上海人民出版社，2010.

[25][德]韦尔海姆·狄尔泰著．人文科学导论[M].赵稀方，译．南京：华夏出版社，2004.

[26][英]朱迪恩·贝尔．社会科学研究的基本规则[M].马经标，译．北京：北京大学出版社，2008.

[27][美]唐纳德·戴维森．真理、意义、行动与事件——戴维森哲学文选[M].牟博，编译．北京：商务印书馆，1993.

[28][英]奈杰尔·吉尔伯特．基于行动者的模型[M].盛智明，译．上海：格致出版社、上海人民出版社，2012.

[29][美]曼瑟尔·奥尔森．集体行动的逻辑[M].陈郁，郭宇峰，李宗新，译．上海：上海人民出版社，1995.

五、期刊、学位论文类

[1]张盛发．关于帝国主义三次联合武装进攻苏俄问题的再思考[J].

东欧中亚研究，1997（01）.

［2］孙宜芳. 党的生命：四大命题生成的理论逻辑［J］. 长春市委党校学报，2015（06）.

［3］孙宜芳. 党的生命命题生成的基本特征［J］. 长春市委党校学报，2016（03）.

［4］包心鉴. 关于中国特色社会主义理论体系的深入解读［J］. 山东社会科学，2008（01）.

［5］孙宜芳，李怡. 当代中国理论解释力提升的四个维度［J］. 广西社会科学，2013（10）.

［6］陆剑杰. 对马克思哲学范式与其后裔诸范式的比较研究［J］. 学术研究，2013（05）.

［7］韩桂玲. 论马克思主义哲学的三种解释范式［J］. 南京师大学报（社会科学版），2011（06）.

［8］顾海良. 中国特色社会主义的历史逻辑和理论逻辑探索［J］. 教学与研究，2013（10）.

［9］刘希良，钟惠英. 理论自信的构成要素论析［J］. 前沿，2013（07）.

［10］白满仓. 思想政治教育主体类型分析［J］. 西安教育学院学报，2003（04）.

［11］金民卿. 当代中国理论解释力的提升之道——论理论创新主体应有的四种自觉［J］. 人民论坛（学术前沿），2012（11）.

［12］陈金龙. 马克思主义中国化的主体探析［J］. 马克思主义研究，2010（05）.

［13］张泽强. 理解马克思主义中国化主体需要注意把握的几个关系［J］. 思想理论教育，2014（02）.

［14］王越芬，王馨悦. 对马克思主义中国化主体的再思考［J］. 东北师大学报（哲学社会科学版），2012（03）.

［15］孙正聿. 为什么要用马克思主义理论支撑我们的理想信念［J］. 党建，2014（05）.

［16］聂运麟．论中国特色社会主义的理论基石［J］．马克思主义研究，2009（11）．

［17］兰亚明．当代大学生马克思主义认同度现状分析及对策［J］．思想教育研究，2011（10）．

［18］叶凌霄．学习列宁把坚持和发展马克思主义统一起来的科学精神［J］．中共福建省委党校学报，1991（03）．

［19］徐志远，王铮．论马克思、恩格斯和列宁的逻辑范畴思想及其指导意义［J］．探索，2014（03）．

［20］孙宜芳．《实践论》中毛泽东的理解观——基于伽达默尔诠释学视角的分析［J］．求索，2015（10）．

［21］孙宜芳．诠释毛泽东党员马克思主义教育思想的三重向度——重新解读《反对自由主义》［J］．思想政治教育研究，2014（02）．

［22］彭厚文．论毛泽东的理论创新思想［J］．学术交流，2005（05）．

［23］孙进．近年来毛泽东对马克思主义中国化贡献的研究概述［J］．毛泽东邓小平理论研究，2009（03）．

［24］庄福龄．从解释世界到改变世界的视角看毛泽东的理论创新［J］．党的文献，2013（04）．

［25］王玉平．毛泽东对马克思主义哲学中国化的思维路径创新［J］．马克思主义研究，2012（04）．

［26］林源．论毛泽东对马克思主义的突破性发展［J］．湖南科技大学学报（社会科学版），2005（01）．

［27］平飞．论马克思的批判精神与批判辩证法［J］．马克思主义研究，2013（02）．

［28］叶勤，陈曦．经验与理论的双向运动——孙绍振教授访谈录［J］．渤海大学学报（哲学社会科学版），2001（01）．

［29］黄宗智．连接经验与理论——建立中国的现代学术［J］．开放时代，2007（04）．

［30］陈实，陈佑清．完善经验及其教育意蕴［J］．华中师范大学

学报（人文社会科学版），2014（03）．

　　［31］丰子义．社会发展与现代理性构建［J］．学习与探索，2012（01）．

　　［32］谭好哲．理论创新的三个维度［J］．学术月刊，2007（02）．

　　［33］韵江，林忠．管理学合法性的反思：基于跨学科研究的视角［J］．经济社会体制比较，2007（03）．

　　［34］芮国强．科际整合方法在行政学研究中的运用：机制、路径及限度［J］．江海学刊，2012（01）．

　　［35］仝震．财政干部能力提升模型探讨［J］．商情（教育经济研究），2007（12）．

　　［36］郝永平．参见进步观点的理论提升——从理论主义进步观到马克思主义进步观的飞跃［J］．南开学报，1997（05）．

　　［37］曾贱吉．员工组织信任提升模型［J］．统计与决策，2008（17）．

　　［38］金吾伦．范式概念及其在马克思主义哲学研究中的应用［J］．中国特色社会主义研究，2009（06）．

　　［39］朱爱军．论库恩的范式概念及其借用［J］．学习与实践，2007（05）．

　　［40］伍学军．社会（学）理论：整合、瓦解，还是多元分化？［J］．河北学刊，2004（03）．

　　［41］陆剑杰．对马克思哲学范式与其后裔诸范式的比较研究［J］．学术研究，2013（05）．

　　［42］郭红军．中国特色社会主义理论体系整合创新的思想方法论析［J］．社会主义研究，2011（05）．

　　［43］张志勇．中国梦科学内涵的三个层次［J］．重庆邮电大学学报（社会科学版），2014（02）．

　　［44］虞崇胜．提升中国特色社会主义政治发展道路的新境界［J］．武汉大学学报（哲学社会科学版），2013（02）．

　　［45］张炳兰．毛泽东社会主义民主政治建设思想再思考［J］．人

民论坛，2013（11）.

　　［46］李玉中，李英. 马克思主义人的全面发展理论研究之现状与反思［J］. 中州学刊，2014（12）.

　　［47］夏文贵. 论当代中国青年的中国特色社会主义认同［J］. 思想战线，2014（06）.

　　［48］张瑜，杨增崇大学生中国特色社会主义理想信念教育的研究现状、问题与对策［J］. 思想教育研究，2009（02）.

　　［49］李青宜. 当代资本主义的新变化与马克思的"两个必然"思想［J］. 当代世界与社会主义，2006（02）.

　　［50］王长里，吴琦. 马克思关于社会主义的两种设想与20世纪社会主义实践刍议［J］. 江西师范大学学报（哲学社会科学版），1996（01）.

　　［51］张宇等. 危机与当代资本主义历史走向——中国政治经济学年度发展报告（2012年）（上）［J］. 政治经济学评论，2013（02）.

　　［52］孙寿涛. 20世纪70年代以来发达资本主义国家工人阶级的数量增长与构成变动［J］. 马克思主义研究，2012（06）.

　　［53］张振平. 中国和平崛起对社会主义国家的影响力［J］. 党政干部论坛，2009（03）.

　　［54］黄育馥. 美国社会科学家的地位［J］. 国外社会科学，2009（05）.

　　［55］于文兰. 苏联解体后俄罗斯社会科学家的状况［J］. 国外社会科学，2001（02）.

　　［56］李石. 解释力：基于社会资本的范式研究［J］. 苏州大学学报，2012年（06）.

　　［57］魏瑾瑞，孙秋碧. 统计学的解释力——统计解释世界［J］. 中国统计，2009（02）.

　　［58］金民卿. 以高度的理论自觉提升当代中国的理论解释力［J］. 青海社会科学，2013（01）.

　　［59］李芳云，李安增. 马克思主义的当代解释力［J］. 当代世界

与社会主义，2013（01）．

［60］刘焕申，窦艳华．论中国特色社会主义理论体系的解释力［J］．聊城大学学报，2012（01）．

［61］赵玉璧．应重视社会科学工作者的作用［J］．中国物资经济，1995（10）．

［62］黄文彬．人文社科工作者科学素养亟待提升——人才社会科学工作者科学素养调查［J］．中国人才，2013（09）．

［63］罗卫东．社会科学工作者的理性自觉：重返韦伯［J］．浙江社会科学，2006（05）．

［64］陈先达．哲学社会科学工作者的伟大历史使命［J］．中国人民大学学报，2002（03）．

［65］路淑英．社会科学工作者的社会责任——费希特《论学者的使命》的启示［J］．湖南社会科学，2013（03）．

［66］何婉言．非有艰苦努力不可——著名社会科学家温济泽访谈录［J］．思想政治工作研究，1997（04）．

［67］汪明亮．基于社会资本解释范式的刑事政策研究［J］．中国法学，2009（01）．

［68］梁波，王海英．市场、制度与网络：产业发展的三种解释范式［J］．社会，2010（06）．

［69］戴木才，彭隆辉．政治正当性解释范式的演化历程［J］．伦理学研究，2012（04）．

［70］惠朝旭．企业家社会资本：基于经济社会学基础上的解释范式［J］．理论与改革，2004（03）．

［71］解永照，王彬．论解释学的重心转移与范式转换——兼论解释学对法律解释研究的意义［J］．齐鲁学刊，2010（05）．

［72］李兵．解释学研究范式及对教育研究方法论的启示［J］．重庆邮电学院学报（社会科学版），2004（06）．

［73］胡洪．当代美学的解释学困境及其可能——从解释学思路到生产美学［J］．当代文坛，2013（01）．

［74］范志同．解释学视域中的马克思主义——略论一种马克思主义解释学的观念［J］．理论月刊，2002（10）．

［75］徐长福．本文与解释——论马克思主义哲学解释的学术规范［J］．哲学研究，1997（11）．

［76］韩庆祥．重新解释马克思的几个基本性问题——评《回到马克思》［J］．马克思主义研究，2000（02）．

［77］杜奋根，赵翠萍．合理解释马克思的劳动价值理论［J］．江西社会科学，2001（01）．

［78］戴木才．论哲学概念的实践生成［J］．江汉论坛，1991（03）．

［79］鲁品越．实践生成论：马克思主义哲学的主轴［J］．哲学动态，2009（10）．

［80］鲁品越．马克思的实践生成论与中国特色社会主义理论［J］．河北学刊，2007（04）．

［81］胡军良．从哲学的对话范式看构建和谐社会的三个维度［J］．青海社会科学，2007（02）．

［82］王永章．主体性哲学的批判与超越——从笛卡儿的"我思"到马克思的主体间性理论探析［J］．天水行政学院学报，2008（05）．

［83］吴增凤．主体间性视域下的交往式思想政治教育初探［J］．改革与开放，2011（11）．

［84］刘晓英．马克思和本世纪西方哲学主体间性理论述介［J］．理论探讨，1998（04）．

［85］王南湜．论中西哲学对话的四种范式［J］．教学与研究，2004（06）．

［86］燕连福．中国传统文化的对话范式——从身体的视角看［J］．青海社会科学，2007（05）．

［87］仲伟华．语文教学对话范式的思考与评价［J］．新课程学习（基础教育），2010（10）．

［88］燕连福．中国传统伦理学的对话范式［J］．贵州社会科学，

2007（04）.

［89］胡军良. 当代西方哲学的"对话范式"及其对马克思主义哲学探究的启示［J］. 内蒙古社会科学（汉文版），2007（05）.

［90］姚新立，车玉玲. 对话范式：中国当代马克思主义研究的重要方法［J］. 教学与研究，2012（11）.

［91］曲波. 超越实证范式与解释范式的马克思社会理论［J］. 东北师大学报（哲学社会科学版），2011（05）.

［92］高放. 借鉴历史经验　构建理论体系［J］. 中共中央党校学报，2008（02）.

［93］阎树群. 毛泽东社会主义自我完善理论体系初探［J］. 毛泽东思想研究，2010（06）.

［94］包心鉴. 关于中国特色社会主义理论体系的深入解读［J］. 山东社会科学，2008（01）.

［95］万军. 中国特色社会主义理论体系的历史进程、现实特色及未来发展［J］. 当代世界与社会主义，2008（01）.

［96］杨春贵. 中国特色社会主义理论体系的新概括［J］. 中国社会科学，2008（01）.

［97］魏光兴. 公平偏好的博弈实验及理论模型研究综述［J］. 数量经济技术经济研究，2006（08）.

［98］杨桂菊. 化工企业转型升级：演进路径的理论模型——基于3家本土企业的案例研究［J］. 管理世界，2010（06）.

［99］林杰，李玲. 美国大学教师发展的三种理论模型［J］. 现代大学教育，2007（01）.

［100］闫卫阳，王发曾、秦耀辰. 城市空间相互作用理论模型的演进与机理［J］. 地理科学进展，2009（04）.

［101］张燕，马剑虹. 工作倦怠理论模型和相应干预措施［J］. 中国健康心理学杂志，2006（05）.

［102］侯小丰. 政治哲学中的阐释与创新［J］. 社会科学辑刊，2006（06）.

［103］盛秀英．理论创新是马克思主义的永恒主题［J］．中央社会主义学院学报，2012（02）．

［104］张艳涛．马克思开辟的哲学道路——我所理解的马克思哲学观［D］．中共中央党校博士学位论文，2007．

［105］蒋楼．从"解释世界"到"改变世界"——论马克思在哲学范式上实现的历史变革［D］．东北师范大学博士学位论文，2014．

［106］王心月．社会主义建设时期毛泽东对马克思主义中国化问题的认识与实践研究［D］．东北师范大学博士学位论文，2013．

［107］储著源．中国马克思主义理论创新范式的历史逻辑与当代建构［D］．安徽大学博士学位论文，2014．

［108］王晓东．多维视野中的主体间性理论形态考辨［D］．黑龙江大学博士学位论文，2002．

六、报纸网络类

［1］辛向阳．中国特色社会主义制度自信源于自身优越性［N］．人民日报，2014-06-09．

［2］张全景．对苏联亡党亡国的现实思考［N］．光明日报，2011-04-01．

［3］钟言实．马克思、恩格斯、列宁怎样在实践中发展马克思主义［N］．人民日报，2001-08-17．

［4］王素莉．毛泽东对马克思主义中国化的杰出贡献——对几种观点的评析［C］//毛泽东百周年纪念——全国毛泽东生平和思想研讨会论文集（上），1993-12-26．

［5］章传家．实现中国梦的伟大道路［N］．光明日报，2013-03-22．

［6］韩庆祥，王海滨．实现中国梦必须走中国特色社会主义道路［N］．人民日报，2013-10-31．

［7］洪向华，赵磊，幸尧．多维度中的中国梦［N］．光明日报，

2013-10-20.

［8］史文清. 中国梦是中国特色社会主义重大思想理论成果［N］. 学习时报，2013-05-20.

［9］张浩. 中国特色社会主义政治发展道路的科学内涵［N］. 南方日报，2013-01-07.

［10］鲍振东. 新时期哲学社会科学工作者的责任和作用——访辽宁社会科学院院长、党组书记鲍振东［N］. 中国社会科学院院报，2008-05-13.

［11］许明. 创新：社会科学家的天职［N］. 社会科学报，2001-08-23.

七、英文文献类

［1］J.Rawls. *Political Liberalism(PL)*［M］. New York: Coumbia University Press, 1993.

［2］Salter L，Harn A. *Introduction – Outside the Lines – Issues in Interdisciplinary Research*［M］. Quebec: Montrea Mc Gill University Press，1996.

［3］Kuhn. *"Reflections on My Critics"*［C］. *in Criticism and the Growth of Knowledge*［A］. London： The International Colloquium in the Philosophy of Science, 1965.

［4］Barry Barnes. *T.S. Kuhn and Social Sciences*［M］. London: Macmillan, 1982.

［5］Changwoo Choi, Seungkyum Kim, Yongtae Park. A patent- based cross impact analysis for quantitative estimation of technological impact: The case of information and communication technology［J］. *Technological Forecasting and Social Change*, 2007(74).

［6］Terry Eagleton. *"text Ideology，Realism"*，*in Literature and Society*［M］. Baltimore and London：the Johns Hopkins University Press，1990.

［7］OECD. *World Social Science Report1999*［A］. Paris：Elaborated by UNESCO, 1999.

［8］U. S. *Bureau of the Census. Statistical Abstract of the United States 1997*［M］. W.C：U. S. Bureau of the Census，1998.

［9］Salmon，W.C..*Four Decades of Scientific Explantion*［A］. in Kiecher P.,Salmon W.C.(eds.) Scientific Explantion，1989.

［10］Kincaid, H.there are laws of the social science［D］. in Hitchcock, C..*Contemporary debates in Philosophy*［A］. 2004.

［11］Hempel Carl G. Explanation in Science and in History, in Dray, William H. *Philosophical Analysis and History*［C］. New York: Harper & Row, 1966.

［12］Hempel Carl G. *Philosophy of Natural Science*［M］. NewJersey: Pearson Education Inc, 1966.

［13］Hempel Carl G. *Aspects of Scientific Explanation*［M］. New York: Free Press, 1965.

掌握基础原理
记录书中要点

· 为了提高你的阅读效率，我们提供了以下线上服务 ·

基本原理来掌握

系统的讲解马克思主义的基本原理，并教你学会运用马克思主义的基本原理认识和分析现实问题。

拍照记录随时翻

一键拍照，记录阅读中遇到想要记录的要点，方便随时回顾。

学术专著这样读

学会阅读方法，培养读书习惯，清楚掌握好的专著的设计和结构。

微信扫码